실전 사주학

함산 박영태 지음

지샘

머 리 말

지난해에 출간한 '사주학 입문'에 이어서 이번에는 '실전 사주학'을 내놓는다. 이 책은 오랫동안 수집한 다양한 사주 중에서 84개를 선정하여 나름의 방식으로 풀이를 한 것이다. 사주학의 기초 이론을 학습한 후 실제의 사주를 많이 풀이해 보면, 사주풀이에 대해 자신감을 가지게 되고 또한 사주학 실력도 한층 업그레이드될 것임은 자명하다.

이 책은 초학자 또는 초학자 단계를 막 벗어나신 분들에게 도움이 될 수 있도록 초점을 맞추었다. 그래서 필자가 독자적으로 주장하는 공망무용론도 고집하지 않고 기존의 공망론을 그대로 적용하여 풀이하였으며, 일부 학자들의 신살무용론이나 격국무용론에도 불구하고 기존의 신살이나 격국이론을 적용하였다.

'사주학 입문'에 이어 이 책으로 공부를 하면, 독자분들도 중급 이상의 실력을 갖추게 되어 시중의 평범한 역술원(철학관) 수준의 실력은 되지 않을까 기대해 본다. 초절정 고수의 실력도 시작은 초보자부터이니, 더 열심히 공부하고 더 많은 경험을 쌓으면 독자 여러분 모두 최고의 사주학 실력가가 될 것으로 확신한다. 그리고 한 가지 덧붙이자면, 이 책에 있는 용신이나 격국이 100% 정답일 수는 없으며, 논쟁이 있을 수 있다는 점을 말씀드린다.

필자가 사주학과 인연을 맺은 사연을 간단하게 말씀드리고자 한다. 지리산 자락 산 좋고 물 좋은 산청에서 태어나, 서울대 법대에 입학하기까지 평탄한 삶을 살았다. 그러나 사법고시 2차 시험까지 합격하고 3차 면접에서 연거푸 두 번 떨어지면서부터 인생이 꼬이기 시작했다. 1980년대 초반 군사독재정권의 희생양이 된 것이다. 그 당시 필자는 아직 감수성이 예민한 20대 초·중반의 나이였기에 실망과 좌절감은

더욱 컸다. 무엇을 해야 할지, 어떻게 살아야 할지, 그저 막막하기만 하였다. 긴 방황이 시작된 것이다.

그 후 무정한 세월은 흐르고 또 흘렀다. 긴 세월 파란만장한 삶에 힘들고 견디기 어려운 일이 반복되었고, 이에 필자는 '운명'에 대해 깊이 번민하였다. 그러다가 우연한 기회에 역학에 빠져들었고, 그 중 특히 사주학에 관심을 갖게 되었다. 사주학의 심오한 이치는 필자를 충분히 매료시킬 만하였다. 신기하리만치 맞아 들어가는 재미에 빠져들었고, 좋은 사주든 나쁜 사주든 인생에는 모두 계절순환의 법칙에 따른 길흉화복의 굴곡이 있음도 알게 되었다. 인간의 운명에 대한 하늘의 비밀이 사주 여덟 글자에 다 들어가 있음도 깨닫게 되었다. 특정 종교를 믿는 사람들 중에 사주학을 미신이라고 생각하는 분도 있으나, 이는 잘못된 생각이다. 굳이 종교와 관련지어서 말하자면, '사주쟁이한테 사주를 풀어보니 나쁘게 나와 기분이 안 좋다'고 하시는 분들은 열심히 기도해서 사주쟁이의 사주풀이가 틀리게 만들면 되는 것이다. 무슨 종교를 믿든 종교적 신념이 강하다면 기도로써 신을 감동시켜 운세를 바꿀 수 있다는 것이 개운법이고, 이는 필자의 지론이기도 하다. 구약성경과 신약성경을 한글과 영어로 두 번 통독한 필자도 기독교 신자이지만, 어떤 종교에 대해서도 편견을 지니지 않으며 모두 존중한다. 또한 사주학은 어떤 종교와도 배척관계가 아님을 굳게 믿는다.

끝으로, 이 책이 나올 수 있도록 여러모로 도움을 준 사주학의 숨은 실력가 장소영 여사와 어린 시절부터 친구인 김종호 지샘 사장님에게 감사의 뜻을 표한다.

2021년 2월

함산 박영태

목차

1 甲일간

사례1.....寅月生(음력 1월생) ...11
사례2.....卯月生(음력 2월생) ...15
사례3.....辰月生(음력 3월생) ...19
사례4.....巳月生(음력 4월생) ...23
사례5.....午月生(음력 5월생) ...27
사례6.....未月生(음력 6월생) ...31

2 乙일간

사례1.......申月生(음력 7월생) ...37
사례2.......酉月生(음력 8월생) ...41
사례3.......戌月生(음력 9월생) ...45
사례4.....亥月生(음력 10월생) ...49
사례5.....子月生(음력 11월생) ...53
사례6.....丑月生(음력 12월생) ...57

3 丙일간

사례1.......寅月生(음력 1월생) ...63
사례2.......卯月生(음력 2월생) ...67
사례3.......辰月生(음력 3월생) ...71
사례4.......巳月生(음력 4월생) ...75
사례5.......午月生(음력 5월생) ...79
사례6.......未月生(음력 6월생) ...83

4 丁일간

사례1.......申月生(음력 7월생) ...89
사례2.......酉月生(음력 8월생) ...93
사례3.......戌月生(음력 9월생) ...97
사례4.......亥月生(음력 10월생) ...101
사례5.......子月生(음력 11월생) ...105
사례6.......丑月生(음력 12월생) ...109

5 戊일간

사례1.......寅月生(음력 1월생) ...115
사례2.......卯月生(음력 2월생) ...119
사례3.......辰月生(음력 3월생) ...123
사례4.......巳月生(음력 4월생) ...127
사례5.......午月生(음력 5월생) ...131
사례6.......未月生(음력 6월생) ...135

6 己일간

사례1.......申月生(음력 7월생) ...141
사례2.......酉月生(음력 8월생) ...145
사례3.......戌月生(음력 9월생) ...149
사례4.......亥月生(음력 10월생) ...153
사례5.......子月生(음력 11월생) ...157
사례6.......丑月生(음력 12월생) ...161

7 庚일간

사례1.......寅月生(음력 1월생) ...167
사례2.......卯月生(음력 2월생) ...171
사례3.......辰月生(음력 3월생) ...175
사례4.......巳月生(음력 4월생) ...179
사례5.......午月生(음력 5월생) ...183
사례6.......未月生(음력 6월생) ...187

사례7.......申月生(음력 7월생) ...191
사례8.......酉月生(음력 8월생) ...195
사례9.......戌月生(음력 9월생) ...199
사례10.....亥月生(음력 10월생) ...203
사례11.....子月生(음력 11월생) ...207
사례12.....丑月生(음력 12월생) ...211

8 辛일간

사례1.......寅月生(음력 1월생) ...217
사례2.......卯月生(음력 2월생) ...221
사례3.......辰月生(음력 3월생) ...225
사례4.......巳月生(음력 4월생) ...229
사례5.......午月生(음력 5월생) ...233
사례6.......未月生(음력 6월생) ...237
사례7.......申月生(음력 7월생) ...241
사례8.......酉月生(음력 8월생) ...245
사례9.......戌月生(음력 9월생) ...249
사례10.....亥月生(음력 10월생) ...253
사례11.....子月生(음력 11월생) ...257
사례12.....丑月生(음력 12월생) ...261

9 壬일간

사례1.......寅月生(음력 1월생) ...267
사례2.......卯月生(음력 2월생) ...271
사례3.......辰月生(음력 3월생) ...275
사례4.......巳月生(음력 4월생) ...279
사례5.......午月生(음력 5월생) ...283
사례6.......未月生(음력 6월생) ...287
사례7.......申月生(음력 7월생) ...291
사례8.......酉月生(음력 8월생) ...295
사례9.......戌月生(음력 9월생) ...299
사례10.....亥月生(음력 10월생) ...303
사례11.....子月生(음력 11월생) ...307
사례12.....丑月生(음력 12월생) ...311

10 癸일간

사례1.......寅月生(음력 1월생) ...317
사례2.......卯月生(음력 2월생) ...321
사례3.......辰月生(음력 3월생) ...325
사례4.......巳月生(음력 4월생) ...329
사례5.......午月生(음력 5월생) ...333
사례6.......未月生(음력 6월생) ...337
사례7.......申月生(음력 7월생) ...341
사례8.......酉月生(음력 8월생) ...345
사례9.......戌月生(음력 9월생) ...349
사례10.....亥月生(음력 10월생) ...353
사례11.....子月生(음력 11월생) ...357
사례12.....丑月生(음력 12월생) ...361

甲 일간

甲乙丙丁戊己庚辛壬癸

사례 **1**

甲일간 寅월생(음력 1월생)

	(-)	(+)	(+)	(+)	
	정인	日干	편인	편인	
癸 甲 乙 丙 丁 戊 己 庚 辛	癸	甲	壬	壬	[女命]
巳 午 未 申 酉 戌 亥 子 丑	酉	子	寅	子	
	정관	정인	비견	정인	
	(-)	(-)	(+)	(-)	
	(庚 辛)	(壬 癸)	(戊 丙 甲)	(壬 癸)	

위 사주는 임자년(壬子年) 임인월(壬寅月) 갑자일(甲子日) 계유시(癸酉時)에 출생한 여자의 사주이다.

1. 사주의 구조

(1) 대운

년간(年干)을 기준으로 양남음녀(陽南陰女)는 순행하고 음남양녀(陰男陽女)는 역행하니, 위 사주에서 대운은 역행한다. 따라서 대운은 위 사주의 좌측에 열기된 바와 같다. 대운수는 4이다. 대운수는 만세력에 다 나와 있으니 만세력을 참고하면 된다. 사주풀이에서는 만세력을 활용하면 여러모로 편리하다. 시중의 서점에 만세력이 다양하게 많이 나와 있으니, 자신의 취향에 맞는 만세력을 구입하면 된다.

(2) 육신과 지장간

육신을 보면, 일간이 갑목(甲木)이니 년간 임수(壬水)는 편인, 년지 자수(子水)는 정인이고 월간 임수(壬水)는 편인, 월지 인목(寅木)은 비견이며, 일지 자수(子水)는 정인, 시간 계수(癸水)는 정인, 시지 유금(酉金)은 정관이 된다.

지장간을 보면, 년지 자수(子水)의 지장간은 임 · 계(壬 · 癸), 월지 인목(寅木)의 지장간은 무 · 병 · 갑(戊 · 丙 · 甲), 일지 자수(子水)의 지장간은 임 · 계(壬 · 癸), 시지 유금(酉金)의 지장간은 경 · 신(庚 · 辛)이다.

(3) 합 · 충 · 형 · 파(合 · 沖 · 刑 · 破) 등

천간이나 지지에 특별한 합 · 충 · 형 · 파(合 · 沖 · 刑 · 破) 관계는 보이지 않는다.

(4) 용신 등

인수(인성)가 태왕(太旺)한 신왕(身旺)사주로서 목(木)이 용신,

수(水)는 희신, 토(土)와 화(火)는 기신, 금(金)은 한신이다.

(5) 격국

이 사주는 종강격(從强格)이다. 종강격이란 사주의 전부 또는 대부분의 기세가 비겁에 모일 때를 일컫는다. 이 명(命)은 미약하나마 종(從)용신을 극(剋)하는 유금(酉金)이 있으니 가격(假格)이다. 또한 이 사주는 갑(甲)일생으로 유시(酉時)에 출생하였으니, 형식상으로는 이른바 '금신격(金神格)'에 해당한다. 일반적으로 갑일생(甲日生)이나 기일생(己日生)이 사시(巳時)나 유시(酉時)나 축시(丑時)에 출생하면 금신격이라 하여 운세에 따라 귀(貴)한 사주로 보기도 하지만, 이 사주에서는 수기(水氣)가 강하고 금기(金氣)가 미약하여 금신격 구성이 힘들다.

(6) 청탁(淸濁), 신살 등

사주의 청탁(淸濁)을 살펴보면 중청(中淸)에 해당한다. 12신살 중 장성, 역마, 년살이 있다.

2. 풀이

- 대운을 보면 경자(庚子, 14세~23세), 기해(己亥), 병신(丙申) 대운은 중길(中吉)하고, 정유(丁酉), 을미(乙未), 갑오(甲午) 대운은 평범하거나 조금 나쁘며, 신축(辛丑), 무술(戊戌), 계사(癸巳) 대운은 나쁘다고 본다.
- 명주의 성정은 인자하고 자상하며 불쌍한 사람을 도운다. 양간(陽干) 여명(女命)에 신왕(身旺)하니 여장부다운 면모가 있으며, 진취적이고 미래지향적이다. 변함없는 성격에 가식이 없고

인덕이 있다. 명예를 쫒아야 길(吉)한 사주로 일확천금을 바라거나 투기를 하다가는 탐재괴인(貪財壞印)하여 낭패보기 쉽다.

- 글재주가 뛰어나고 온화한 성품으로 문학, 철학, 역사 등 문과계열에 맞다. 문인, 학자, 교육자, 전통문화관련 직업이 적성에 맞다.
- 인성이 왕(旺)한 종강(從强) 가격(假格)으로 용 · 희신이 목(木) · 수(水)인데 운세가 따라주지 않으니, 전반적인 재물복은 크지 않다고 본다. 대운상 대체적인 재물운을 보면, 중년 대운(己亥, 戊戌, 丁酉)에는 재물운이 좋지 않아 경제적 어려움을 겪는다. 말년 대운(丙申, 乙未, 甲午)에는 재물운이 길흉(吉凶)상반되어 있어 굴곡이 많다.
- 큰 질병은 없으나, 쇠약한 금기(金氣)가 왕(旺)한 수기(水氣)에 수다침금(水多沈金)되니, 폐가 약하고 피부에 부스럼 등 피부병이 생기기 쉬우며, 토기(土氣)가 극(剋)을 받아 소화불량 등 위장에 문제가 생길 수 있으니, 체질에 맞는 건강관리가 필요하다.
- 남편복과 자식복이 있으며(日支喜神, 時生日), 형제덕도 있는 사주이다(比劫喜神). 특히 부모복이 있다(月喜 · 用神).

사례 2

甲일간 卯월생(음력 2월생)

	(+)	(+)	(-)	(-)	
	비견	日干	겁재	정인	
甲 癸 壬 辛 庚 己 戊 丁 丙	甲	甲	乙	癸	[女命]
子 亥 戌 酉 申 未 午 巳 辰	子	午	卯	丑	
	정인	상관	겁재	정재	
	(-)	(-)	(-)	(-)	
	(壬 癸)	(丙 己 丁)	(甲 乙)	(癸 辛 己)	

위 사주는 계축년(癸丑年) 을묘월(乙卯月) 갑오일(甲午日) 갑자시(甲子時)에 출생한 여자의 사주이다.

1. 사주의 구조

(1) 대운

년간(年干)을 기준으로 양남음녀(陽南陰女)는 순행하고 음남양녀(陰男陽女)는 역행하니, 위 사주에서 대운은 순행한다. 따라서 대운은 위 사주의 좌측에 열기된 바와 같다. 대운수는 7이다.

(2) 육신과 지장간

육신을 보면, 일간이 갑목(甲木)이니 년간 계수(癸水)는 정인, 년지 축토(丑土)는 정재이고 월간 을목(乙木)은 겁재, 월지 묘목(卯木)도 겁재이며, 일지 오화(午火)는 상관, 시간 갑목(甲木)은 비견, 시지 자수(子水)는 정인이 된다.

지장간을 보면, 년지 축토(丑土)의 지장간은 계 · 신 · 기(癸 · 辛 · 己), 월지 묘목(卯木)의 지장간은 갑 · 을(甲 · 乙), 일지 오화(午火)의 지장간은 병 · 기 · 정(丙 · 己 · 丁), 시지 자수(子水)의 지장간은 임 · 계(壬 · 癸)이다

(3) 합 · 충 · 형 · 파(合 · 沖 · 刑 · 破) 등

지지에 자축합(子丑合), 자오충(子午沖), 자묘상형(子卯相刑), 묘오파(卯午破), 축오원진(丑午怨嗔)이 있다. 이 중 작용력이 큰 자오충(子午沖)만 의미가 있으며, 나머지는 작용력이 미미하다.

(4) 용신 등

일주(日主)가 태왕(太旺)한 신강(身强)사주로서 화(火)가 용신, 목(木)과 수(水)는 희신, 금(金)과 토(土)는 기신이다.

(5) 격국

이 사주는 목(木)기운이 강한 종강격(從强格)이다. 종강격은 종격(從格)중의 하나로, 사주의 전부 또는 대부분이 비겁인 경우이다.

(6) 청탁(淸濁), 신살 등

사주의 청탁(淸濁)을 살펴보면 중청(中淸)에 해당한다. 12신살 중 장성, 화개, 년살, 천살, 재살, 육해가 있다. 년지에 천을귀인이 있으며, 년주 백호살이다.

2. 풀이

- 대운을 보면 정사(丁巳, 17세~26세)) 대운은 대길(大吉)하고, 병진(丙辰), 무오(戊午), 기미(己未), 경신(庚申), 임술(壬戌), 계해(癸亥), 갑자(甲子) 대운은 중길(中吉)하며, 신유(辛酉) 대운은 나쁘다고 본다.
- 명주는 성품이 인자하고 자상하며, 어려움에 처한 사람을 도와주려고 한다. 여명양간신왕(女命陽干身旺)사주로 여장부다운 면이 있고, 솔직하고 가식이 없는 성격이다. 일주통근(日主通根)하니 주관과 소신이 뚜렷하다. 군겁쟁재(群劫爭財)이니 재물로 인한 다툼이 많고 재물욕심이 크다.
- 양인격 사주이니 프리랜서 등 자유직업, 독립적인 자영업 등이 적성에 맞으며, 문인이나 학자, 교육자 등도 어울리는 직업이다(正印喜神). 자상한 성격에 글재주도 뛰어나니 문학, 철학, 역사 등 문과계통이 맞다.
- 신왕(身旺) 사주에 군겁쟁재이니 전반적인 재물복은 적다고

본다. 대운상 대체적인 재물운을 보면, 중년 대운(戊午, 己未, 庚申)에는 재물운이 좋다. 말년 대운(辛酉, 壬戌, 癸亥)에는 재물운이 그다지 좋지 않다.

- 잡념이 많고 신경성질환에 걸릴 수 있다. 목다경토(土)(木多傾土)이니 왕(旺)한 목(木)이 약한 토(土)를 극(剋)한다. 따라서 허리기능이 부실하여 요통을 앓기 쉽고, 비장 · 위장이 약하여 소화기능이 떨어진다.
- 일지(日支)와 시지(時支)가 충(沖)하니 남편과 충돌이 잦거나 별거하며, 시어머니와 다투거나 화목하지 못한다. 자식과 뜻이 맞지 않고 자식덕이 적다고 본다. 월주(月柱) 용신이니 부모복이 있으며 형제덕은 없다(比劫太旺).

중요 암기 사항

1

아버지 : 편재(남명의 경우) 어머니 : 정인(남명의 경우)
: 정재(여명의 경우) : 편인(여명의 경우)

사례 3

甲일간 辰월생(음력 3월생)

	(+)	(+)	(+)	(+)	
	식신	日干	편재	비견	
丁 丙 乙 甲 癸 壬 辛 庚 己	**丙**	**甲**	**戊**	**甲**	[男命]
丑 子 亥 戌 酉 申 未 午 巳	**寅**	**戌**	**辰**	**寅**	
	비견	편재	편재	비견	
	(+)	(+)	(+)	(+)	
	(戊丙甲)	(辛丁戊)	(乙癸戊)	(戊丙甲)	

위 사주는 갑인년(甲寅年) 무진월(戊辰月) 갑술일(甲戌日) 병인시(丙寅時)에 출생한 남자의 사주이다.

1. 사주의 구조

(1) 대운

년간(年干)을 기준으로 양남음녀(陽南陰女)는 순행하고 음남양녀(陰男陽女)는 역행하니, 위 사주에서 대운은 순행한다. 따라서 대운은 위 사주의 좌측에 열기된 바와 같다. 대운수는 6이다.

(2) 육신과 지장간

육신을 보면, 일간이 갑목(甲木)이니 년간 갑목(甲木)은 비견, 년지 인목(寅木)도 비견이고 월간 무토(戊土)는 편재, 월지 진토(辰土)도 편재이며, 일지 술토(戌土)는 편재, 시간 병화(丙火)는 식신, 시지 인목(寅木)은 비견이 된다.

지장간을 보면, 년지 인목(寅木)의 지장간은 무·병·갑(戊·丙·甲), 월지 진토(辰土)의 지장간은 을·계·무(乙·癸·戊), 일지 술토(戌土)의 지장간은 신·정·무(辛·丁·戊), 시지 인목(寅木)의 지장간은 무·병·갑(戊·丙·甲)이다.

(3) 합·충·형·파(合·沖·刑·破) 등

지지에 진술충(辰戌沖)과 인술화국(寅戌火局)의 반합 또는 준삼합이 있다. 오화(午火)가 빠진 반합이라 오화(午火)가 있는 반합보다 작용력은 약하다.

(4) 용신 등

사주팔자가 모두 양(陽)인 양팔통(陽八通)사주로서 목(木)이 용신, 수(水)는 희신이다. 토(土)와 화(火)는 기신, 금(金)은 한신이다.

(5) 격국

월지 편재로 천간에 투출되어 있으니 편재격이다. 지장간을 보면, 년지, 시지 건록으로 귀록격이다. 귀록격은 시지(時支)에 건록이 있는 격으로 충(沖)을 만나지 않으면 길격(吉格)으로 본다.

(6) 청탁(淸濁), 신살 등

사주의 청탁(淸濁)을 살펴보면 중등(中等)에 해당한다. 12신살 중 화개, 월살, 지살 등의 신살이 있다. 금여와 백호살도 보인다.

금여(또는 금여록)가 있는 경우는 다음과 같다.

일 간	甲	乙	丙	丁	戊	己	庚	辛	壬	癸
금여록	辰	巳	未	申	未	申	戌	亥	丑	寅

2. 풀이

- 대운을 보면 을해(乙亥, 66세~75세), 병자(丙子) 대운은 중길(中吉)하고, 경오(庚午), 임신(壬申), 계유(癸酉), 갑술(甲戌), 정축(丁丑) 대운은 평범하거나 조금 나쁘며, 기사(己巳), 신미(辛未) 대운은 나쁘다고 본다.
- 춘목(春木)이 화(火)를 보고 관(官)을 만나지 않았으니 목화통명(木火通明)이라, 인물이 훤하고 총명하다. 명주는 사주팔자가 모두 양(陽)인 양팔통(陽八通)사주로 통이 크고 화통하며 인정이 있고 적극적이다. 말수가 적고 무뚝뚝한 하지만 가식이 없으며 변함이 없는 성격이다(甲戌日柱). 진취적이고 미래지향적이다.

- 사주에 재(財)가 많아서 이성관계가 복잡하며, 편재격에 지살(地殺)이 많아 해외출입이나 이사이동이 많다. 자영업이나 자유직업이 맞으며, 의식주관련 장사나 제조업도 어울린다.
- 식신생재(食神生財)에 비겁이 유력(有力)한 귀록격이니, 사주상 재물복이 풍부하다. 부격사주라 할 수 있다. 대운상 대체적인 재물운을 보면, 중년 대운(辛未, 壬申, 癸酉))에는 재물운이 길흉상반하여 굴곡이 있다. 말년 대운(甲戌, 乙亥, 丙子)에는 재물운이 대길(大吉)하다.
- 큰 질병은 없으나 음기(陰氣)가 부족하고 척추가 약하다.
- 재(財)가 많아서 처와 해로하기 어렵고, 별거하기 쉽다. 용신유기(用神有氣)이니 자식덕이 있고, 월주기신(月柱忌神)이니 부모복이 없다. 월지와 일지가 충(沖)하니 부모를 떠나 타향살이하거나 부모와 불화한다. 일월비겁충(日月比劫沖)이니 형제간 화목하지 못하다.

중요 암기 사항

2

아내 : 정재(正財)

남편 : 정관(正官)

사례 **4**

甲일간 巳월생(음력 4월생)

	(-)	(+)	(-)	(-)	
	정재	日干	정인	정관	
甲 乙 丙 丁 戊 己 庚 辛 壬	己	甲	癸	辛	[男命]
申 酉 戌 亥 子 丑 寅 卯 辰	巳	申	巳	亥	
	식신	편관	식신	편인	
	(+)	(+)	(+)	(+)	
	(戊庚丙)	(戊壬庚)	(戊庚丙)	(戊甲壬)	

위 사주는 신해년(辛亥年) 계사월(癸巳月) 갑신일(甲申日) 기사시(己巳時)에 출생한 남자의 사주이다.

1. 사주의 구조

(1) 대운

년간(年干)을 기준으로 양남음녀(陽南陰女)는 순행하고 음남양녀(陰男陽女)는 역행하니, 위 사주에서 대운은 역행한다. 따라서 대운은 위 사주의 좌측에 열기된 바와 같다. 대운수는 2이다.

(2) 육신과 지장간

육신을 보면, 일간이 갑목(甲木)이니 년간 신금(辛金)은 정관, 년지 해수(亥水)는 편인이고 월간 계수(癸水)는 정인, 월지 사화(巳火)는 식신이며, 일지 신금(申金)은 편관, 시간 기토(己土)는 정재, 시지 사화(巳火)는 식신이 된다.

지장간을 보면, 년지 해수(亥水)의 지장간은 무·갑·임(戊·甲·壬), 월지 사화(巳火)의 지장간은 무·경·병(戊·庚·丙), 일지 신금(申金)의 지장간은 무·임·경(戊·壬·庚), 시지 사화(巳火)의 지장간은 무·경·병(戊·庚丙)이다.

(3) 합·충·형·파(合·沖·刑·破) 등

천간에 갑기합(甲己合)이 있으며, 지지에 사신합(巳申合), 사해충(巳亥沖)이 있다.

(4) 용신 등

신쇠(身衰)사주로서 인수(인성)인 수(水)가 용신, 목(木)은 희신이다. 토(土)와 금(金)은 기신, 화(火)는 한신이다.

(5) 격국

이 사주는 월지 사화(巳火)의 육신에 따라 식신격 사주이며, 형식상으로는 '금신격(金神格)'에 해당한다. 갑 · 기(甲 · 己)일생이 사 · 유 · 축시(巳 · 酉 · 丑時)에 출생하면 금신격이라고 한다. 금기(金氣)가 왕(旺)하면 고집이 세고 과감함이 지나쳐 흉(凶)하기 쉬운데, 제복(制伏)되면 관대 온후하게 되어 복록이 따른다는 귀명(貴命)의 하나이다. 이 사주는 금신이 형 · 충되어 금신격 구성이 힘들다.

(6) 청탁(淸濁), 신살 등

사주의 청탁(淸濁)을 살펴보면 중탁(中濁)에 해당한다. 겁살, 망신, 지살, 역마 등의 신살이 있고 사신(巳申)의 형살이 있다. 특히 사지(四支)가 모두 지살 · 역마이다. 인사신(寅巳申) 삼형살 세 글자 중에서 두 글자(寅巳, 巳申, 寅申)가 만나면 형살이라고 하며, 삼형살과 기운은 같으나 작용력은 미약하다.

2. 풀이

- 대운을 보면 신묘(辛卯, 12세~21세)), 경인(庚寅), 무자(戊子), 정해(丁亥) 대운은 중길(中吉)하고, 임진(壬辰), 병술(丙戌), 을유(乙酉), 갑신(甲申) 대운은 평범하거나 조금 나쁘며, 기축(己丑) 대운은 나쁘다고 본다.
- 명주는 활달하고 진취적이며 미래지향적이다. 총명하고 지도력이 있으며(偏官), 행실이 바르고 인의의 덕이 있다(甲己合, 中正之合)). 말수가 적지만 가식이 없다. 이성과의 접촉이 많고(財

多), 놀고 먹기 좋아하는 면도 있다(食神). 사지(四支)에 지살 · 역마(地殺 · 驛馬)로 해외출입이나 이사이동이 많다.

- 자상하고 글재주 뛰어나니 문인, 학자, 교육자가 어울린다. 의식주 관련 장사나 식품제조업도 적성에 맞다.
- 사주상 재물복은 평범하다. 대운상 대체적인 재물운을 보면, 중년 대운(庚寅, 己丑, 戊子)에는 재물운이 좋은 편이다. 말년 대운(丁亥, 丙戌, 乙酉)에는 재물운이 좋지 않다고 본다.
- 큰 질병은 없으나 인후에 통증이 있고, 요통과 대장염이 있기 쉽다. 지살 · 역마형충(地殺 · 驛馬刑沖)이니 교통사고를 조심하는 것이 좋다.
- 용인재극(用印財剋)이니 처덕이 없고 처와 충돌이 잦다. 처가 성질이 급하고 까탈스럽다. 관성기신(官星忌神)이니 자식덕이 없고, 시지형(時支刑)이니 자식과 뜻이 맞지 않다. 부모복은 평범하다고 본다. 형제덕도 평범하고 무해무덕하다.

중요 암기 사항

3

아들 : 편관(남명의 경우)　　딸 : 정관(남명의 경우)
　　 : 상관(여명의 경우)　　　 : 식신(여명의 경우)

사례 5

甲일간 午월생(음력 5월생)

辛	庚	己	戊	丁	丙	乙	甲	癸		(+) 편재	(+) 日干	(+) 편인	(+) 편관	
										戊	甲	壬	庚	[男命]
卯	寅	丑	子	亥	戌	酉	申	未		辰	寅	午	戌	
										편재 (+)	비견 (+)	상관 (-)	편재 (+)	
										(乙 癸 戊)	(戊 丙 甲)	(丙 己 丁)	(辛 丁 戊)	

위 사주는 경술년(庚戌年) 임오월(壬午月) 갑인일(甲寅日) 무진시(戊辰時)에 출생한 남자의 사주이다.

1. 사주의 구조

(1) 대운

년간(年干)을 기준으로 양남음녀(陽南陰女)는 순행하고 음남양녀(陰男陽女)는 역행하니, 위 사주에서 대운은 순행한다. 따라서 대운은 위 사주의 좌측에 열기된 바와 같다. 대운수는 7이다.

(2) 육신과 지장간

육신을 보면, 일간이 갑목(甲木)이니 년간 경금(庚金)은 편관, 년지 술토(戌土)는 편재이고 월간 임수(壬水)는 편인, 월지 오화(午火)는 상관이며, 일지 인목(寅木)은 비견, 시간 무토(戊土)는 편재, 시지 진토(辰土)도 편재가 된다.

지장간을 보면, 년지 술토(戌土)의 지장간은 신·정·무(辛·丁·戊), 월지 오화(午火)의 지장간은 병·기·정(丙·己·丁), 일지 인목(寅木)의 지장간은 무·병·갑(戊·丙·甲), 시지 진토(辰土)의 지장간은 을·계·무(乙·癸·戊)이다.

(3) 합·충·형·파(合·沖·刑·破) 등

천간에 무갑충(戊甲沖)이 있으며, 지지에는 인오술화국(寅午戌火局)의 삼합이 있다. 일지 인(寅)은 연주공망이나, 인오술화국(寅午戌火局)의 삼합으로 작용력을 잃었다.

(4) 용신 등

신태약(身太弱)사주로서 목(木)이 용신, 수(水)는 희신이다. 금(金)과 토(土)는 기신, 화(火)는 한신이다.

(5) 격국

이 사주는 상관격 사주이다.

(6) 청탁(淸濁), 신살 등

사주의 청탁(淸濁)을 살펴보면 중등(中等)에 해당한다. 12신살 중 화개, 장성, 지살, 월살이 있다. 시지에 금여, 년주에 괴강, 시주에 백호살이 있다.

2. 풀이

- 대운을 보면 정해(丁亥, 47세~56세), 무자(戊子), 경인(庚寅), 신묘(辛卯) 대운은 중길(中吉)하고, 계미(癸未), 갑신(甲申), 을유(乙酉), 병술(丙戌) 대운은 평범하거나 조금 나쁘며, 기축(己丑) 대운은 나쁘다고 본다.
- 화왕절(火旺節) 갑목(甲木)일간에 지지가 화국(火局)을 이루니 제살태과(制殺太過)하여 무능하기 쉬우나, 다행히 유력(有力)한 편인 임수(壬水)가 천간에서 왕(旺)한 화기(火氣)를 제압하여 편관을 살리고 있다(殺印相生). 그러나 천간에 편재, 편관, 편인이 함께 있어 대성하기는 힘들다고 본다. 명주는 말수가 적고 무뚝뚝하지만 가식이 없고 변함이 없는 성격이다. 진취적이고 미래지향적이다. 상관이 왕(旺)하여 거만하고 무례한 면도 있다. 재(財)가 많으니 이성관계가 복잡할 수 있다.
- 말로 먹고사는 직업이 적성에 맞다. 교사, 강사, 언론인, 연예인, 예술가, 어학 관련 직업 등이 어울린다.

- 사주상 재물복은 평범하다. 대운상 대체적인 재물운을 보면, 중년 대운(乙酉, 丙戌, 丁亥)에는 재물운이 좋지 않고 어렵다. 말년 대운(戊子, 己丑, 庚寅)에는 재물운이 좋은 편이다.
- 신장, 방광이 약하고 요통, 방광염이 있기 쉽다. 강이나 호수를 가까이하는 것이 좋다.
- 일지 기신(忌神)이니 처와 해로하기 어렵다. 재왕인쇠(財旺印衰)이니 고부갈등이 심해 처가 어머니와 다투고 불목한다. 관성이 기신(忌神)이니 자식덕이 없다. 부모복은 평범하며, 비겁희신(比劫喜神)으로 형제덕은 있다.

알아두기

사주학에서, 모든 여자는 남자의 극(剋)을 받는다. 즉 남자는 여자를 극(剋)한다. 또한 자식은 부친을 극(剋)한다. 모친은 자식을 생(生)한다.

사례 6

甲일간 未월생(음력 6월생)

	(-)	(+)	(-)	(-)	
	상관	日干	정인	겁재	
甲 乙 丙 丁 戊 己 庚 辛 壬	丁	甲	癸	乙	[男命]
戊 亥 子 丑 寅 卯 辰 巳 午	卯	寅	未	卯	
	겁재	비견	정재	겁재	
	(-)	(+)	(-)	(-)	
	(甲 乙)	(戊 丙 甲)	(丁 乙 己)	(甲 乙)	

위 사주는 을묘년(乙卯年) 계미월(癸未月) 갑인일(甲寅日) 정묘시(丁卯時)에 출생한 남자의 사주이다.

1. 사주의 구조

(1) 대운

년간(年干)을 기준으로 양남음녀(陽南陰女)는 순행하고 음남양녀(陰男陽女)는 역행하니, 위 사주에서 대운은 역행한다. 따라서 대운은 위 사주의 좌측에 열기된 바와 같다. 대운수는 5이다.

(2) 육신과 지장간

육신을 보면, 일간이 갑목(甲木)이니 년간 을목(乙木)은 겁재, 년지 묘목(卯木)도 겁재이고 월간 계수(癸水)는 정인, 월지 미토(未土)는 정재이며, 일지 인목(寅木)은 비견, 시간 정화(丁火)는 상관, 시지 묘목(卯木)은 겁재가 된다.

지장간을 보면, 년지 묘목(卯木)의 지장간은 갑·을(甲·乙), 월지 미토(未土)의 지장간은 정·을·기(丁·乙·己), 일지 인목(寅木)의 지장간은 무·병·갑(戊·丙·甲), 시지 묘목(卯木)의 지장간은 갑·을(甲·乙)이다.

(3) 합·충·형·파(合·沖·刑·破) 등

지지에 묘미목국(卯未木局) 반합(준삼합)과 인묘목국(寅卯木局) 반합(준방합)이 있다. 준삼합(準三合)과 준방합(準方合)에 모두 묘자(卯字)가 포함되어 있어, 묘자(卯字)가 빠진 준삼합(準三合)과 준방합(準方合)보다 작용력이 강하다.

(4) 용신 등

목(木)기운이 왕(旺)한 신왕(身旺)사주로서 화(火)가 용신, 토(土)

는 희신이다. 수(水)와 목(木)은 기신, 금(金)은 한신이다.

(5) 격국

이 사주는 정재격이다. 관점에 따라 종격으로 볼 수도 있다. 또한 이 사주는 일덕격에도 해당한다. 일덕격은 일주가 무진(戊辰), 경진(庚辰), 갑인(甲寅), 병진(丙辰), 임술(壬戌)일 때를 말하며, 격국 구성이 좋으면 명주가 자애롭고 복(福)과 덕(德)이 있다고 본다.

(6) 청탁(淸濁), 신살 등

사주의 청탁(淸濁)을 살펴보면 중등(中等)에 해당한다. 12신살 중 반안, 화개, 장성, 년살, 지살, 망신이 있고, 월지에 천을귀인이 있다.

2. 풀이

- 대운을 보면 임오(壬午), 신사(辛巳), 경진(庚辰), 갑술(甲戌) 대운은 중길(中吉)하고, 기묘(己卯, 35세~44세), 무인(戊寅), 정축(丁丑), 병자(丙子) 대운은 평범하거나 조금 나쁘며, 을해(乙亥) 대운은 나쁘다.
- 왕(旺)한 명주의 기세를 설기시키는 상관 정화(丁火)가 용신이나 천간에서 인성과 충(沖)하여 목다식화(木多熄火)로 불이 꺼지는 형국이니, 명예가 약하고 진로가 잘 안 풀려 인생이 고단하다. 목(木)이 왕(旺)하여 일편단심의 기운이 강하고 일처리도 시원시원하나, 타인에 대한 집착이 강한 편이다(納音五行 大溪水). 천간 정인이 희신이니 성정이 선량하고 온후하며 자상

하다. 비겁이 왕(旺)하여 자기 주장이 강하나, 상관용신으로 타인을 포용하고 베풀 줄도 안다. 문필가 사주이다.

- 천간에서 정재는 겁재가 도둑질하고 편재는 인수가 합거해 가니, 사주상 재물복이 적다고 본다. 대운상 대체적인 재물운을 보면, 중년 대운과 말년 대운 모두 재물운이 좋지 않고 어렵다.
- 심장, 신장, 방광이 약하고 요통, 방광염이 있기 쉽다.
- 재희신수극(財喜神受剋)이니 처덕이 적다. 신왕(身旺)에 겁다무관(劫多無官)이니 자식 얻기가 쉽지 않으나, 시간희신(時干喜神)이고 유기(有氣)하니 자식덕은 있다. 월지희신(月支喜神)이니 부모복이 있다. 형제덕은 무해무덕하다.

중요 암기 사항

4

며느리(자부) : 겁재(남명의 경우)　사위 : 식신(남명의 경우)
　　　　　　: 편관(여명의 경우)　　　　: 정인(여명의 경우)

乙 일간

甲乙丙丁戊己庚辛壬癸

사례 1

乙일간 申월생(음력 7월생)

	(-)	(-)	(+)	(+)	
	편인	日干	겁재	정관	
乙 丙 丁 戊 己 庚 辛 壬 癸	癸	乙	甲	庚	[女命]
亥 子 丑 寅 卯 辰 巳 午 未	未	丑	申	戌	
	편재	편재	정관	정재	
	(-)	(-)	(+)	(+)	
	(丁乙己)	(癸辛己)	(戊壬庚)	(辛丁戊)	

위 사주는 경술년(庚戌年) 갑신월(甲申月) 을축일(乙丑日) 계미시(癸未時)에 출생한 여자의 사주이다.

1. 사주의 구조

(1) 대운

년간(年干)을 기준으로 양남음녀(陽南陰女)는 순행하고 음남양녀(陰男陽女)는 역행하니, 위 사주에서 대운은 역행한다. 따라서 대운은 위 사주의 좌측에 열기된 바와 같다. 대운수는 7이다.

(2) 육신과 지장간

육신을 보면, 일간이 을목(乙木)이니 년간 경금(庚金)은 정관, 년지 술토(戌土)는 정재이고 월간 갑목(甲木)은 겁재, 월지 신금(申金)은 정관이며, 일지 축토(丑土)는 편재, 시간 계수(癸水)는 편인, 시지 미토(未土)는 편재가 된다.

지장간을 보면, 년지 술토(戌土)의 지장간은 신 · 정 · 무(辛 · 丁 · 戊), 월지 신금(申金)의 지장간은 무 · 임 · 경(戊 · 壬 · 庚), 일지 축토(丑土) 의 지장간은 계 · 신 · 기(癸 · 辛 · 己), 시지 미토(未土)의 지장간은 정 · 을 · 기(丁 · 乙 · 己)이다.

(3) 합 · 충 · 형 · 파(合 · 沖 · 刑 · 破) 등

천간에 을경합(乙庚合)과 갑경충(甲庚沖)이 있으며, 지지에 축미충(丑未沖), 축술미 삼형(丑戌未 三刑), 미술파(未戌破)가 있다. 년지 술(戌)은 일주공망이다.

(4) 용신 등

신태약(身太弱) 사주로서 수(水)가 용신, 목(木)은 희신이다. 토(土)와 금(金)은 기신, 화(火)는 한신이다.

(5) 격국

이 사주는 정관격 사주이다.

(6) 청탁(淸濁), 신살 등

청탁(淸濁)을 살펴보면 중등(中等)에 해당한다. 12신살 중 반안, 화개, 역마, 망신, 월살, 천살이 있다. 월지에 천을귀인이 있으며, 년주 괴강이다.

2. 풀이

- 대운을 보면 기묘(己卯, 47세~56세), 병자(丙子), 을해(乙亥) 대운은 중길(中吉)하고, 계미(癸未), 신사(辛巳), 무인(戊寅), 정축(丁丑) 대운은 평범하거나 조금 나쁘며, 임오(壬午), 경진(庚辰) 대운은 나쁘다.
- 금왕절(金旺節) 연약한 을목(乙木) 일간이 왕(旺)한 재·관(財·官)에 극설(剋洩)되어 쓰러지게 생겼으나, 편인 계수(癸水)가 옆에서 명주를 도우며, 왕(旺)한 관(官)을 설기하고 있으니 관인상생(官印相生)한다. 그러나 지지에 명주의 뿌리가 깨져 부재(不在)하고 천간지지에 충(沖)이 많으니 인생이 다사다난하고 고독하다. 보수적이고 지시받는 일은 잘하나 적극성, 창의성이 부족하다. 초년에는 공부안하고 말년에 공부한다(時印星). 을축(乙丑)일주로 동토위의 한 떨기 꽃이니 성정이 까다롭고 고독하다. 재물로 인한 관재소송 등 금전문제가 생길 수 있다(日時偏財沖)
- 공무원, 교육자, 봉급생활자가 적격이다. 법조인, 정치인, 행정

가, 종교인, 철학자 등도 어울린다.

- 사주상 재물복은 좋은 편이다. 신약(身弱)한 명주의 기세가 강해지는 용신운에 재물이 들어온다. 대운상 대체적인 재물운을 보면, 중년 대운(辛巳, 庚辰, 己卯)과 말년 대운(戊寅, 丁丑, 丙子) 모두 재물운이 좋다.
- 금다단목(金多斷木)이니 간, 쓸개가 약하여 잘 놀라고 겁이 많다. 물과 초목을 가까이하는 것이 좋다. 신장의 수기(水氣)가 심장의 화(火)를 극(剋)하니 속이 차고 소화불량이 있기 쉽다.
- 남편이 위엄이 있고(官貴人), 남편의 영향력이 지대하다(財官太旺). 그러나 겁재 갑목(甲木)이 천간에서 남편과의 을경합(乙庚合)을 막고 있고 일지형충(日支刑沖)이니, 남편과 충돌이 잦거나 별거하며 해로하기 어렵다. 자식두기가 어렵다(財官太旺無子). 만약 자식을 두면 부부해로 못하거나 본인이 단명할 수 있다. 겉으로는 부모복이 있는 듯하나, 실상은 부모복이 없다(甲庚沖에 月喜神, 忌神). 비겁희신수극(比劫喜神受剋)이니 형제덕이 적다.

12 신살

1

년지(年支)나 일지(日支)를 중심으로 본다. 겁살이 있으면 돌발 사고 등 갑작스런 불운을 당할 수 있다.

사례 2

乙일간 酉월생(음력 8월생)

	(-)	(-)	(-)	(-)	
	편관	日干	편재	식신	
戊 丁 丙 乙 甲 癸 壬 辛 庚	辛	乙	己	丁	[女命]
午 巳 辰 卯 寅 丑 子 亥 戌	巳	丑	酉	巳	
	상관	편재	편관	상관	
	(+)	(-)	(-)	(+)	
	(戊 庚 丙)	(癸 辛 己)	(庚 辛)	(戊 庚 丙)	

위 사주는 정사년(丁巳年) 기유월(己酉月) 을축일(乙丑日) 신사시(辛巳時)에 출생한 여자의 사주이다.

1. 사주의 구조

(1) 대운

년간(年干)을 기준으로 양남음녀(陽南陰女)는 순행하고 음남양녀(陰男陽女)는 역행하니, 위 사주에서 대운은 순행한다. 따라서 대운은 위 사주의 좌측에 열기된 바와 같다. 대운수는 6이다.

(2) 육신과 지장간

육신을 보면, 일간이 을목(乙木)이니 년간 정화(丁火)는 식신, 년지 사화(巳火)는 상관이고 월간 기토(己土)는 편재, 월지 유금(酉金)은 편관이며, 일지 축토(丑土)는 편재, 시간 신금(辛金)은 편관, 시지 사화(巳火)는 상관이 된다.

지장간을 보면, 년지 사화(巳火)의 지장간은 무·경·병(戊·庚·丙), 월지 유금(酉金)의 지장간은 경·신(庚·辛), 일지 축토(丑土)의 지장간은 계·신·기(癸·辛·己), 시지 사화(巳火)의 지장간은 무·경·병(戊·庚·丙)이다.

(3) 합·충·형·파(合·沖·刑·破) 등

천간에 을신충(乙辛沖), 을기충(乙己沖)이 있으며, 지지에 사유축금(巳酉丑金)의 삼합이 있다. 일지 축(丑)은 년주 공망이나, 사유축금 삼합으로 작용력을 잃었다.

(4) 용신 등

기명종세(棄命從勢) 극약(極弱) 사주로서 금(金)이 용신, 토(土)와 화(火)는 희신이다. 목(木)과 수(水)는 기신이다.

(5) 격국

이 사주는 금(金)기운이 왕(旺)한 종격(종살격)이다. 종살격(從殺格)은 종격(從格)중의 하나로, 일간의 뿌리가 없거나 무력하고 사주의 전부 또는 대부분이 관살인 경우이다. 종격이란 일간이 힘이 없어 가장 왕(旺)한 타오행을 따라가는 경우로서 기명종격(棄命從格) 또는 귀상격(鬼象格)이라고도 한다.

(6) 청탁(淸濁), 신살 등

청탁(淸濁)을 살펴보면 중청(中淸)에 해당한다. 12신살 중 장성, 화개, 지살이 있다. 년지와 시지에 각 금여가 있다.

2. 풀이

- 대운을 보면 경술(庚戌), 계축(癸丑), 병진(丙辰), 정사(丁巳), 무오(戊午) 대운은 중길(中吉)하고, 임자(壬子, 26세~35세) 대운은 평범하거나 조금 나쁘며, 신해(辛亥), 갑인(甲寅), 을묘(乙卯) 대운은 나쁘다.
- 타고난 두뇌가 명석하며(食神), 상황판단이 빠르고 일 처리가 정확하다(偏官). 주관이 약해서 남의 말에 휘둘리기 쉽다(棄命從勢). 무관기질로서 의리가 있고 의협심이 강하여 강자를 두려워하지 않고 약자에게는 인정을 베푼다(從殺格). 지도력이 있고 자기 가족보다도 아랫사람 등 타인을 잘 챙겨주지만 본인은 외롭다. 명주는 특히 직업을 갖고 사회활동을 하는 것이 좋다.

해외출입이나 직업 · 이사이동이 많다(地殺多).

- 법관, 검사, 군인, 경찰, 의사, 세무 · 세관 관련 공무원 등이 적성에 맞으며 회사원도 어울린다. 학생의 경우 정치, 행정, 법학, 정보, 세무, 의약 분야 계열에 지원하는 것이 좋다.
- 운세가 비겁 · 인수운으로 흘러서 종살격이 파괴되고 가종(假從)이 되니, 사주상 재물복은 크지 않다. 대운상 대체적인 재물운을 보면, 중년 대운(壬子, 癸丑, 甲寅)에는 재물운이 좋지 않은 편이다. 말년 대운(乙卯, 丙辰, 丁巳)에는 길흉(吉凶)상반하여 굴곡이 있다.
- 금다단목(金多斷木)이니 간, 쓸개가 약하여 잘 놀라고 겁이 많으며, 만성두통이나 탈모에 시달리기 쉽다. 물과 초목을 가까이하는 것이 좋다.
- 관성희용유기(官星喜用有氣)하니 남편복이 있다. 기명종살격(棄命從殺格)으로 남편의 기세가 태왕(太旺)하니, 본인을 버리고 남편을 따라야 길(吉)하다. 자식덕은 있다(食傷用喜神). 월용희신(月用喜神)으로 부모복이 있다.

12 신살

2

정처없이 떠돌아다닌다는 의미의 역마살(驛馬殺)는 이동, 변동, 활동 등의 의미를 내포하고 있으며, 오늘날은 흉살(凶殺)이 아니라 오히려 길신(吉神)으로 보는 경향이 있다. 역마살이 있으면 국제기구 근무, 국제무역 등 해외활동이나 해외여행, 국내 원거리 출 · 퇴근 등을 활발하게 할 수 있다고 보기 때문이다.

사례 3

乙일간 戌월생(음력 9월생)

	(+)	(-)	(+)	(+)	
	정인	日干	정인	정재	
癸 甲 乙 丙 丁 戊 己 庚 辛	壬	乙	壬	戊	[女命]
丑 寅 卯 辰 巳 午 未 申 酉	午	未	戌	午	
	식신	편재	정재	식신	
	(-)	(-)	(+)	(-)	
	(丙己丁)	(丁乙己)	(辛丁戊)	(丙己丁)	

위 사주는 무오년(戊午年) 임술월(壬戌月) 을미일(乙未日) 임오시(壬午時)에 출생한 여자의 사주이다.

1. 사주의 구조

(1) 대운

년간(年干)을 기준으로 양남음녀(陽南陰女)는 순행하고 음남양녀(陰男陽女)는 역행하니, 위 사주에서 대운은 역행한다. 따라서 대운은 위 사주의 좌측에 열기된 바와 같다. 대운수는 2이다.

(2) 육신과 지장간

육신을 보면, 일간이 을목(乙木)이니 년간 무토(戊土)는 정재, 년지 오화(午火)는 식신이고 월간 임수(壬水)는 정인, 월지 술토(戌土)는 정재이며, 일지 미토(未土)는 편재, 시간 임수(壬水)는 정인, 시지 오화(午火)는 식신이 된다.

지장간을 보면, 년지 오화(午火)의 지장간은 병 · 기 · 정(丙 · 己 · 丁), 월지 술토(戌土)의 지장간은 신 · 정 · 무(辛 · 丁 · 戊), 일지 미토(未土) 의 지장간은 정 · 을 · 기(丁 · 乙 · 己), 시지 오화(午火)의 지장간은 병 · 기 · 정(丙 · 己 · 丁)이다.

(3) 합 · 충 · 형 · 파(合 · 沖 · 刑 · 破) 등

지지에 오술화국(午戌火局)의 반합(준삼합), 오오자형(午午自刑), 미술파(未戌破)가 있다.

(4) 용신 등

신태약(身太弱) 사주로서 목(木)이 용신, 수(水)는 희신이다. 토(土)와 화(火)는 기신, 금(金)은 한신이다.

(5) 격국

이 사주는 정재격이다.

(6) 청탁(淸濁), 신살 등

청탁(淸濁)을 살펴보면 중탁(中濁)에 해당한다. 12신살 중 반안, 장성, 화개, 천살, 육해가 있다. 월주에 괴강, 백호살이 있으며 일주에도 백호살이 있다.

2. 풀이

- 대운을 보면 을묘(乙卯, 62세~71세) 대운은 대길(大吉)하고, 정사(丁巳), 병진(丙辰), 갑인(甲寅), 계축(癸丑) 대운은 평범하거나 조금 나쁘며, 신유(辛酉), 경신(庚申), 기미(己未), 무오(戊午) 대운은 나쁘다.
- 늦가을 연약한 을목(乙木)일간이 지지가 조열하여 뿌리가 마르는데, 시간(時干) 정인 임수(壬水)가 옆에서 힘을 주고 있다. 그러나 임수(壬水)도 뿌리가 없어 신태약(身太弱)한 명주에게 큰 도움이 안 되니, 사주가 탁(濁)하여 인생이 고단하다. 재물로 인해 탐재괴인(貪財壞印)하여 명예가 크게 깨질 수 있다(年月魁罡白虎,財沖印). 결단력이 없고 우유부단하다(財多身弱). 좋은 인물에 밝고 화사하고 따뜻하며, 식신이 왕(旺)하여 남에게 잘 베푼다. 을미(乙未)일주로 마음이 약하고 가정적이며 평소에는 바다와 같은 넓은 마음으로 다 받아 주나(月納音五行大海水), 한 번 성질나면 큰 일 저지른다(魁罡, 白虎). 직관력, 영감력이 뛰어나고 꿈이 잘 맞으며, 종교·역학에 인연이 많다(月天門星).
- 봉급생활자 또는 역술업 사주이다(月天門星). 화원, 원예업, 식목업, 종묘업, 한의원, 건재상, 철학, 심리학, 교육, 사학 등에 적성이 맞다.

- 사주상 재물복은 평범하다. 대운상 대체적인 재물운을 보면, 중년 대운(己未, 戊午, 丁巳)에는 재물운이 좋지 않다. 말년 대운(丙辰, 乙卯, 甲寅)에는 재물운이 좋다. 을묘(乙卯)대운에는 용신 목운(木運)으로 명주의 힘이 생기니, 대길(大吉)하다.
- 왕(旺)한 토(土)에 수(水)가 충극(沖剋)되어 고협압, 뇌출혈, 동맥경화 등 혈류에 이상이 올 수 있다. 신장·방광·생식기관이 약하다.
- 남편과 충돌이 잦으며 해로하기 어렵다(日支刑, 白虎魁罡刑沖). 자식덕이 적다(時干喜神, 食神忌神). 겉으로는 부모복이 있는 듯 하나, 실상은 부모복이 없다(月喜神, 忌神). 형제는 무해무덕하다.

12 신살 3

년살(年殺) 또는 연살은 도화살, 함지살, 목욕살, 패살 등으로 불리어지기도 하는 이른바 '끼'살이다. 이성의 유혹을 많이 받거나, 스스로 색욕에 빠지기 쉽다고 한다. 그러나 오늘날은 사교성 등을 의미하는 길신으로 보기도 한다. 지살(地殺)은 역마살과 비슷하다고 보면 된다.

12 신살 4

재살(災殺)은 일생 동안 재앙이 끊이지 않는다는 흉살이다. 천살(天殺)은 홍수나 가뭄 등의 천재지변을 당한다는 흉살이다.

사례 4

乙일간 亥월생(음력 10월생)

대운	시	일	월	년	
	(-)	(-)	(-)	(-)	
	식신	日干	비견	편재	
丙 丁 戊 己 庚 辛 壬 癸 甲	丁	乙	乙	己	[男命]
寅 卯 辰 巳 午 未 申 酉 戌	亥	酉	亥	未	
	정인	편관	정인	편재	
	(+)	(-)	(+)	(-)	
	(戊 甲 壬)	(庚 辛)	(戊 甲 壬)	(丁 乙 己)	

위 사주는 기미년(己未年) 을해월(乙亥月) 을유일(乙酉日) 정해시(丁亥時)에 출생한 남자의 사주이다.

1. 사주의 구조

(1) 대운

년간(年干)을 기준으로 양남음녀(陽南陰女)는 순행하고 음남양녀(陰男陽女)는 역행하니, 위 사주에서 대운은 역행한다. 따라서 대운은 위 사주의 좌측에 열기된 바와 같다. 대운수는 7이다.

(2) 육신과 지장간

육신을 보면, 일간이 을목(乙木)이니 년간 기토(己土)는 편재, 년지 미토(未土)도 편재이고 월간 을목(乙木)은 비견, 월지 해수(亥水)는 정인이며, 일지 유금(酉金)은 편관, 시간 정화(丁火)는 식신, 시지 해수(亥水)는 정인이 된다.

지장간을 보면, 년지 미토(未土)의 지장간은 정·을·기(丁·乙·己), 월지 해수(亥水)의 지장간은 무·갑·임(戊·甲·壬), 일지 유금(酉金)의 지장간은 경·신(庚·申), 시지 해수(亥水)의 지장간은 무·갑·임(戊·甲·壬)이다.

(3) 합·충·형·파(合·沖·刑·破) 등

천간에 을기충(乙己沖)이 있으며, 지지에 해미목국(亥未木局)의 반합(준삼합)이 있다. 년지 미(未)는 일주공망이다.

(4) 용신 등

신강(身强)사주로서 화(火)가 용신, 목(木)과 토(土)는 희신이다. 수(水)와 금(金)은 기신이다. 화(火)는 조후용신이기도 하다.

(5) 격국

이 사주는 정인격이다.

(6) 청탁(淸濁), 신살 등

청탁(淸濁)을 살펴보면 중등(中等)에 해당한다. 12신살 중 장성, 화개, 역마, 지살, 재살, 월살이 있다.

2. 풀이

- 대운을 보면 정묘(丁卯, 77세~86세), 병인(丙寅) 대운은 대길(大吉)하고 갑술(甲戌), 신미(辛未), 경오(庚午), 무진(戊辰) 대운은 중길(中吉)하다. 기사(己巳) 대운은 평범하거나 조금 나쁘며, 계유(癸酉), 임신(壬申) 대운은 나쁘다
- 수왕절(水旺節) 을목(乙木)일간에 금수(金水)가 왕(旺)하니, 금(金)이 한(寒)하여 수(水)가 더욱 얼게 되므로 얼어붙은 물은 나무를 자라게 할 수 없다. 그런데 천간에 식신 정화(丁火)가 투출하여 일간을 따뜻하게 하면서 재(財)를 생(生)하고 있으니, 그 기(氣)가 수려(秀麗)하다. 또한 천간에 투출한 비견, 식신, 편재가 월지 미토(未土)에 근(根)하니 서로 유정(有情)하여 귀(貴)한데, 년지 편재 미토(未土)가 공망된 것이 흠이다. 을유(乙酉) 일지 편관으로 예리하며 성격이 급하다. 지도력이 있어 아랫사람을 잘 다스리며 조직관리를 잘한다(偏官). 가족보다 남을 더 챙긴다. 식신 용신으로 총명하며, 남에게 인정을 베풀 줄도 안다. 해외출입이나 직업 · 이사이동이 많다(驛馬地殺多).

직관력, 영감력이 뛰어나고 꿈이 잘 맞으며 종교·역학에 인연이 깊다(月時天門星).

- 문화예술인 사주로서 창작, 문인, 교육자 등이 어울리고 의사,약사,역술업도 맞다.
- 사주상 재물복은 평범하다. 대운상 대체적인 재물운을 보면, 청년기에 기신(忌神) 금수(金水)가 왕(旺)한 대운을 제외하면 중년 대운(壬申, 辛未, 庚午)과 말년 대운(己巳, 戊辰, 丁卯) 모두 재물운이 좋다. 시주(時柱) 식신 용신으로 생재(生財)하니, 말년대운이 좀 더 좋다고 본다.
- 시간 정화(丁火) 용신이 시지 해수(亥水)의 극(剋)을 받아 심장, 소장이 약하여 가슴이 답답하고, 금(金)의 설기가 많아 숨이 차고 부스럼, 종기 등 피부병이 있기 쉽다.
- 처의 바가지가 심하고(日支偏官) 처덕이 적다(偏財空亡). 자식덕이 있으며(喜神有氣), 부모복도 있다(月喜神). 형제는 많다(印綬月令提綱).

한마디

12신살뿐만 아니라 신살은 수백 가지가 있는데 흉살이 훨씬 더 많다. 이 흉살에 걸리지 않을 사람은 단 한 사람도 없다. 그리고 오늘날 남녀평등사회에서 여성의 사회진출이 활발한 현실을 반영하여 신살도 재해석해야 할 소지가 많다. 역마나 도화(년살)의 경우가 대표적이다.

사례 **5**

乙일간 子월생(음력 11월생)

	(+)	(-)	(+)	(+)	
	정재	日干	정재	정관	
己 庚 辛 壬 癸 甲 乙 丙 丁	**戊**	**乙**	**戊**	**庚**	[女命]
卯 辰 巳 午 未 申 酉 戌 亥	**寅**	**卯**	**子**	**戌**	
	겁재	비견	편인	정재	
	(+)	(-)	(-)	(+)	
	(戊 丙 甲)	(甲 乙)	(壬 癸)	(辛 丁 戊)	

위 사주는 경술년(庚戌年) 무자시(戊子月) 을묘일(乙卯日) 무인시(戊寅時)에 출생한 여자의 사주이다.

1. 사주의 구조

(1) 대운

년간(年干)을 기준으로 양남음녀(陽南陰女)는 순행하고 음남양녀(陰男陽女)는 역행하니, 위 사주에서 대운은 역행한다. 따라서 대운은 위 사주의 좌측에 열기된 바와 같다. 대운수는 3이다.

(2) 육신과 지장간

육신을 보면, 일간이 을목(乙木)이니 년간 경금(庚金)은 정관, 년지 술토(戌土)는 정재이고 월간 무토(戊土)도 정재, 월지 자수(子水)는 편인이며, 일지 묘목(卯木)은 비견, 시간 무토(戊土)는 정재, 시지 인목(寅木)은 겁재가 된다.

지장간을 보면, 년지 술토(戌土)의 지장간은 신·정·무(申·丁·戊), 월지 자수(子水)의 지장간은 임·계(壬·癸), 일지 묘목(卯木)의 지장간은 갑·을(甲·乙), 시지 인목(寅木)의 지장간은 무·병·갑(戊·丙·甲)이다.

(3) 합·충·형·파(合·沖·刑·破) 등

천간에 을경합(乙庚合)이 있으나 미약하고, 지지에 묘술합(卯戌合)의 지합, 인술화국(寅戌火局)의 반합(준삼합)이 있다. 일지 묘(卯)는 년주공망, 월지 자(子)는 일주 공망이다.

(4) 용신 등

신강(身强) 사주로서 금(金)이 용신, 토(土)는 희신이다. 목(木)과 수(水)는 기신, 화(火)는 한신이다.

(5) 격국

이 사주는 편인격이다.

(6) 청탁(淸濁), 신살 등

청탁(淸濁)을 살펴보면 중청(中淸)에 해당한다. 12신살 중 장성, 화개, 망신, 지살, 년살, 재살, 천살이 있다. 월지에 천을귀인이 있으나 월지 일주공망이며, 년주 괴강이다.

2. 풀이

- 대운을 보면 을유(乙酉, 23세~32세) 대운은 중길(中吉)하고, 병술(丙戌), 갑신(甲申), 계미(癸未), 신사(辛巳), 경진(庚辰) 대운은 평범하거나 조금 나쁘며, 정해(丁亥), 임오(壬午), 기묘(己卯) 대운은 나쁘다.
- 수왕절(水旺節)의 신강(身强)한 을목(乙木)일간이 편인격에 정관 경금(庚金)을 쓰고 있으니, 관인상생(官印相生)하여 사주가 청(淸)하다. 다만 월지 편인이 공망되고 일지 비견이 공망되는 것이 흠이다. 일지 비견이 공망됨은 배우자와의 인연이 박하여 내적으로 공허함을 이름이요, 월지 편인이 공망됨은 부모궁, 직업궁, 사회궁에 문제가 생겨 삶의 터전이 불안정하다는 뜻이다. 완벽주의자로 모든 걸 다 따져서 가려내야 직성이 풀리는 성격이나, 인자하고 자상하여 주변 사람을 잘 이끌고 챙겨준다(正官用神). 조직성이 강하고 공사구분이 확실하며 주체성이 강하다. 신강(身强)사주에 년주 명관과마(明官跨馬)이며 또한

년주 괴강이니, 천간의 정관이 지지에 있는 정재의 생조(生助)를 받아 크게 출세하는 형국이다. 본인이 튼튼한 재력을 바탕으로 입신양명하거나, 헌신적인 노력으로 남편을 출세시킨다.

- 재정관련 공직이나 회사원이 어울린다. 자유직업, 작가, 연예인, 의약사 등 활인업도 맞다.
- 큰 질병은 없으나, 체질을 감안한 꾸준한 건강관리가 중요하다.
- 사주상 재물복은 평범하다. 대운상 대체적인 재물운을 보면, 중년 대운(乙酉, 甲申, 癸未)에는 재물운이 좋다. 말년 대운(壬午, 辛巳, 庚辰)에는 재물운이 좋지 않고 어렵다.
- 남편의 덕을 보지만(官用喜神), 일지공망으로 남편과 해로하기 어렵다. 년주에 재·관(財·官) 용신으로 조상덕이 있으며, 자식덕은 평범하다. 형제는 무해무덕하다.

12 신살

5

월살(月殺)은 고초살이라고 하며, 살아가면서 고초를 겪는다는 흉살이다.

사례 6

乙일간 丑월생(음력 12월생)

	(+)	(-)	(-)	(+)	
	정관	日干	편재	정관	
庚 辛 壬 癸 甲 乙 丙 丁 戊	**庚**	**乙**	**己**	**庚**	[女命]
辰 巳 午 未 申 酉 戌 亥 子	**辰**	**酉**	**丑**	**戌**	
	정재	편관	편재	정재	
	(+)	(-)	(-)	(+)	
	(乙 癸 戊)	(庚 辛)	(癸 辛 己)	(辛 丁 戊)	

위 사주는 경술년(庚戌年) 기축월(己丑月) 을유일(乙酉日) 경진시(庚辰時)에 출생한 여자의 사주이다.

1. 사주의 구조

(1) 대운

년간(年干)을 기준으로 양남음녀(陽南陰女)는 순행하고 음남양녀(陰男陽女)는 역행하니, 위 사주에서 대운은 역행한다. 따라서 대운은 위 사주의 좌측에 열기된 바와 같다. 대운수는 2이다.

(2) 육신과 지장간

육신을 보면, 일간이 을목(乙木)이니 년간 경금(庚金)은 정관, 년지 술토(戌土)는 정재이고 월간 기토(己土)는 편재, 월지 축토(丑土)도 편재이며, 일지 유금(酉金)은 편관, 시간 경금(庚金)은 정관, 시지 진토(辰土)는 정재가 된다.

지장간을 보면, 년지 술토(戌土)의 지장간은 신 · 정 · 무(辛 · 丁 · 戊), 월지 축토(丑土)의 지장간은 계 · 신 · 기(癸 · 辛 · 己), 일지 유금(酉金)의 지장간은 경 · 신(庚 · 辛), 시지 진토(辰土)의 지장간은 을 · 계 · 무(乙 · 癸 · 戊)이다.

(3) 합 · 충 · 형 · 파(合 · 沖 · 刑 · 破) 등

천간에 을경합(乙庚合)이 있으며, 지지에 진유합(辰酉合)의 지합, 유축금국(酉丑金局)의 반합(준삼합), 진술충(辰戌沖), 축술형(丑戌刑), 축진파(丑辰破)가 있다.

(4) 용신 등

신태약(身太弱) 사주로서 금(金)이 용신, 토(土)는 희신이다. 목(木)

과 수(水)는 기신, 화(火)는 한신이다.

(5) 격국

이 사주는 금(金)기운이 왕(旺)한 종격(종살격)이다. 종살격(從殺格)은 종격(從格)중의 하나로, 일간의 뿌리가 없거나 무력하고 사주의 전부 또는 대부분이 관살인 경우이다. 종격이란 일간이 힘이 없어 가장 왕(旺)한 타오행을 따라가는 경우로서 기명종격(棄命從格) 또는 귀상격(鬼象格)이라고도 한다.

(6) 청탁(淸濁), 신살 등

청탁(淸濁)을 살펴보면 중청(中淸)에 해당한다. 12신살 중 반안, 화개, 장성, 천살, 월살, 육해가 있다. 년주 괴강이다.

2. 풀이

- 대운을 보면 을유(乙酉, 32세~41세), 갑신(甲申), 계미(癸未), 신사(辛巳), 경진(庚辰) 대운은 중길(中吉)하고, 병술(丙戌) 대운은 평범하거나 조금 나쁘며, 무자(戊子), 정해(丁亥), 임오(壬午) 대운은 나쁘다.
- 이 명(命)은 진종(眞從)을 놓은 종관격으로 본래 귀격(貴格)이나, 년·월의 재성이 괴강과 형(刑)이 됨이 흠이다. 재물로 인해 관재소송이나 화(禍)를 입을 수 있고, 부친이나 시모(媤母) 문제가 클 수도 있다. 재물욕심이 많고 매사에 수완이 좋다. 인정도 있고 사교성도 있으며 돈을 벌기 위해 쓸 줄도 안다(偏財格). 뜻을 길게 갖지 못하고 변덕이 많다(用神多). 기분파로 즉흥적이며 돈 잘 쓰고 낭비벽이 있다(偏財). 을유(乙酉)일주이니 성격이

매우 급하고 예리하다. 종관격이니 책임감이 강하고 명예를 존중하며 의협심도 있다. 권위의식을 가지고 강직하게 업무를 처리한다.

- 공직자, 의사, 약사, 중개업, 무역업, 유통업, 사채업, 주식 · 증권 · 복권 관련 직업 등이 어울린다. 의약, 법학, 행정, 세무, 회계, 통계 계통 학과에 적정이 맞다.
- 사주상 재물복은 평범하다. 대운상 대체적인 재물운을 보면, 중년 대운(丙戌, 乙酉, 甲申)에는 재물운이 좋다. 말년 대운(癸未, 壬午, 辛巳)에는 재물운이 좋지 않고 어렵다.
- 간, 쓸개가 약하여 잘 놀라고 겁내며 신경통, 만성두통, 만성피로가 있다. 물과 초목을 가까이하는 것이 좋다.
- 사주에 괴강, 명관과마(明官跨馬)로 천간의 관성이 지지에 있는 재성의 생조(生助)를 크게 받는다. 본인이 튼튼한 재력을 바탕으로 입신양명하거나, 헌신적인 노력으로 남편을 출세시킨다. 자식두기가 어렵고(財官太旺無子), 만약 자식두면 부부해로하지 못하거나 본인이 단명하다. 부모복이 적으며(月喜神, 年月財刑), 형제는 무해무덕하다.

12 신살

6

망신살은 말이나 행동을 잘못하여 명예나 체면이 손상된다는 흉살이다. 망신살이 있으면 예기치 못한 봉변을 당하는 수가 있다.

丙 일간

甲乙丙丁戊己庚辛壬癸

사례 1

丙일간 寅월생(음력 1월생)

	(+)	(+)	(+)	(+)	
	식신	日干	식신	편재	
丁 丙 乙 甲 癸 壬 辛 庚 己	戊	丙	戊	庚	[男命]
亥 戌 酉 申 未 午 巳 辰 卯	戌	午	寅	戌	
	식신	겁재	편인	식신	
	(+)	(-)	(+)	(+)	
	(辛丁戊)	(丙己丁)	(戊丙甲)	(辛丁戊)	

위 사주는 경술년(庚戌年) 무인월(戊寅月) 병오일(丙午日) 무술시(戊戌時)에 출생한 남자의 사주이다.

1. 사주의 구조

(1) 대운

년간(年干)을 기준으로 양남음녀(陽南陰女)는 순행하고 음남양녀(陰男陽女)는 역행하니, 위 사주에서 대운은 순행한다. 따라서 대운은 위 사주의 좌측에 열기된 바와 같다. 대운수는 8이다.

(2) 육신과 지장간

육신을 보면, 일간이 병화(丙火)이니 년간 경금(庚金)은 편재, 년지 술토(戌土)는 식신이고 월간 무토(戊土)도 식신, 월지 인목(寅木)은 편인이며, 일지 오화(午火)는 겁재, 시간 무토(戊土)는 식신, 시지 술토(戌土)는 식신이 된다.

지장간을 보면, 년지 술토(戌土)의 지장간은 신 · 정 · 무(辛 · 丁 · 戊), 월지 인목(寅木)의 지장간은 무 · 병 · 갑(戊 · 丙 · 甲), 일지 오화(午火)의 지장간은 병 · 기 · 정(丙 · 己 · 丁), 시지 술토(戌土)의 지장간은 신 · 정 · 무(辛 · 丁 · 戊)이다.

(3) 합 · 충 · 형 · 파(合 · 沖 · 刑 · 破) 등

지지에 인오술화국(寅午戌火局)의 삼합이 있다. 월지 인(寅)은 일주공망이나, 지지 삼합으로 작용력을 잃었다.

(4) 용신 등

신강(身强) 사주로서 금(金)이 용신, 토(土)는 희신이다. 화(火)와 목(木)은 기신, 수(水)는 한신이다.

(5) 격국

이 사주는 양인격(羊忍格) 사주이다. 양인격이란 월지가 일간의 겁재인 경우로서, 양일간(陽日干)에만 해당한다. 형식상으로는 일인격(日刃格)에도 해당한다. 일인격(日刃格)은 일지에 양인(羊刃)을 놓은 것으로 병오일(丙午日), 무오일(戊午日), 임자일(壬子日)의 3일 뿐이다. 이 격을 놓고 일위(一位)의 칠살이 천간에 투출되면 살인상정(殺刃相停)이라는 대귀격(大貴格)이 만들어진다. 그러나 형충파해(刑沖破害)와 합(合)을 만나면 파격(破格)이다. 이 사주는 인오술화국(寅午戌火局)으로 파격이다.

(6) 청탁(淸濁), 신살 등

청탁(淸濁)을 살펴보면 중청(中淸)에 해당한다. 12신살 중 장성, 화개, 지살이 있다. 년주와 시주에 괴강이 있다.

2. 풀이

- 대운을 보면 경진(庚辰, 18세~27세), 甲申, 乙酉 대운은 중길(中吉)하고 辛巳, 丙戌 대운은 평범하거나 조금 나쁘며, 己卯, 壬午, 丁亥 대운은 나쁘다.
- 목왕절(木旺節) 병화(丙火) 일간이 지지가 온통 화국(火局)으로 신왕(身旺)한데, 천간에 그 열기를 설기하는 무토(戊土) 식신이 놓여 경금(庚金) 편재를 생(生)하고 있으니, 식신생재격(食神生財格)으로 부격(富格)사주다. 다만, 화다용금(火多熔金)이라 왕(旺)한 화기(火氣)에 쇠가 녹아내리는 형국이니, 편재 경금운(庚金運)에 큰 재물이 들어온다. 예의바르고 명랑하며 말을 잘한다.

총명하고 사리가 분명하다(魁罡). 직설적이고 화끈한 성격이다. 외향적이고 자기주장이 강하며 솔직하고 뒤끝이 없다(火多). 일지 양인에 괴강과 인오술(寅午戌) 삼합으로 고집이 강하고 성질이 불같으나, 생활력이 강하고 키워주면 국가의 동량이 된다(納音五行城頭土). 주변사람들을 잘 챙겨주며, 사람들도 잘 따른다.

- 의사, 약사, 역술업 등 활인업과 기업경영인, 장사 등 자유직업이 어울린다. 경영, 무역, 유통, 금융, 서비스업, 연예계 등도 맞다.
- 사주상 재물복이 풍부하다(食神生財). 대운상 대체적인 재물운을 보면, 중년 대운(辛巳, 壬午, 癸未)에는 재물운이 어렵고 좋지 않다. 말년 대운(甲申, 乙酉, 丙戌)에는 재물운이 좋은 편이다.
- 일지에 왕(旺)한 화(火)로 목(木)이 극설(剋洩)되어 체형이 마르고 항상피곤하다. 간이 약하고 만성두통에 시달리며 신경질환이 있기 쉽다. 지지에 수기(水氣)가 마르니 정력이 약하고 끈기가 없으며, 당뇨나 변비관련 질환이 있을 수 있다.
- 재용신(財用神)으로 처덕이 있다. 시주희신(時柱喜神)으로 자식덕도 있다. 부모복이 있는 듯 하나, 실상은 부모복이 없다(月用喜神, 忌神). 형제는 많다(印綬月令提綱).

알아두기

1

우리는 이허중 명리학, 서자평 명리학, 유백온 명리학에 대해서는 귀에 익었지만, 여씨 명리학, 맹파 명리학, 투파 명리학, 기문 명리학에 대해서는 생소하다.

사례 2

丙일간 卯월생(음력 2월생)

	(-)	(+)	(-)	(+)	
	상관	日干	상관	편재	
庚 辛 壬 癸 甲 乙 丙 丁 戊	己	丙	己	庚	[女命]
午 未 申 酉 戌 亥 子 丑 寅	亥	戌	卯	戌	
	편관	식신	정인	식신	
	(+)	(+)	(-)	(+)	
	(戊甲壬)	(辛丁戊)	(甲 乙)	(辛丁戊)	

위 사주는 경술년(庚戌年) 기묘월(己卯月) 병술일(丙戌日) 기해시(己亥時)에 출생한 여자의 사주이다.

1. 사주의 구조

(1) 대운

년간(年干)을 기준으로 양남음녀(陽南陰女)는 순행하고 음남양녀(陰男陽女)는 역행하니, 위 사주에서 대운은 역행한다. 따라서 대운은 위 사주의 좌측에 열기된 바와 같다. 대운수는 5이다.

(2) 육신과 지장간

육신을 보면, 일간이 병화(丙火)이니 년간 경금(庚金)은 편재, 년지 술토(戌土)는 식신이고 월간 기토(己土)는 상관, 월지 묘목(卯木)은 정인이며, 일지 술토(戌土)는 식신, 시간 기토(己土)는 상관, 시지 해수(亥水)는 편관이 된다.

지장간을 보면, 년지 술토(戌土)의 지장간은 신·정·무(辛·丁·戊), 월지 묘목(卯木)의 지장간은 갑·을(甲·乙), 일지 술토(戌土)의 지장간은 신·정·무(辛·丁·戊), 시지 해수(亥水)의 지장간은 무·갑·임(戊·甲·壬)이다.

(3) 합·충·형·파(合·沖·刑·破) 등

해묘목국(亥卯木局)의 반합(준삼합)이 있다.

(4) 용신 등

신약(身弱) 사주로서 목(木)이 용신, 화(火)는 희신이다. 토(土)와 금(金)은 기신, 수(水)는 한신이다.

(5) 격국

이 사주는 정인격 사주이다. 또한 세덕부재격(歲德扶財格)에도 해당한다. 사주의 년(年)에만 재(財)가 있고 신강(身强)일 때 세덕부재격(歲德扶財格)이라 하는데, 일간과 격국의 균형이 좋으면 조상으로부터 이어받은 조업을 계승하여 입신양명한다고 본다.

(6) 청탁(淸濁), 신살 등

청탁(淸濁)을 살펴보면 상청(上淸)에 해당한다. 상청사주는 어느 운로가 오더라도 나쁘지 않고, 희신운에는 크게 발복한다. 12신살 중 화개, 겁살, 년살이 있다. 시지에 천을귀인이 있으며, 년주 괴강, 일주 백호이다.

2. 풀이

- 대운을 보면 戊寅, 乙亥, 辛未, 庚午 대운은 중길(中吉)하고, 甲戌 대운은 평범하거나 조금 나쁘며, 정축(丁丑, 15세~24세), 丙子, 癸酉, 壬申 대운은 나쁘다. 그러나 명주의 사주가 상청사주라 대운이 좋지 않더라도 그다지 나쁘지는 않으며, 평범한 수준은 유지한다고 본다.
- 목왕절(木旺節) 병화(丙火) 일간이 드넓은 광야를 비추며 경금(庚金) 광석을 캐내려 하나, 그 기세가 약하다. 편재 경금(庚金)이 토다매금(土多埋金)되기 쉬운데 월지 정인 묘목(卯木)이 왕(旺)한 토(土)를 극(剋)하며 일간을 돕고 있으니, 정인이 용신으로 명예를 쫓아야 한다. 학문, 종교, 예능계통에 조예가 깊으며 자존심이 강하다(正印格). 직관력, 영감력이 뛰어나고 꿈이 잘 맞으며 종교역학에 인연이 많다(年日時天門星). 예의바르고 자비심이 있으며 낙천적이고 명랑하다(食神). 타고난 두뇌가 명석하고 언변이 뛰어나며 사교성이 있다(食神, 傷官). 외향적

이고 뒤끝이 없다. 착한 성정이라 주위사람을 잘 챙겨준다(正印). 일 처리가 매우 정확하고 사리에 맞으며, 가정적이다(納陰五行釵釧金, 城頭土).

- 의사, 약사, 문인, 교육자, 언론인, 전통관련 직업 등이 어울린다. 년 · 일 · 시 천문성이니 종교인, 역술업도 맞다. 의학, 교육, 서비스업계통, 사회계열 등 학과에 적성이 맞다.
- 사주상 재물복은 평범하다. 대운상 대체적인 재물운을 보면, 중년 대운(丙子, 乙亥, 甲戌)에는 재물운이 길흉(吉凶)상반하여 굴곡이 있다. 말년 대운(癸酉, 壬申, 辛未)에는 재물운이 좋지 않고 어렵다. 그러나 명주의 사주가 상청사주라 재물운이 좋지 않더라도 그다지 나쁘지는 않으며, 평범한 수준은 유지한다고 본다.
- 목(木)이 극설(剋洩)되어 간과 담이 약하니 이를 감안한 건강관리가 필요하다.
- 일지식신(日支食神)으로 재물을 얻는 데 있어서 남편의 외조가 있다. 자식덕은 없다(食傷忌神). 월지용신(月支用神)으로 부모복은 있다. 모친이 용신이다. 비견희신으로 형제가 많고 형제덕도 있다(身弱印綬月令提綱, 比劫喜神).

알아두기

2

명대에 신원미상의 인물이 지은 '난강망'을 청대에 와서 여춘태(余春台)가 다시 편집한 '궁통보감(窮通寶鑑)'을 여씨 명리학이라고 한다. 여씨명리학은 기상의 변화를 사람에게 대입하는 내용의 학문이다.

사례 3

丙일간 辰월생(음력 3월생)

대운		時	日	月	年	
		(-)	(+)	(+)	(+)	
		상관	日干	편인	편관	
癸 壬 辛 庚 己 戊 丁 丙 乙		己	丙	甲	壬	[男命]
丑 子 亥 戌 酉 申 未 午 巳		丑	寅	辰	子	
		상관	편인	식신	정관	
		(-)	(+)	(+)	(-)	
		(癸辛己)	(戊丙甲)	(乙癸戊)	(壬 癸)	

위 사주는 임자년(壬子年) 갑진월(甲辰月) 병인일(丙寅日) 기축시(己丑時)에 출생한 남자의 사주이다.

1. 사주의 구조

(1) 대운

년간(年干)을 기준으로 양남음녀(陽南陰女)는 순행하고 음남양녀(陰男陽女)는 역행하니, 위 사주에서 대운은 순행한다. 따라서 대운은 위 사주의 좌측에 열기된 바와 같다. 대운수는 5이다.

(2) 육신과 지장간

육신을 보면, 일간이 병화(丙火)이니 년간 임수(壬水)는 편관, 년지 자수(子水)는 정관이고 월간 갑목(甲木)은 편인, 월지 진토(辰土)는 식신이며, 일지 인목(寅木)은 편인, 시간 기토(己土)는 상관, 시지 축토(丑土)도 상관이 된다.

지장간을 보면, 년지 자수(子水)의 지장간은 임 · 계(壬 · 癸), 월지 진토(辰土)의 지장간은을 계 무(乙 癸 戊), 일지 인목(寅木)의 지장간은 무 · 병 · 갑(戊 · 丙 · 甲), 시지 축토(丑土)의 지장간은 계 · 신 · 기(癸 · 辛 · 己)이다.

(3) 합 · 충 · 형 · 파(合 · 沖 · 刑 · 破) 등

천간에 갑기합(甲己合)이 있으며, 지지에 자신수국(子辰水局)의 반합(준삼합), 자축합(子丑合), 축진파(丑辰破)가 있다. 子丑合은 작용력이 미미하다. 일지의 인(寅)은 년주공망이다.

(4) 용신 등

신약(身弱) 사주로서 목(木)이 용신, 화(火)는 희신이다. 금(金)과 수(水)는 기신, 토(土)는 한신이다.

(5) 격국

이 사주는 식신격 사주이다.

(6) 청탁(淸濁), 신살 등

청탁(淸濁)을 살펴보면 중등(中等)에 해당한다. 12신살 중 반안, 장성, 화개, 역마, 재살, 천살. 월살이 있다. 월주 백호살이다.

2. 풀이

- 대운을 보면 乙巳, 丙午, 丁未 대운은 중길(中吉)하고 癸丑 대운은 평범하거나 조금 나쁘며, 戊申(35세~44세), 己酉, 庚戌, 辛亥, 壬子 대운은 나쁘다.
- 봄철 병화(丙火) 일간에 투간(透干)한 편관 임수(壬水)가 왕(旺)하여, 편인 갑목(甲木)으로 설기하는 살인상생(殺印相生)사주로 목(木)이 용신이다. 그러나, 지지에서 화기(火氣)를 품고 있는 편인 인목(寅木)이 공망되어 명주의 기세가 약한 것이 흠이다. 총명하고 다재다능하며 언변이 뛰어나다(傷官). 직설적이고 화끈한 성격이다(丙火). 솔직하고 뒤끝은 없으나 고집이 강하고 불같은 성격으로 매우 성급하다(納音行桑柘木,霹靂火). 눈치가 빠르고 직감이 뛰어나다(偏印).
- 말로 먹고사는 직업이 어울린다. 교사·강사 등 교육자, 예술가, 항공회사 종사자 등이 맞다. 대인관계가 많은 상담, 서비스업 계통 적성이다.

- 사주상 재물복은 평범하다. 대운상 대체적인 재물운을 보면, 청년기를 제외한 중년 대운(丁未, 戊申, 己酉)과 말년 대운(庚戌, 辛亥, 壬子)이 모두 기신(忌神) 금수운(金水運)으로 흐르니 재물운이 좋지 않고 어렵다.
- 큰 질병은 없으나, 체질을 감안한 꾸준한 건강관리를 요한다.
- 일지공망에 재기신(財忌神)으로 처덕이 적다. 처의 영향력이 적다(財在時支藏干). 관성기신(官星忌神)으로 자식덕이 없다. 부모복은 적다(月干日支印星喜神, 偏印空亡). 형제는 무해무덕하다.

여담(餘談)

우리나라 두 글자 성씨(복성, 2015년 기준) :

남궁(약 21,300명), 황보(약 10,300명), 제갈(약 5,600명), 사공(약 4,400명), 선우(약 3,500명), 서문(약 2,000명), 독고(약 800명), 동방(약 220명), 어금(8명), 망절(8명), 무본(6명), 황무(5명), 등정(5명).

알아두기

3

맹파(盲派) 명리학은 말 그대로 맹인들이 사용해 오던 명리학이다.

사례 4

丙일간 巳월생(음력 4월생)

丙 乙 甲 癸 壬 辛 庚 己 戊	(+) 편재	(+) 日干	(-) 겁재	(-) 정관	
	庚	丙	丁	癸	[女命]
寅 丑 子 亥 戌 酉 申 未 午	寅	申	巳	丑	
	편인 (+)	편재 (+)	비견 (+)	상관 (-)	
	(戊丙甲)	(戊壬庚)	(戊庚丙)	(癸辛己)	

위 사주는 계축년(癸丑年) 정사월(丁巳月) 병신일(丙申日) 경인시(庚寅時)에 출생한 여자의 사주이다.

1. 사주의 구조

(1) 대운

년간(年干)을 기준으로 양남음녀(陽南陰女)는 순행하고 음남양녀(陰男陽女)는 역행하니, 위 사주에서 대운은 순행한다. 따라서 대운은 위 사주의 좌측에 열기된 바와 같다. 대운수는 7이다.

(2) 육신과 지장간

육신을 보면, 일간이 병화(丙火)이니 년간 계수(癸水)는 정관, 년지 축토(丑土)는 상관이고 월간 정화(丁火)는 겁재, 월지 사화(巳火)는 비견이며, 일지 신금(申金)은 편재, 시간 경금(庚金)도 편재, 시지 인목(寅木)은 편인이 된다.

지장간을 보면, 년지 축토(丑土)의 지장간은 계 · 신 · 기(癸 · 辛 · 己), 월지 사화(巳火)의 지장간은 무 · 경 · 병(戊 · 庚 · 丙), 일지 신금(申金)의 지장간은 무 · 임 · 경(戊 · 壬 · 庚), 시지 인목(寅木)의 지장간은 무 · 병 · 갑(戊 · 丙 · 甲)이다.

(3) 합 · 충 · 형 · 파(合 · 沖 · 刑 · 破) 등

지지에 사축금국(巳丑金局)의 반합(준삼합), 인신충(寅申沖), 인사신 삼형(寅巳申 三刑)이 있다. 월지 사(巳)는 일주공망이다.

(4) 용신 등

신약(身弱)이지만 비교적 중화된 사주로서 수(水)가 용신, 금(金)은 희신이다. 화(火)와 목(木)은 기신, 토(土)는 한신이다. 여기서 수(水)

는 조후용신이기도 하다.

(5) 격국

이 사주는 편재격 사주이다.

(6) 청탁(淸濁), 신살 등

청탁(淸濁)을 살펴보면 중탁(中濁)에 해당한다. 12신살 중 반안, 화개, 역마, 겁살, 지살, 망신살이 있다. 년주 백호살이다.

2. 풀이

- 대운을 보면 癸亥(57세~66세) 대운은 대길(대吉)하고, 庚申, 辛酉, 甲子 대운은 중길(中吉)하다. 壬戌, 乙丑 대운은 평범하거나 조금 나쁘며, 戊午, 己未, 丙寅 대운은 나쁘다.
- 사주 여덟 글자가 모두 합·충·형(合·沖·刑)으로 이루어지니, 인생이 다사다난하고 고독하다. 명주의 기세가 강하여 무모한 면이 있고 자만심이 강하다(寅巳申三刑). 성격이 매우 급하다(丙火旺). 여장부다운 면이 있다. 대쪽같은 성격으로 자기주장과 고집이 강하고 타협을 모른다(納音五行松栢木). 주위사람과 원만한 관계를 가지고 못하고 고독하다. 사주에 지세지형(持勢之刑)으로 특징되는 인사신 삼형(寅巳申三刑)이 있어 실패와 좌절수가 있으나, 사주구성이 좋으면 군경이나 사법계통에서 이름을 떨친다. 역마지살다(驛馬地殺多)에 인신형충(寅申刑沖)으로 해외출입이나 이사이동, 직장변동이 많을 수 있다.
- 의사, 약사, 판사, 검사, 외교관, 통역관, 회사원 등이 어울린다.

의학, 약학, 국제학, 법학 등 학과가 적성에 맞다.

- 사주상 재물복은 평범하다. 대운상 대체적인 재물운을 보면, 사주 천간에서 정관이 재(財)를 겁탈하는 겁재를 치고 있고 운세가 용희신 금수운(金水運)으로 흐르니, 중년 대운(庚申, 辛酉, 壬戌)과 말년 대운(癸亥, 甲子, 乙丑) 모두 재물운이 좋다.
- 오행이 중화되어 큰 질병은 없으나, 지마형충(地馬刑沖)이니 교통사고를 조심해야 한다.
- 관용희신(官用喜神)으로 남편덕을 본다. 그러나 남편과 충돌이 잦거나 별거한다(日支刑沖). 자식덕은 적다(食傷閑神). 시지형충(時支刑沖)이니 자식과 뜻이 맞지 않고 별거한다. 월기신(月忌神)으로 부모복도 없다. 형제는 무해무덕하다.

일반상식

중국 고대의 4대 미인 :

① 서시 ② 우미인 ③ 왕소군 ④ 양귀비

우미인 대신에 삼국지에 나오는 초선을 넣기도 한다.

사례 5

丙일간 午월생(음력 5월생)

	(-)	(+)	(+)	(-)	
	정재	日干	편관	정인	
癸 甲 乙 丙 丁 戊 己 庚 辛	辛	丙	壬	乙	[男命]
酉 戌 亥 子 丑 寅 卯 辰 巳	卯	戌	午	卯	
	정인	식신	겁재	정인	
	(-)	(+)	(-)	(-)	
	(甲 乙)	(辛 丁 戊)	(丙 己 丁)	(甲 乙)	

위 사주는 을묘년(乙卯年) 임오월(壬午月) 병술일(丙戌日) 신묘시(辛卯時)에 출생한 남자의 사주이다.

1. 사주의 구조

(1) 대운

년간(年干)을 기준으로 양남음녀(陽南陰女)는 순행하고 음남양녀(陰男陽女)는 역행하니, 위 사주에서 대운은 역행한다. 따라서 대운은 위 사주의 좌측에 열기된 바와 같다. 대운수는 6이다.

(2) 육신과 지장간

육신을 보면, 일간이 병화(丙火)이니 년간 을목(乙木)은 정인, 년지 묘목(卯木)도 정인이고 월간 임수(壬水)는 편관, 월지 오화(午火)는 겁재이며, 일지 술토(戌土)는 식신, 시간 신금(辛金)은 정재, 시지 묘목(卯木)은 정인이 된다.

지장간을 보면, 년지 묘목(卯木)의 지장간은 갑·을(甲·乙), 월지 오화(午火)의 지장간은 병·기·정(丙·己·丁), 일지 술토(戌土)의 지장간은 신·정·무(辛·丁·戊), 시지 묘목(卯木)의 지장간은 갑·을 (甲·乙)이다.

(3) 합·충·형·파(合·沖·刑·破) 등

천간에 병신합(丙辛合)이 있으며, 지지에 묘술합(卯戌合)의 육합(六合), 오술화국(午戌火局)의 반합(준삼합), 묘오파(卯午破)가 있다. 월지 오(午)는 일주공망이다.

(4) 용신 등

신태강(身太强) 사주로서 토(土)가 용신, 금(金)은 희신이다. 목(木)과 화(火)는 기신, 수(水)는 한신이다.

(5) 격국

이 사주는 양인격 사주이다. 월지 겁재 중에서 일간이 양간인 경우이다.

(6) 청탁(淸濁), 신살 등

청탁(淸濁)을 살펴보면 중등(中等)에 해당한다. 12신살 중 장성, 화개, 년살, 천살, 육해가 있다. 일주 백호살이다.

2. 풀이

- 대운을 보면 庚辰(16세~25세), 丁丑, 癸酉 대운은 중길(中吉)하고, 辛巳, 甲戌 대운은 평범하거나 조금 나쁘며, 己卯, 戊寅, 丙子, 乙亥 대운은 나쁘다.
- 화왕절(火旺節) 병화(丙火)일간이 천간에 임수(壬水) 관살과 을목(乙木) 인수를 놓아 살인상생(殺印相生) 사주다. 그러나 지지가 조열하고 관살 임수(壬水)는 뜨거운 불위에 앉아 있어 뿌리가 없는 것이 흠이다. 또한 월지 제왕 공망으로 부모궁, 직업궁, 사회궁에 문제가 생기고 삶의 터전이 불안정하여 인생의 굴곡이 많다. 솔직하고 뒤끝이 없지만 성격이 급하다. 외향적이지만 자기주장이 강하여 외골수가 되기 쉽다. 실속 없이 큰소리 치고 과욕을 부리기도 한다(納音五行屋上土).
- 문화예술인, 교육자, 전통문화관련 직업, 의사, 약사, 역술인, 종교인이 어울린다. 대인관계가 많은 상담, 서비스업계통도 맞다.
- 사주상 재물복은 평범하다. 대운상 대체적인 재물운을 보면, 중년 대운(己卯, 戊寅, 丁丑)과 말년 대운(丙子, 乙亥, 甲戌) 모두

재물운이 좋지 않고 어렵다.

- 수(水)의 설기가 심하여 신장, 방광이 약하고 귓병, 감기 등에 걸리기 쉽다. 강과 호수를 가까이하는 것이 좋다(水弱受剋). 지지가 조열하여 정력이 약하고 만성피로, 당뇨, 변비에 시달릴 수 있다.
- 처덕이 있으며(財喜神), 일지 식신으로 재물을 얻는데 있어 처의 내조를 얻는다. 처의 사회활동을 좋아하지 않는다(日支財庫). 자식덕은 적다(官星無根, 閑神). 부모복이 없으며(月支空亡), 형제는 무해무덕하다.

일반상식

중국의 3대 악녀 :

① 여태후 : 여치, 한고조 유방의 처
② 측천무후 : 무조, 당나라 고종의 후궁
③ 서태후 : 청나라 함풍제의 후궁, 동치제의 모

알아두기

4

투파(透派) 명리학은 중국 명나라 말기 복건성에서 창립된 문파로, 명징파(明澄派) 또는 명투파(明透派)라고도 불린다. 기문(奇門) 명리학은 기문둔갑(奇門遁甲)의 여러 기능 중 운명을 점(占)하는 부분을 가리킨다. 기문둔갑은 원래 운명을 점(占)하는 학문이 아니었고, 주요 부문이 병법(兵法)이었다.

사례 6

丙일간 未월생(음력 6월생)

대운		(+)	(+)	(-)	(+)	
		식신	日干	정재	편인	
庚 己 戊 丁 丙 乙 甲 癸 壬		戊	丙	辛	甲	[男命]
辰 卯 寅 丑 子 亥 戌 酉 申		子	寅	未	寅	
		정관	편인	상관	편인	
		(-)	(+)	(-)	(+)	
		(壬 癸)	(戊 丙 甲)	(丁 乙 己)	(戊 丙 甲)	

위 사주는 갑인년(甲寅年) 신미월(辛未月) 병인일(丙寅日) 무자시(戊子時)에 출생한 남자의 사주이다.

1. 사주의 구조

(1) 대운

년간(年干)을 기준으로 양남음녀(陽南陰女)는 순행하고 음남양녀(陰男陽女)는 역행하니, 위 사주에서 대운은 순행한다. 따라서 대운은 위 사주의 좌측에 열기된 바와 같다. 대운수는 1이다.

(2) 육신과 지장간

육신을 보면, 일간이 병화(丙火)이니 년간 갑목(甲木)은 편인, 년지 인목(寅木)도 편인이고 월간 신금(辛金)은 정재, 월지 미토(未土)는 상관이며, 일지 인목(寅木)은 편인, 시간 무토(戊土)는 식신, 시지 자수(子水)는 정관이 된다.

지장간을 보면, 년지 인목(寅木)의 지장간은 무 · 병 · 갑(戊 · 丙 · 甲), 월지 미토(未土)의 지장간은 정 · 을 · 기(丁 · 乙 · 己), 일지 인목(寅木)의 지장간은 무 · 병 · 갑(戊 · 丙 · 甲), 시지 자수(子水)의 지장간은 임 · 계(壬 · 癸)이다.

(3) 합 · 충 · 형 · 파(合 · 沖 · 刑 · 破) 등

천간에 병신합(丙辛合)이 있고 지지에 자미(子未)원진이 있다.

(4) 용신 등

인수가 왕(旺)한 신왕(身旺)사주로서 토(土)가 용신, 금(金)은 희신이다. 목(木)과 화(火)는 기신, 수(水)는 한신이다. 용신득령진신(用神得令眞神) 사주이다.

(5) 격국

이 사주는 식상생재의 상관격이다.

(6) 청탁(淸濁), 신살 등

청탁(淸濁)을 살펴보면 중탁(中濁)에 해당한다. 12신살 중 반안, 지살 재살이 있다. 월지에 금여가 있다.

2. 풀이

- 대운을 보면 壬申, 癸酉, 甲戌, 丁丑, 庚辰 대운은 중길(中吉)하고, 을해(31세~40세), 丙子, 戊寅, 己卯 대운은 나쁘다.
- 병인(丙寅)일주로 남자답고 거침이 없으며 화끈한 성격이다. 외향적이며 솔직하고 뒤끝이 없다(丙火). 두뇌가 총명하고 다재다능하며 언변이 뛰어나다(傷官). 강자에게 강하고 약자에게 약하며 인정을 베푼다(偏印). 일처리가 시원시원하고 놀러 다니기도 좋아하나, 감정기복이 심하다(年納音五行大溪水). 꿈을 잘 꾸고 잘 맞는다(日支偏印). 해외출입이나 이사이동이 많다(年日地殺).
- 말로 먹고사는 직업, 대인관계가 많은 상담, 서비스업계통 직업이 맞다(食傷旺). 교사, 강사, 예술가 · 작가 · 연예인 등 자유직업이 어울린다. 의 · 약사, 종교인, 역술인 등 활인업도 맞다(偏印旺)
- 천간에서 왕(旺)한 편인 갑목(甲木)이 식신 무토(戊土)를 충(沖)하여 도식하게 생겼는데, 정재 신금(辛金)이 막고 있으니 식신생재격이다. 그러나 정재 신금(辛金)이 뜨거운 조토(燥土) 미토(未

土)가 품고 있는 한여름 정화(丁火)불에 녹아내려 쇠약한 것이 흠이다. 따라서 식상 정재의 토·금운(土·金運)이 용·희신인데 운세가 따라주지 못하니, 사주상 재물복은 평범하다. 대운상 대체적인 재물운을 보면, 중년 대운(甲戌, 乙亥, 丙子)과 말년 대운(丁丑, 戊寅, 己卯) 모두 재물운이 좋지 않고 어렵다.

- 큰 질병은 없으나, 체질을 감안한 꾸준한 건강관리가 중요하다.
- 처덕이 있고 처의 내조를 받는다(財喜神, 食神生財格). 자식덕이 적다(官閑神). 월용희신(月用喜神)으로 부모복은 있다. 형제는 무해무덕하다.

고사성어

목불견첩(目不見睫) :

자기 눈에 눈썹은 보지 못한다. 자기 허물은 자기가 잘 모른다는 뜻.

월만즉휴(月滿則虧) :

달도 차면 반드시 이지러진다(기운다). 무슨 일이든지 성하면 반드시 쇠할 때가 있음을 비유적으로 이르는 말.

丁 일간

甲乙丙丁戊己庚辛壬癸

사례 1

丁일간 申월생(음력 7월생)

	(+)	(-)	(+)	(-)	
	정재	日干	겁재	편재	
乙 甲 癸 壬 辛 庚 己 戊 丁	庚	丁	丙	辛	[女命]
巳 辰 卯 寅 丑 子 亥 戌 酉	子	丑	申	亥	
	편관	식신	정재	정관	
	(-)	(-)	(+)	(+)	
	(壬 癸)	(癸 辛 己)	(戊 壬 庚)	(戊 甲 壬)	

위 사주는 신해년(辛亥年) 병신월(丙申月) 정축일(丁丑日) 경자시(庚子時)에 출생한 여자의 사주이다.

1. 사주의 구조

(1) 대운

년간(年干)을 기준으로 양남음녀(陽南陰女)는 순행하고 음남양녀(陰男陽女)는 역행하니, 위 사주에서 대운은 순행한다. 따라서 대운은 위 사주의 좌측에 열기된 바와 같다. 대운수는 2이다.

(2) 육신과 지장간

육신을 보면, 일간이 정화(丁火)이니 년간 신금(辛金)은 편재, 년지 해수(亥水)는 정관이고 월간 병화(丙火)는 겁재, 월지 신금(申金)은 정재이며, 일지 축토(丑土)는 식신, 시간 경금(庚金)은 정재, 시지 자수(子水)는 편관이 된다.

지장간을 보면, 년지 해수(亥水)의 지장간은 무 · 갑 · 임(戊 · 甲 · 壬), 월지 신금(申金)의 지장간은 무 · 임 · 경(戊 · 壬 · 庚), 일지 축토(丑土)의 지장간은 계 · 신 · 기(癸 · 辛 · 己), 시지 자수(子水)의 지장간은 임 · 계(壬 · 癸)이다.

(3) 합 · 충 · 형 · 파(合 · 沖 · 刑 · 破) 등

천간에 병신합(丙辛合)이 있으며, 지지에 해자축합수(亥子丑合水)의 방합, 신자수국(申子水局)의 반합(준삼합), 신해해(申亥害)가 있다. 월지 신(申)은 일주공망이다.

(4) 용신 등

신태약(身太弱) 사주로서 화(火)가 용신, 목(木)은 희신이다. 금(金)과 토(土)는 기신, 수(水)는 한신이다. 화(火)는 조후용신이기도 하다.

(5) 격국

이 사주는 정재격 사주이다. 또한 종살격 사주로 볼 수도 있다.

(6) 청탁(淸濁), 신살 등

청탁(淸濁)을 살펴보면 중등(中等)에 해당한다. 12신살 중 화개, 역마, 망신, 겁살, 지살, 년살, 월살, 육해가 있다. 년지에 천을귀인, 월지에 금여가 있으며 일주 백호이다.

2. 풀이

- 대운을 보면 癸卯(62세~71세), 甲辰, 乙巳 대운은 중길(中吉)하고 戊戌, 己亥, 壬寅 대운은 평범하거나 조금 나쁘며, 丁酉, 庚子, 辛丑 대운은 나쁘다.
- 꽁꽁 언 땅위의 촛불로 태어나 일간이 무근(無根)으로 명주의 기세가 없는데다가, 수다멸화(水多滅火)라 지지가 해자축수방(亥子丑水方)으로 촛불이 꺼지게 생긴 위태로운 형국이다. 월지 공망으로 부모궁, 직업궁, 사회국에 문제가 생겨 삶의 터전이 불안정하다. 재물욕심은 많으나, 내 손에 잡히지 않고 술술 새어 나간다(劫財合偏財,正財空亡). 금전문제에 인색하고 소심박약(小心薄弱)하기 쉽다(正財空亡). 가정적이고 알뜰하며 매우 꼼꼼하다.
- 회사원, 은행원, 금융업, 봉급생활자 등이 어울린다. 전자·컴퓨터관련 직업, 사진·조명관련 직업도 맞다.
- 사주상 재물복은 평범하다. 대운상 대체적인 재물운을 보면, 중년 대운(己亥, 庚子, 辛丑)에는 재물운이 좋지 않고 어렵다. 말년 대운(壬寅, 癸卯, 甲辰)에는 인수·비겁운으로 흐르니, 명주의 힘이 생겨 재물운이 좋은 편이다.
- 화(火)가 극설(剋洩)되니 심장, 소장이 약하여 가슴이 답답하고

아프다. 불과 초목을 가까이하는 것이 좋다.

• 사주팔자 재생관(財生官)으로 배우자의 영향력이 매우 크다. 명암관다혼잡(明暗官多混雜)하니 남편과 해로하기 어렵다. 재관태왕무자(財官太旺無子)이니 자식두기 어렵다. 만약 자식을 두면 부부해로 못하거나 본인이 단명한다. 겉으로는 부모복이 있는 듯 하나, 실상은 부모복이 없다(月喜神, 忌神). 비겁희신이니 형제덕은 있다.

용어해설

합거(合去) :

합(合)을 하면서 제거(除去)되는 경우.

충거(沖去) 또는 극거(剋去) :

충 · 극(沖 · 剋)을 하면서 제거(除去)되는 경우.

쟁합(爭合) :

합(合)을 하였는데 다른 간지와 또 합(合)을 하는 경우.

초한지 이야기

팽성대전(大戰) :

팽성전투, 팽성대회전(大會戰), 수수대전 등으로 불리어지기도 한다. 기원전 205년 당시 유방과 항우가 초나라 팽성에서 벌인 대규모 회전(會戰). 항우가 3만의 군대로 유방의 56만 군대를 패퇴시키고 대승한 전투로 묘사되고 있다.

사례 2

丁일간 酉월생(음력 8월생)

대운	(+)	(-)	(-)	(+)	
	정인	日干	편관	정인	
壬 辛 庚 己 戊 丁 丙 乙 甲	甲	丁	癸	甲	[男命]
午 巳 辰 卯 寅 丑 子 亥 戌	辰	巳	酉	寅	
	상관	겁재	편재	정인	
	(+)	(+)	(-)	(+)	
	(乙 癸 戊)	(戊 庚 丙)	(庚 辛)	(戊 丙 甲)	

위 사주는 갑인년(甲寅年) 계유월(癸酉月) 정사일(丁巳日) 갑진시(甲辰時)에 출생한 남자의 사주이다.

1. 사주의 구조

(1) 대운

년간(年干)을 기준으로 양남음녀(陽南陰女)는 순행하고 음남양녀(陰男陽女)는 역행하니, 위 사주에서 대운은 순행한다. 따라서 대운은 위 사주의 좌측에 열기된 바와 같다. 대운수는 4이다.

(2) 육신과 지장간

육신을 보면, 일간이 정화(丁火)이니 년간 갑목(甲木)은 정인, 년지 인목(寅木)도 정인이고 월간 계수(癸水)는 편관, 월지 유금(酉金)은 편재이며, 일지 사화(巳火)는 겁재, 시간 갑목(甲木)은 정인, 시지 진토(辰土)는 상관이 된다.

지장간을 보면, 년지 인목(寅木)의 지장간은 무·병·갑(戊·丙·甲), 월지 유금(酉金)의 지장간은 경·신(庚·辛), 일지 사화(巳火)의 지장간은 무·경·병(戊·庚·丙), 시지 진토(辰土)의 지장간은 을·계·무(乙·癸·戊)이다.

(3) 합·충·형·파(合·沖·刑·破) 등

지지에 사유금국(巳酉金局)의 반합(준삼합), 인사형(寅巳刑), 인유(寅酉)원진이 있다.

(4) 용신 등

중화(中和) 사주로서 금(金)이 용신, 수(水)는 희신이다. 목(木)과 화(火)는 기신, 토(土)는 한신이다.

(5) 격국

이 사주는 편재격 사주이다.

(6) 청탁(淸濁), 신살 등

청탁(淸濁)을 살펴보면 중청(中淸)에 해당한다. 12신살 중 장성, 겁살, 지살, 망신, 천살, 월살, 육해가 있다. 월지에 천을귀인에 있으며 시주 백호이다.

2. 풀이

- 대운을 보면 乙亥(14세~23세), 丙子, 丁丑, 辛巳 대운은 중길(中吉)하고 庚辰 대운은 평범하거나 조금 나쁘며, 甲戌, 戊寅, 己卯, 壬午 대운은 나쁘다.
- 정화(丁巳)일주로 천간지지가 불이니 겉으로는 부드러워 보이나 고집이 매우 세고 화끈하다. 년간·시간(年干·時干)에 리더쉽을 상징하는 정인 갑목(甲木)이 있고, 월간에는 편재위에 편관이 놓이니, 무관형 기질로서 살인상생(殺印相生)하는 청(淸)한 사주다. 섬세하고 사리분명하고 자존심이 강하다. 명랑하고 언변도 있다(傷官). 결단력은 강하나, 온화함이 다소 부족하다. 재물로 인한 다툼이 있고 재물욕심이 크다(劫財偏財合). 해외출입이나 이사이동이 많다(年日地殺).
- 재왕관성(身旺官星)으로 중화된 공직자 사주이다. 월편관(月偏官)으로 경찰, 군인, 판사·검사 등 사법관이 어울린다. 의사, 약사 등 활인업도 맞다(日支三刑). 법학과, 의학과 등의 학과에

적성이 맞다.

- 사주상 재물복은 평범하다. 대운상 대체적인 재물운을 보면, 중년 대운(丙子, 丁丑, 戊寅)에는 재물운이 좋은 편이다. 그러나 무인(戊寅) 대운에 무토(戊土)가 들어와 관살을 합거(合去)하니 직장변동이 생길 수 있다. 말년 대운(己卯, 庚辰, 辛巳)에는 재물운이 어렵고 좋지 않다. 특히 기묘(己卯) 대운에는 월지충(月支沖)으로 탐재괴인(貪財壞印)하여, 재물로 인해 명예가 깨지기 쉽다.
- 큰 질병은 없으나, 꾸준한 건강관리가 중요하다.
- 처가 선하고 용모가 뛰어나니(財星天乙貴人) 처덕이 있고 처의 힘을 얻는다(財用神). 관성희신(官星喜神)으로 자식덕이 있으며, 월희신(月喜神)으로 부모복도 있다. 형제간에 화목하고 형제덕이 있다(日月合)

용어해설

탐생망극(貪生忘剋)과 탐합망극(貪合忘剋) :

오행이 생(生)할 자와 극(剋)할 자 두 가지가 함께 있을 때, 생(生)해 주는데 마음이 끌려 극(剋)할 마음을 잊게 된다고 해서 탐생망극이라 한다. 탐합망극이란 사주내에 합(合)할 자와 극(剋)할 자 두 가지가 함께 있을 때 합(合)에 먼저 마음이 끌려 극(剋)할 마음을 잊게 된다는 뜻이다.

사례 3

丁일간 戊월생(음력 9월생)

丁	戊	己	庚	辛	壬	癸	甲	乙
丑	寅	卯	辰	巳	午	未	申	酉

(+)	(-)	(+)	(-)	
상관	日干	겁재	편인	
戊	丁	丙	乙	[男命]
申	亥	戌	卯	
정재	정관	상관	편인	
(+)	(+)	(+)	(-)	
(戊 壬 庚)	(戊 甲 壬)	(辛 丁 戊)	(甲 乙)	

위 사주는 을묘년(乙卯年) 병술월(丙戌月) 정해일(丁亥日) 무신시(戊申時)에 출생한 남자의 사주이다.

1. 사주의 구조

(1) 대운

년간(年干)을 기준으로 양남음녀(陽南陰女)는 순행하고 음남양녀(陰男陽女)는 역행하니, 위 사주에서 대운은 역행한다. 따라서 대운은 위 사주의 좌측에 열기된 바와 같다. 대운수는 5이다.

(2) 육신과 지장간

육신을 보면, 일간이 정화(丁火)이니 년간 을목(乙木)은 편인, 년지 묘목(卯木)도 편인이고 월간 병화(丙火)는 겁재, 월지 술토(戌土)는 상관이며, 일지 해수(亥水)는 정관, 시간 무토(戊土)는 상관, 시지 신금(申金)은 정재가 된다.

지장간을 보면, 년지 묘목(卯木)의 지장간은 갑·을(甲·乙), 월지 술토(戌土)의 지장간은 신·정·무(辛·丁·戊), 일지 해수(亥水)의 지장간은 무·갑·임(戊·甲·壬), 시지 신금(申金)의 지장간은 무·임·경(戊·壬·庚)이다.

(3) 합·충·형·파(合·沖·刑·破) 등

지지에 묘술합(卯戌合)의 육합, 해묘목국(亥卯木局)의 반합(준삼합), 묘신(卯申)원진, 신해해(申亥害)가 있다.

(4) 용신 등

신약(身弱) 사주로서 목(木)이 용신, 수(水)는 희신이다. 토(土)와 금(金)은 기신, 화(火)는 한신이다.

(5) 격국

이 사주는 상관격 사주이다. 정해(丁亥)일주에 일지 천을귀인이니, 일귀격(日貴格)에 해당한다. 일주가 정유(丁酉) · 정해(丁亥) · 계사(癸巳) · 계묘일(癸卯日)이고 일지에 천을귀인이 있으면 일귀격이라 하며, 성품이 순수하고 인덕이 있으며 겸양하다고 한다. 합(合)을 좋아하고 형 · 충 · 파 · 해 · 공망 · 괴강(刑 · 沖 · 破 · 害, 空亡, 魁罡)을 꺼린다.

(6) 청탁(淸濁), 신살 등

청탁(淸濁)을 살펴보면 중등(中等)에 해당한다. 12신살 중 장성, 지살, 겁살, 천살이 있다. 일지에 천을귀인, 시지에 금여가 있으며 월주 백호이다.

2. 풀이

- 대운을 보면 癸未(25세~34세), 己卯, 戊寅 대운은 중길(中吉)하고, 辛巳, 丁丑 대운은 평범하거나 조금 나쁘며, 乙酉, 甲申, 壬午, 庚辰 대운은 나쁘다.
- 정해(丁亥)일주가 물위의 촛불로 태어나 인생의 굴곡이 많고, 힘센 월간 병화(丙火)가 옆에서 빛을 가리고 있는 형국이니 답답하다. 실속 없이 큰소리치고 잘난 척한다. 외골수 성격에 손에 움켜쥐려는 집착이 강하다(納音五行屋上土, 大溪水). 동서남북으로 활발히 움직여서 삶을 풀어 나가는 것이 좋다(日支正官地殺, 天乙貴人). 월 · 일지 천문성으로 영적감각이 뛰어나며 종교, 역학에 관심이 많다. 두뇌가 명석하고 다재다능하며 언변이 뛰어나다(傷官). 사교성이 있으며 재물욕심이 많다(劫財).

- 교사, 강사 등 말로 먹고사는 직업이 맞다. 학자, 교육자, 예술인, 연예인, 외교관 등도 어울린다(日支官星地殺, 傷官格). 의·약사(年月卯戌), 역학, 종교등도 적성에 맞다(月日天門星)
- 사주상 재물복은 평범하다. 대운상 대체적인 재물운을 보면, 중년 대운(癸未, 壬午, 辛巳)에는 천간에서 상관이 관(官)을 합거(合去)하고 겁재가 재물을 합거(合去)하니, 재물운과 관운이 좋지 않고 어렵다. 말년 대운(庚辰, 己卯, 戊寅)에는 재물운이 좋다.
- 큰 질병은 없으나, 체질을 감안한 꾸준한 건강관리가 중요하다.
- 처덕은 적으나(日支喜神, 財忌神), 자식은 효자이다(時財生日官). 부모복은 없으며(月忌神), 형제는 무해무덕하다.

용어해설

근합 : 사주에서 바로 옆에 붙어서 합(合)하는 경우.
원합 : 멀리 떨어져서 합(合)하는 경우.
근충 : 사주에서 바로 옆에 붙어서 충(沖)하는 경우.
원충 : 멀리 떨어져서 충(沖)하는 경우.
※ 근합·근충은 작용력이 강하고, 원합·원충은 작용력이 약하다.

삼국지 이야기

삼국지 3대 대전 :

삼국지 3대 대전은 관도대전, 적벽대전, 이릉대전을 일컫는다. 이 중 가장 하이라이트는 적벽대전이다. 조조의 100만 대군을 손권과 유비의 연합군이 대파한 전투로, 제갈공명의 동남풍이 유명하다.

사례 4

丁일간 亥월생(음력 10월생)

	(+)	(-)	(-)	(+)	
	정관	日干	비견	정재	
戊 己 庚 辛 壬 癸 甲 乙 丙	壬	丁	丁	庚	[女命]
寅 卯 辰 巳 午 未 申 酉 戌	寅	亥	亥	戌	
	정인	정관	정관	상관	
	(+)	(+)	(+)	(+)	
	(戊丙甲)	(戊甲壬)	(戊甲壬)	(辛丁戊)	

위 사주는 경술년(庚戌年) 정해월(丁亥月) 정해일(丁亥日) 임인시(壬寅時)에 출생한 여자의 사주이다.

1. 사주의 구조

(1) 대운

년간(年干)을 기준으로 양남음녀(陽南陰女)는 순행하고 음남양녀(陰男陽女)는 역행하니, 위 사주에서 대운은 역행한다. 따라서 대운은 위 사주의 좌측에 열기된 바와 같다. 대운수는 4이다.

(2) 육신과 지장간

육신을 보면, 일간이 정화(丁火)이니 년간 경금(庚金)은 정재, 년지 술토(戌土)는 상관이고 월간 정화(丁火)는 비견, 월지 해수(亥水)는 정관이며, 일지 해수(亥水)도 정관, 시간 임수(壬水)도 정관, 시지 인목(寅木)은 정인이 된다.

지장간을 보면, 년지 술토(戌土)의 지장간은 신·정·무(辛·丁·戊), 월지 해수(亥水)의 지장간은 무·갑·임(戊·甲·壬), 일지 해수(亥水)의 지장간도 무·갑·임(戊·甲·壬), 시지 인목(寅木)의 지장간은 무·병·갑(戊·丙·甲)이다.

(3) 합·충·형·파(合·沖·刑·破) 등

천간에 정임합(丁壬合)이 있으며, 지지에 인해육합(寅亥六合), 인술화국(寅戌火局)의 반합(준삼합)과 해해자형(亥亥自刑)이 있다.

(4) 용신 등

신약(身弱) 사주로서 목(木)이 용신, 화(火)는 희신이다. 금(金)과 수(水)는 기신, 토(土)는 한신이다.

(5) 격국

이 사주는 정관격 사주이다.

(6) 청탁(淸濁), 신살 등

청탁(淸濁)을 살펴보면 중등(中等)에 해당한다. 12신살 중 화개, 지살, 겁살, 망신, 천살이 있다. 월지와 일지에 천을귀인이 있으며, 년주 괴강이다.

2. 풀이

- 대운을 보면 丙戌, 壬午, 己卯, 戊寅 대운은 중길(中吉)하고, 乙酉(14세~23세), 甲申, 癸未, 辛巳 대운은 평범하거나 조금 나쁘며, 庚辰 대운은 나쁘다.
- 한겨울 차가운 물위에 떠있는 정화(丁火) 촛불로 수다멸화(水多滅火)라, 수기(水氣)가 왕(旺)하여 불이 꺼지게 생긴 형국이다. 다행히 시지(時支)에 정인 갑목(甲木)이 있어 왕(旺)한 수기(水氣)를 설기(洩氣)하니, 말년에 생활이 안정되고 명예가 들어온다. 정직하고 예의바르며 공평무사하다(正官). 내성적이고 마음이 따뜻하며 선하다. 해외출입이나 직업이동, 이사이동이 많다(官印地殺驛馬多). 공부그릇이 작아 가방끈이 짧다(官太旺). 감정이 풍부하고 끼가 있다(丁壬合).
- 회사원, 은행원 등이 어울린다. 목공업, 목재업, 가구업, 식목업, 지물업, 사진·조명관련 직업, 컴퓨터 관련 직업 등이 맞다(木火用神).

- 년주상관생재(年柱傷官生財)로 조상대에는 번창했다. 대운상 대체적인 재물운을 보면, 중년 대운(甲申, 癸未, 壬午)에는 재물운이 좋지 않고 어렵다. 말년 대운(辛巳,庚辰, 己卯)에는 재물운이 좋다(時柱用神).
- 수기(水氣)가 강하고 화기(火氣)가 약하여 심장, 소장이 약하며 가슴이 답답하고 아프다. 불과 초목을 가까이하는 것이 좋다.
- 남편이 기품이 있고 인물이 훤하나(官天乙貴人), 밖으로 떠돌아 하늘을 보지 못하니 답답한 형국이다. 남편과 해로하기 어렵다(明暗官合多, 月日天地同, 月時正印合). 국제결혼 또는 교포와 해외결혼하거나 결혼 후 이민갈 수 있다(日支殺官星合, 地殺多). 자식덕이 크다(時柱官印相生). 겉으로는 부모복이 있는 듯 하나, 실상은 부모복이 없다(月喜神, 忌神). 형제덕은 적다(比劫喜神受剋).

알아두기

1

사주에 드러나 있는 천간과 지장간에 감추어져 있는 천간과의 합(合)을 암합(暗合) 또는 명암합(明暗合)이라고 한다. 지장간에 감추어져 있는 천간끼리의 합(合)도 암합이다. 암합(暗合)도 천간간의 합(合)이므로 간합(干合)이론을 적용한다.

사례 5

丁일간 子월생(음력 11월생)

	(+)	(-)	(+)	(-)	
	겁재	日干	정관	비견	
癸 甲 乙 丙 丁 戊 己 庚 辛	丙	丁	壬	丁	[男命]
卯 辰 巳 午 未 申 酉 戌 亥	午	未	子	巳	
	비견	식신	편관	겁재	
	(-)	(-)	(-)	(+)	
	(丙 己 丁)	(丁 乙 己)	(壬 癸)	(戊 庚 丙)	

위 사주는 정사년(丁巳年) 임자월(壬子月) 정미일(丁未日) 병오시(丙午時)에 출생한 남자의 사주이다.

1. 사주의 구조

(1) 대운

년간(年干)을 기준으로 양남음녀(陽南陰女)는 순행하고 음남양녀(陰男陽女)는 역행하니, 위 사주에서 대운은 역행한다. 따라서 대운은 위 사주의 좌측에 열기된 바와 같다. 대운수는 8이다.

(2) 육신과 지장간

육신을 보면, 일간이 정화(丁火)이니 년간 정화(丁火)는 비견, 년지 사화(巳火)는 겁재이고 월간 임수(壬水)는 정관, 월지 자수(子水)는 편관이며, 일지 미토(未土)는 식신, 시간 병화(丙火)는 겁재, 시지 오화(午火)는 비견이 된다.

지장간을 보면, 년지 사화(巳火)의 지장간은 무·경·병(戊·庚·丙), 월지 자수(子水)의 지장간은 임·계(壬·癸), 일지 미토(未土)의 지장간은 정·을·기(丁·乙·己), 시지 오화(午火)의 지장간은 병·기·정(丙·己·丁)이다.

(3) 합·충·형·파(合·沖·刑·破) 등

천간에 정임합(丁壬合)이 있으며, 지지에 사오미합(巳午未合)의 방합, 자오충(子午沖), 자미(子未)원진, 자미해(子未害)가 있다.

(4) 용신 등

신강(身强) 사주로서 수(水)가 용신, 금(金)은 희신이다. 화(火)와 목(木)은 기신, 토(土)는 한신이다.

(5) 격국

이 사주는 정관격 사주이다.

(6) 청탁(淸濁), 신살 등

청탁(淸濁)을 살펴보면 중등(中等)에 해당한다. 12신살 중 화개, 역마, 지살, 년살, 월살, 육해가 있다.

2. 풀이

- 대운을 보면 辛亥, 己酉, 戊申, 甲辰 대운은 중길(中吉)하고, 庚戌(18세~27세) 대운은 평범하거나 조금 나쁘며, 丁未, 丙午, 乙巳, 癸卯 대운은 나쁘다.
- 수왕절(水旺節) 정화(丁火) 일간이 비겁 화기(火氣)가 왕(旺)하여 신강(身强)한데, 관살 수기(水氣)가 용신이니 공직자 사주이다. 그러나 시주(時柱)에 왕(旺)한 겁재 병화(丙火)가 놓이고 비견 오화(午火)가 식신 미토(未土)를 육합(六合)으로 묶으니, 제살(制殺)이 안 되어 말년에 관운과 재물운이 좋지 않다. 대범하고 낙천적이며 명랑하고 대인관계가 원만하다(日支食神). 사교성이 있어서 누구와도 잘 어울린다(劫財旺). 편관용신으로 의협심이 강하며 강자를 두려워하지 않고 약자에게는 인정을 베푼다.
- 사법계통 공직자, 군인, 경찰, 세무·세관 공무원 등이 어울린다.
- 사주상 재물복은 평범하다. 대운상 대체적인 재물운을 보면, 중년 대운(己酉, 戊申, 丁未)에는 재물운이 좋은 편이다. 말년 대운(丙午, 乙巳, 甲辰)에는 재물운이 좋지 않고 어렵다.

- 큰 질병은 없으나, 체질을 감안한 꾸준한 건강관리가 중요하다.
- 처의 내조를 얻으나(財星喜神), 재성이 년지 지장간에 멀리 떨어져 있어 처와의 관계가 소원하기 쉽다. 자식덕이 있으며(官用神有氣), 부모복도 있다(月用神). 형제는 무해무덕하다.

용어해설

※ 사주에 합(合)이 너무 많으면 좋지 않다는 뜻으로 합다불귀(合多不貴), 합(合)이 전혀 없어도 좋지 않다는 뜻으로 무합불귀(無合不貴)라는 용어를 사용한다.

※ 사주에 충(沖)이 너무 많으면 좋지 않다는 뜻으로 충다불귀(沖多不貴), 충(沖)이 전혀 없어도 좋지 않다는 뜻으로 무충불귀(無沖不貴)라는 용어를 사용한다.

여담(餘談)

여러분! 인터넷에 떠도는 연예인, 정치인 등 유명인사들에 대한 사주풀이를 얼마나 믿으십니까? 필자는 무엇보다도 이 분들 사주의 정확성에 의문을 제기합니다. 출생 년월(年月) 정도는 맞을지 몰라도, 일시(日時)는 틀린 경우가 많을 것이라고 생각합니다. 그러니 사주풀이도 당연히 신뢰할 수 없겠지요.

사례 6

丁일간 丑월생(음력 12월생)

	(-)	(-)	(-)	(+)	
	비견	日干	편재	겁재	
庚 己 戊 丁 丙 乙 甲 癸 壬	丁	丁	辛	丙	[男命]
戌 酉 申 未 午 巳 辰 卯 寅	未	巳	丑	辰	
	식신	겁재	식신	상관	
	(-)	(+)	(-)	(+)	
	(丁乙己)	(戊庚丙)	(癸辛己)	(乙癸戊)	

위 사주는 병진년(丙辰年) 신축월(辛丑月) 정사일(丁巳日) 정미시(丁未時)에 출생한 남자의 사주이다.

1. 사주의 구조

(1) 대운

년간(年干)을 기준으로 양남음녀(陽南陰女)는 순행하고 음남양녀(陰男陽女)는 역행하니, 위 사주에서 대운은 순행한다. 따라서 대운은 위 사주의 좌측에 열기된 바와 같다. 대운수는 6이다.

(2) 육신과 지장간

육신을 보면, 일간이 정화(丁火)이니 년간 병화(丙火)는 겁재, 년지 진토(辰土)는 상관이고 월간 신금(辛金)은 편재, 월지 축토(丑土)는 식신이며, 일지 사화(巳火)는 겁재, 시간 정화(丁火)는 비견, 시지 미토(未土)는 식신이 된다.

지장간을 보면, 년지 진토(辰土)의 지장간은 을 · 계 · 무(乙 · 癸 · 戊), 월지 축토(丑土)의 지장간은 계 · 신 · 기(癸 · 辛 · 己), 일지 사화(巳火)의 지장간은 무 · 경 · 병(戊 · 庚 · 丙), 시지 미토(未土)의 지장간은 정 · 을 · 기(丁 · 乙 · 己)이다.

(3) 합 · 충 · 형 · 파(合 · 沖 · 刑 · 破) 등

천간에 병신합(丙辛合)가 있으며, 지지에 사축금국(巳丑金局)의 반합(준삼합), 축미충(丑未沖), 축진파(丑辰破)가 있다. 월지 축(丑)은 일주공망이다.

(4) 용신 등

신약(身弱) 사주로서 금(金)이 용신, 토(土)는 희신이다. 목(木)과

수(水)는 기신, 화(火)는 한신이다.

(5) 격국

이 사주는 식신격이다. 또한 이 사주는 공록격(拱祿格)에 해당한다. 정사일(丁巳日) · 정미시(丁未時), 기미일(己未日) · 기미시(己巳時), 무진일(戊辰日) · 무오시(戊午時), 계축일(癸丑日) · 계해시(癸亥時), 계해일(癸亥日) · 계해시(癸丑時)를 보면 이 격(格)이 성립한다. 정사(丁巳)가 정미(丁未)를 보면 사(巳)와 미(未) 사이에 午(祿)를 끼어 가진다는 것이다. 사주에 전실(塡實, 祿이 나타나는 것)을 꺼리고 공위(拱位, 巳 · 未)를 충(沖)하는 것을 꺼린다. 외관과는 달리 풍후의 덕이 있다.

(6) 청탁(淸濁), 신살 등

청탁(淸濁)을 살펴보면 중등(中等)에 해당한다. 12신살 중 반안, 화개, 겁살, 지살, 월살, 천살이 있다.

2. 풀이

- 대운을 보면 甲辰(26세~35세), 戊申, 己酉, 庚戌 대운은 중길(中吉)하고, 壬寅, 癸卯, 乙巳, 丙午, 丁未 대운은 나쁘다.
- 한겨울 정화(丁火) 일간이 일지에 착근(着根)하고, 식상생재(食傷生財)하고 있다. 본래는 부격(富格)사주이나, 천간에서 군겁쟁재(群劫爭財)하고 월지 식신이 공망되니 재물운이 크지 않다. 월지 식신 공망으로 부모궁, 직업궁, 사회궁에 문제가 생기니, 사상누각(砂上樓閣)이라(年日納音五行沙中土) 삶의 터전이 불안정하고 직장변동이 있을 수 있다. 시지(時支) 희신 식신으로

말년에 대길(大吉)하여 재물이 풍족하고 생활이 안정된다. 천간 지지가 불로 구성된 정사(丁巳)일주로 겉으로 부드러워 보여도 속고집이 대단하며, 마음이 따뜻하나 성질나면 무섭다. 사교성이 있고 싹싹하며 기분파로 베풀 줄도 안다(偏財, 劫財). 재물로 인한 다툼이 많고 재물욕심도 있다(劫財).

- 회사경리직, 재정출납공무원, 금융·회계관련 직업이 맞다.
- 식상생재격으로 금(金) 재운(財運)이 들어올 때 편재 큰돈이 들어온다. 대운상 대체적인 재물운을 보면, 중년 대운(甲辰, 乙巳,丙午)에는 군겁쟁재(群劫爭財)가 심해지니 재물운이 좋지 않고 어렵다. 말년 대운(丁未, 戊申, 己酉)에는 용·희신인 식상·재성운으로 재물운이 대길(大吉)하다.
- 큰 질병은 없으나, 목(木)이 극설(剋洩)되어 간·담이 약하다.
- 재용신(財用神)이니 재물을 쌓는 데 처의 덕을 보지만, 처덕이 적다(群劫爭財). 자식덕이 있으며(時喜神有氣), 부모복도 있다(月喜神). 형제덕은 평범하다.

여담(餘談)

의뢰인의 사주를 풀다 보면 여러모로 아주 안 좋게 나오는 경우가 자주 있습니다. 엄숙한 표정의 당사자에게 이를 그대로 말해 주자니 너무 실망할 거 같고, 그렇다고 무조건 좋게 말해 주는 것도 역술인의 도리가 아닌 거 같아 난감한 경우가 많습니다. 여러분이라면 이런 경우 어떻게 하시겠습니까?

戊 일간

甲乙丙丁戊己庚辛壬癸

사례 1

戊일간 寅월생(음력 1월생)

대운	(-) 정인	(+) 日干	(+) 편인	(+) 편관	
乙 甲 癸 壬 辛 庚 己 戊 丁	丁	戊	丙	甲	[男命]
亥 戌 酉 申 未 午 巳 辰 卯	巳	辰	寅	寅	
	편인 (+)	비견 (+)	편관 (+)	편관 (+)	
	(戊 庚 丙)	(乙 癸 戊)	(戊 丙 甲)	(戊 丙 甲)	

위 사주는 갑인년(甲寅年) 병인월(丙寅月) 무진일(戊辰日) 정사시(丁巳時)에 출생한 남자의 사주이다.

1. 사주의 구조

(1) 대운

년간(年干)을 기준으로 양남음녀(陽南陰女)는 순행하고 음남양녀(陰男陽女)는 역행하니, 위 사주에서 대운은 순행한다. 따라서 대운은 위 사주의 좌측에 열기된 바와 같다. 대운수는 7이다.

(2) 육신과 지장간

육신을 보면, 일간이 무토(戊土)이니 년간 갑목(甲木)은 편관, 년지 인목(寅木)도 편관이고 월간 병화(丙火)는 편인, 월지 인목(寅木)은 편관이며, 일지 진토(辰土)는 비견, 시간 정화(丁火)는 정인, 시지 사화(巳火)는 편인이 된다.

지장간을 보면, 년지 인목(寅木)의 지장간은 무·병·갑(戊·丙·甲), 월지 인목(寅木)의 지장간도 무·병·갑(戊·丙·甲), 일지 진토(辰土)의 지장간은 을·계·무(乙·癸·戊), 시지 사화(巳火)의 지장간은 무·경·병(戊·庚·丙)이다.

(3) 합·충·형·파(合·沖·刑·破) 등

지지에 인사형(寅巳刑)이 있다.

(4) 용신 등

신왕(身旺) 사주로서 수(水)가 용신, 금(金)은 희신이다. 토(土)와 화(火)는 기신, 목(木)은 한신이다.

(5) 격국

이 사주는 편관격 사주이다. 또한 외관상으로는 일덕격(日德格)으로도 볼 수 있으나, 이 명(命)은 관살이 왕(旺)하여 파격(破格)이다. 일주가 무진(戊辰), 경진(庚辰), 갑인(甲寅), 병진(丙辰), 임술(壬戌)일 때 일덕격이라 하는데, 격국 구성이 좋으면 명주가 자애롭고 복과 덕이 있다고 본다. 일지가 형·충·파·해·공망(刑·沖·破·害·空亡) 되거나, 재·관(財·官)이 왕(旺)하거나, 운(運)에서 괴강을 만나면 일덕이 효력을 상실한다.

(6) 청탁(淸濁), 신살 등

청탁(淸濁)을 살펴보면 중등(中等)에 해당한다. 12신살 중 화개, 역마, 지살, 겁살, 망신, 월살이 있다. 일주에 백호살이 있다.

2. 풀이

- 대운을 보면 壬申(57세~66세), 癸酉 대운은 대길(대吉)하고, 乙亥 대운은 중길(中吉)하다. 辛未 대운은 평범하거나 조금 나쁘며, 丁卯, 戊辰, 己巳, 庚午, 甲戌 대운은 나쁘다. 중첩된 인성 하나를 제거하여 격(格)이 맑아지는 임운(壬運)에 대발복(大發福)한다.
- 정월 무토산(戊土山)에 태양의 열기가 과하고 나무가 무성하니, 조열(燥熱)하다. 수기(水氣)가 필요하다. 왕(旺)한 편관을 인성으로 화살(化殺)하고 있으니, 살인상생(殺印相生)하는 사주다. 월지 지장간 편인 병화(丙火)와 편간 갑목(甲木)이 투간(透干)했으니, 편인과 편관이 유정(有情)하여 귀(貴)하다. 다만, 천간에 왕(旺)한 인성 화기(火氣)가 중첩된 것이 흠이다. 남자답고 호탕하나, 성격이 급하고 승부근성이 강하다. 보스기질이 강하고

매사에 자신만만하다(偏官旺). 해외출입이나 직업이동, 이사이동이 많다(偏官地殺驛馬多).

- 사법관련 공직자 사주이다. 조종사나 항공회사 직업도 맞다.
- 사주상 재물복은 평범하다. 대운상 대체적인 재물운을 보면, 중년 대운(己巳, 庚午, 辛未)에는 재물운이 어렵고 좋지 않다. 말년 대운(壬申, 癸酉, 甲戌)에는 재물운이 좋다. 특히 임신(壬申), 계유(癸酉) 대운에는 조열한 사주를 식히는 수·금(水·金) 용·희신운으로 흐르니 대길(大吉)하다.
- 큰 질병은 없으나, 체질을 감안한 꾸준한 건강관리가 중요하다. 바다나 호수, 강을 가까이하는 것이 좋다.
- 처의 내조를 얻으나(財用) 고부갈등이 있다. 처가 어머니와 다투고 불목한다(印旺財衰). 처가 사회활동하는 것을 꺼린다(日支財星墓). 자식덕이 없으며(官星閑神, 時柱忌神) 부모복은 평범하다. 형제도 무해무덕하다.

알아두기

1

월지가 일간의 겁재이면 양인격(羊刃格)이 되는데, 양(陽)일간인 경우에만 양인격이 되고 음(陰)일간인 경우에는 양인격이 되지 않는다. 양인격은 인덕이 없고 인생살이 기복이 심한 사주이다. 고집이 세고 투쟁을 좋아한다.

사례 2

戊일간 卯월생(음력 2월생)

	(+)	(+)	(-)	(-)	
	편재	日干	정관	정재	
丙 丁 戊 己 庚 辛 壬 癸 甲	壬	戊	乙	癸	[男命]
午 未 申 酉 戌 亥 子 丑 寅	子	戌	卯	丑	
	정재	비견	정관	겁재	
	(-)	(+)	(-)	(-)	
	(壬 癸)	(辛 丁 戊)	(甲 乙)	(癸 辛 己)	

위 사주는 계축년(癸丑年) 을묘월(乙卯月) 무술일(戊戌日) 임자시(壬子時)에 출생한 남자의 사주이다.

1. 사주의 구조

(1) 대운

년간(年干)을 기준으로 양남음녀(陽南陰女)는 순행하고 음남양녀(陰男陽女)는 역행하니, 위 사주에서 대운은 역행한다. 따라서 대운은 위 사주의 좌측에 열기된 바와 같다. 대운수는 4이다.

(2) 육신과 지장간

육신을 보면, 일간이 무토(戊土)이니 년간 계수(癸水)는 정재, 년지 축토(丑土)는 겁재이고 월간 을목(乙木)은 정관, 월지 묘목(卯木)도 정관이며, 일지 술토(戌土)는 비견, 시간 임수(壬水)는 편재, 시지 자수(子水)는 정재가 된다.

지장간을 보면, 년지 축토(丑土)의 지장간은 계 · 신 · 기(癸 · 辛 · 己), 월지 묘목(卯木)의 지장간은 갑 · 을(甲 · 乙), 일지 술토(戌土)의 지장간은 신 · 정 · 무(辛 · 丁 · 戊), 시지 자수(子水)의 지장간은 임 · 계(壬 · 癸)이다.

(3) 합 · 충 · 형 · 파(合 · 沖 · 刑 · 破) 등

천간에 무계합(戊癸合)이 있으며, 지지에 자축합(子丑合), 묘술합(卯戌合), 축술형(丑戌刑), 자묘상형(子卯相刑)이 있다.

(4) 용신 등

신약(身弱) 사주로서 화(火)가 용신, 토(土)는 희신이다. 수(水)와 목(木)은 기신, 금(金)은 한신이다.

(5) 격국

이 사주는 정관격 사주이다.

(6) 청탁(淸濁), 신살 등

청탁(淸濁)을 살펴보면 중등(中等)에 해당한다. 12신살 중 반안, 화개, 년살, 재살, 천살, 육해가 있다. 년지에 천을귀인이 있으며, 년주 백호와 일주 괴강이다.

2. 풀이

- 대운을 보면 丁未(74세~83세), 丙午 대운은 대길(대吉)하고, 경술(庚戌) 대운은 중길(中吉)하다. 계축(癸丑) 대운은 평범하거나 조금 나쁘며, 甲寅, 壬子, 辛亥, 己酉, 戊申 대운은 나쁘다.
- 목왕절(木旺節) 무토(戊土) 일간이 재·관(財·官)이 왕(旺)하나, 신약(身弱)하여 취하기가 어렵다. 왕(旺)한 정관을 설기하면서 명주의 기세를 돕는 화기(火氣)가 용신이다. 간지동(干支同)에 일주 무술(戊戌) 괴강으로 총명하고 문장력이 뛰어나며 결단성이 있으나, 고집을 당할 자가 없다, 꿈이 잘 맞고 영적감각이 뛰어나며, 종교·역학에 관심이 많다(日支天門星魁剛). 보수적이고 지시받은 일은 잘하나 적극성·창의성은 부족하다(正官忌神).
- 공무원, 봉급생활자 등이 어울린다(正官). 의사, 약사, 역술인, 종교인 등도 맞다(卯酉戌多逢).
- 사주상 재물복은 크지 않다. 대운상 대체적인 재물운을 보면, 용신 화·토운(火·土運)이 늦게 들어오니, 중년 대운(壬子, 辛亥, 庚戌)에는 재물운이 좋지 않고 어렵다. 말년 대운(己酉, 戊申, 丁未)에는 재물운이 좋다.
- 큰 질병은 없으나, 체질을 감안한 꾸준한 건강관리가 중요하다.

- 처와 해로하기 어렵다(財多). 자식두기 어렵고(財官太旺無子), 부모복이 없다(月忌神). 비겁희신이니 형제덕은 있다.

여담(餘談)

초한지에서 한왕 유방은 초패왕 항우를 무찌르고 한고조(漢高組)가 되지만, 삼국지에서 유비의 촉은 결국 위나라에 항복하고 말지요. 유방 곁에는 장량(장자방)이라는 뛰어난 책사가 있었고 유비 곁에도 제갈공명이라는 뛰어난 책사가 있었는데, 결과는 왜 이렇게 다르게 되었을까요? 아무리 뛰어난 책사를 두고 있어도 그 책사의 말을 잘 듣지 않으면 아무 소용이 없기 때문이지요. 유방은 장량의 충언을 듣지 않아 팽성대전에서 패한 뒤 크게 반성하고, 그 뒤부터는 장량의 말이라면 무엇이든 잘 들었지요. 그러나 유비는 결정적 순간에 제갈공명의 충언을 세 번이나 듣지 않고 자신의 고집대로만 하였답니다.

사례 3

戊일간 辰월생(음력 3월생)

	(+)	(+)	(+)	(-)	
	편인	日干	편관	정인	
乙 丙 丁 戊 己 庚 辛 壬 癸	**丙**	**戊**	**甲**	**丁**	[男命]
未 申 酉 戌 亥 子 丑 寅 卯	**辰**	**申**	**辰**	**巳**	
	비견	식신	비견	편인	
	(+)	(+)	(+)	(+)	
	(乙癸戊)	(戊壬庚)	(乙癸戊)	(戊庚丙)	

위 사주는 정사년(丁巳年) 갑진월(甲辰月) 무신일(戊申日) 병진시(丙辰時)에 출생한 남자의 사주이다.

1. 사주의 구조

(1) 대운

년간(年干)을 기준으로 양남음녀(陽南陰女)는 순행하고 음남양녀(陰男陽女)는 역행하니, 위 사주에서 대운은 역행한다. 따라서 대운은 위 사주의 좌측에 열기된 바와 같다. 대운수는 10이다.

(2) 육신과 지장간

육신을 보면, 일간이 무토(戊土)이니 년간 정화(丁火)는 정인, 년지 사화(巳火)는 편인이고 월간 갑목(甲木)은 편관, 월지 진토(辰土)는 비견이며, 일지 신금(申金)은 식신, 시간 병화(丙火)는 편인, 시지 진토(辰土)는 비견이 된다.

지장간을 보면, 년지 사화(巳火)의 지장간은 무 · 경 · 병(戊 · 庚 · 丙), 월지 진토(辰土)의 지장간은 을 · 계 · 무(乙 · 癸 · 戊), 일지 신금(申金)의 지장간은 무 · 임 · 경(戊 · 壬 · 庚), 시지 진토(辰土)의 지장간은 을 · 계 · 무(乙 · 癸 · 戊)이다.

(3) 합 · 충 · 형 · 파(合 · 沖 · 刑 · 破) 등

지지에 신진수국(申辰水局)의 반합(준삼합)과 진진자형(辰辰自刑)이 있다.

(4) 용신 등

신왕(身旺) 사주로서 목(木)이 용신, 수(水)는 희신이다. 화(火)와 토(土)는 기신, 금(金)은 한신이다.

(5) 격국

이 사주는 잡기재관격(雜氣財官格) 사주이다. 잡기재관격은 월지의 辰戌丑未가 財官을 간직하고 있음을 의미한다. 이 사주는 戊日干辰月生으로 辰中癸水가 재성, 乙木이 관성이다.

(6) 청탁(淸濁), 신살 등

청탁(淸濁)을 살펴보면 중청(中淸)에 해당한다. 12신살 중 화개, 겁살, 지살, 망신, 천살이 있다. 월주에 백호살이 있다.

2. 풀이

- 대운을 보면 癸卯, 壬寅, 庚子, 己亥 대운은 중길(中吉)하고, 丁酉, 丙申, 乙未 대운은 평범하거나 조금 나쁘며, 辛丑(30세~39세), 戊戌 대운은 나쁘다.
- 무신(戊申)일주로 봄철 태양을 받아 나무가 잘 자라고 있는 태산과 같으니, 남자다운 리더쉽과 강한 책임감으로 덕이 후하다. 습토(濕土)인 진토(辰土)위에 놓여 잘 배양된 편관 갑목(甲木)이 인성을 생(生)하니, 관운과 명예운이 따라오는 살인상생(殺印相生)사주이다. 다만, 천간에서 인성 화기(火氣)가 중첩됨이 흠이다. 주관과 소신이 뚜렷하고 신용이 있다(納音五行大驛土). 그러나 한 번 성질나면 크게 일을 저질러서 허무하게 모든 것을 잃어버릴 수도 있으니(月偏官白虎, 覆燈火, 沙中土), 늘 조심하고 인내해야 한다. 해외출입이나 직업이동, 이사이동이 많다(年日地殺).

- 공직자, 회사원이 어울린다(身旺官星, 官用). 의사, 약사도 맞다(日支食傷三刑).
- 사주상 재물복은 평범하다. 년지(年支) 건록으로 조상대에 부귀했다고 본다. 대운상 대체적인 재물운을 보면, 중년 대운(辛丑, 庚子, 己亥)에는 재물운이 좋은 편이다. 말년 대운(戊戌, 丁酉, 丙申)에는 재물운이 좋지 않고 어렵다. 특히 무술(戊戌)대운에 무갑충(戊甲沖)으로 관살이 깨지니, 직장운이 좋지 않다.
- 큰 질병은 없으나, 체질을 감안한 꾸준한 건강관리가 중요하다.
- 처의 내조를 얻으며(財星喜神, 日支食神), 자식덕도 있다(官星用神有氣). 겉으로는 부모복이 있는 듯하나, 실상은 부모복이 없다(月喜神, 忌神). 형제덕은 평범하다.

여담(餘談)

초한지에서 초패왕 항우에게도 범증이라는 뛰어난 책사가 있었지만, 항우는 홍문연 등 결정적 순간에 범증의 말을 듣지 않고 자기의 뜻대로만 하였답니다. 결국 유방의 이간책에 넘어가 범증을 죽게 만들고 뒤늦게 후회하였으나, 때는 이미 늦었답니다.

사례 4

戊일간 巳월생(음력 4월생)

대운			時	日	月	年	
			(+)	(+)	(-)	(+)	
			편인	日干	정재	편인	
壬 辛 庚 己 戊 丁 丙 乙 甲			丙	戊	癸	丙	[男命]
寅 丑 子 亥 戌 酉 申 未 午			辰	午	巳	辰	
			비견	정인	편인	비견	
			(+)	(-)	(+)	(+)	
			(乙癸戊)	(丙己丁)	(戊庚丙)	(乙癸戊)	

위 사주는 병진년(丙辰年) 계사월(癸巳月) 무오일(戊午日) 병진시(丙辰時)에 출생한 남자의 사주이다.

1. 사주의 구조

(1) 대운

년간(年干)을 기준으로 양남음녀(陽南陰女)는 순행하고 음남양녀(陰男陽女)는 역행하니, 위 사주에서 대운은 순행한다. 따라서 대운은 위 사주의 좌측에 열기된 바와 같다. 대운수는 5이다.

(2) 육신과 지장간

육신을 보면, 일간이 무토(戊土)이니 년간 병화(丙火)는 편인, 년지 진토(辰土)는 비견이고 월간 계수(癸水)는 정재, 월지 사화(巳火)는 편인이며, 일지 오화(午火)는 정인, 시간 병화(丙火)는 편인, 시지 진토(辰土)는 비견이 된다.

지장간을 보면, 년지 진토(辰土)의 지장간은 을·계·무(乙·癸·戊), 월지 사화(巳火)의 지장간은 무·경·병(戊·庚·丙), 일지 오화(午火)의 지장간은 병·기·정(丙·己·丁), 시지 진토(辰土)의 지장간은 을·계·무(乙·癸·戊)이다.

(3) 합·충·형·파(合·沖·刑·破) 등

천간에 무계합(戊癸合)이 있으며, 지지에 진진자형(辰辰自刑)이 있다.

(4) 용신 등

신태왕(身太旺) 사주로서 수(水)가 용신, 금(金)은 희신이다. 토(土)와 화(火)는 기신, 목(木)은 한신이다. 수(水)는 조후용신이기도 하다.

(5) 격국

이 사주는 편인격 사주이다. 또한 일지에 양인(羊刃)을 놓았으니 일인격(日刃格)이다. 일지에 양인을 놓은 것으로는 병오(丙午), 무오(戊午), 임자일(壬子日)의 3일 뿐이다. 이 격을 놓고 일위의 칠살이 간(干)에 투출되면 살인상정(殺刃相停)이라는 대귀격이 이루어진다. 형 · 충 · 파 · 해(刑 · 沖 · 破 · 害)나 합(合)을 만나면 파격이다.

(6) 청탁(淸濁), 신살 등

청탁(淸濁)을 살펴보면 중청(中淸)에 해당한다. 12신살 중 장성, 화개, 망신, 겁살, 월살, 재살이 있다.

2. 풀이

- 대운을 보면 丙申(25세~34세), 丁酉, 己亥, 庚子 대운은 중길(中吉)하고, 乙未, 辛丑 대운은 평범하거나 조금 나쁘며, 甲午, 戊戌, 壬寅 대운은 나쁘다.
- 일지 양인(羊刃)의 화왕절(火旺節) 무토(戊土)태산이 천간지지로 펄펄 끓어 오르는 황무지이나, 월간 정재 계수(癸水)가 비를 내려 열기를 식히니 숨통이 트인다. 수(水)가 용신이니 재물과 처를 좇아야 한다. 인물 좋고 통이 크고 화끈한 성격이나, 인내심이 부족하고 조급하다. 일지 양인(羊刃)으로 성격이 지나치게 강하고 굳세며, 냉혹한 경향이 있다. 열 받으면 폭발하여 순간적으로 큰 사고를 저지르기 쉽고, 이로 인해 공든 탑이 사상누각(砂上樓閣)이 되어 인생이 허망해 질수 있다(年時納音五行沙中土).

- 의사, 약사, 작가, 연예인, 자영업 등 자유직업이 맞다(偏印格, 財用). 종교인, 역술인 등 활인업도 맞다(偏印)
- 명주가 신태왕(身太旺)하여 왕(旺)한 화기(火氣)에 식상 금기(金氣)가 녹아 내리고 천간의 재물인 정재 계수(癸水)가 증발하는 형국이니, 사주상 재물복은 적다.
- 수(水)가 극(剋)을 받으니 신장·방광이 약하고, 여자는 자궁이 약하다. 만성피로 정신질환에 걸리기 쉽다.
- 처덕이 있다(財用神). 정재 계수(癸水)가 불위의 물로 처가 까다로운 성격이나, 명주의 유일한 용신이다. 처는 시집살이가 고되다. 자식덕은 없다(官星閑神, 時柱忌神). 겉으로는 부모복이 있는 듯 하나, 실상은 부모복이 없다(月喜神, 己神). 인성(印星)이 태왕(太旺)하여 화다초토(火多焦土)하니, 모친(母親) 화(火)의 영향력이 지나쳐서 모다멸자(母多滅子)로 옆에 끼고 있는 처도, 재물도 증발하게 생겼다. 형제덕은 적다. 형제비견이 기신이나, 태왕(太旺)한 모친(母親) 화(火)의 기세를 설기시켜주고 정재 계수(癸水)를 받쳐주는 뿌리 진토(辰土)가 된다.

사례 5

戊일간 午월생(음력 5월생)

	(+)	(+)	(+)	(+)	
	편관	日干	편인	편재	
乙 甲 癸 壬 辛 庚 己 戊 丁	甲	戊	丙	壬	[男命]
卯 寅 丑 子 亥 戌 酉 申 未	寅	辰	午	子	
	편관	비견	정인	정재	
	(+)	(+)	(-)	(-)	
	(戊 丙 甲)	(乙 癸 戊)	(丙 己 丁)	(壬 癸)	

위 사주는 임자년(壬子年) 병오월(丙午月) 무진일(戊辰日) 갑인시(甲寅時)에 출생한 남자의 사주이다.

1. 사주의 구조

(1) 대운

년간(年干)을 기준으로 양남음녀(陽南陰女)는 순행하고 음남양녀(陰男陽女)는 역행하니, 위 사주에서 대운은 순행한다. 따라서 대운은 위 사주의 좌측에 열기된 바와 같다. 대운수는 6이다.

(2) 육신과 지장간

육신을 보면, 일간이 무토(戊土)이니 년간 임수(壬水)는 편재, 년지 자수(子水)는 정재이고 월간 병화(丙火)는 편인, 월지 오화(午火)는 정인이며, 일지 진토(辰土)는 비견, 시간 갑목(甲木)은 편관, 시지 인목(寅木)도 편관이 된다.

지장간을 보면, 년지 자수(子水)의 지장간은 임·계(壬·癸), 월지 오화(午火)의 지장간은 병·기·정(丙·己·丁), 일지 진토(辰土)의 지장간은 을·계·무(乙·癸·戊), 시지 인목(寅木)의 지장간은 무·병·갑(戊·丙·甲)이다.

(3) 합·충·형·파(合·沖·刑·破) 등

천간에 병임충(丙壬沖), 무갑충(戊甲沖)이 있으며, 지지에 인오화국(寅午火局)의 반합(준삼합), 자신수국(子辰水局)의 반합(준삼합), 자오충(子午沖)이 있다.

(4) 용신 등

신왕(身旺) 사주로서 수(水)가 용신, 금(金)은 희신이다. 토(土)와 화(火)는 기신, 목(木)은 한신이다. 수(水)는 조후용신이기도 하다.

(5) 격국

이 사주는 편인격 사주이다. 또한 세덕부재격(歲德扶財格)에도 해당한다. 사주의 년(年)에만 재(財)가 있고 신강(身强)일 때 세덕부재격(歲德扶財格)이라 하는데, 일간과 격국의 균형이 좋고 재성이 사주에 길(吉)로 작용할 때에는 조상으로부터 이어받은 조업을 계승하여 입신양명한다고 본다. 그러나 이 사주는 년간 편재가 병임충(丙壬沖)되어 파격(破格)이다.

(6) 청탁(淸濁), 신살 등

청탁(淸濁)을 살펴보면 중탁(中濁)에 해당한다. 12신살 중 장성, 화개, 역마, 재살이 있다. 일주에 백호살이 있다.

2. 풀이

- 대운을 보면 壬子(56세~65세) 대운은 대길(대吉)하고, 戊申, 己酉, 辛亥 대운은 중길(中吉)하다. 庚戌, 癸丑 대운은 평범하거나 조금 나쁘며, 丁未, 甲寅, 乙卯 대운은 나쁘다.
- 화왕절(火旺節) 무토(戊土) 일간이 정인격에 편관을 놓았으니, 살인상생(殺印相生) 사주이다. 그러나 년·월에 천간이 병임충(丙壬沖)으로 깨져 탐재괴인(貪財壞印)으로 탁(濁)해졌다. 재물이나 여자문제로 명예가 깨질 수 있다. 일확천금이나 투기를 멀리하고 고정적인 수입으로 살아야 하는 사주이다. 무진(戊辰) 일주로서 활달하고 호탕하며 보스기질이 강하다(納音五行大林木). 사주 여덟 글자가 모두 합·충(合·沖)으로 이루어지니, 인생이 다사다난하다. 고집이 매우 세고 배우자가 사회활동을

하는 것을 꺼리며, 집안에 박혀있는 것을 좋아한다(日支財星墓). 예의바르고 윗 사람을 공경하며(正印), 대인관계가 원만하다(比肩用神). 이성관계가 복잡하다(財多混雜).

- 의 · 약사, 작가, 연예인, 공직자, 항공기 조종사, 항공회사 관련 직업 등이 맞다(偏印格, 時相一位貴, 寅巳驛馬地殺).
- 사주상 재물복은 평범하다. 대운상 대체적인 재물운을 보면, 중년 대운(己酉, 庚戌, 辛亥)과 말년 대운(壬子, 癸丑, 甲寅) 모두 재물운이 좋은 편이다. 특히 임자(壬子) 대운에 용신 편재운이 세게 들어오니, 큰 재물이 들어온다.
- 큰 질병은 없으나, 체질을 감안한 꾸준한 건강관리가 중요하다.
- 처덕이 있다(財用神, 日支忌神化用神). 자식덕도 있다(殺印相生). 부모복은 없다(月忌神). 형제는 많다(引綏月令提綱).

알아두기

2

시묘격(時墓格) :

진술축미(辰戌丑未)를 묘(墓) 또는 고(庫)라고 하는데 진술축미시(辰戌丑未時)에 출생하고 그 진술축미(辰戌丑未)가 재 · 관 · 식상(財 · 官 · 食傷)에 해당하며 신왕(身旺)하여 시묘(時墓)를 용(用)할 수 있을 때, 시묘격(時墓格)이라 한다. 운에서 묘(墓)를 충(沖)하면 발복(發福)하고, 묘(墓)가 합(合)을 만나면 작용력이 상실된다.

사례 6

戊일간 未월생(음력 6월생)

		(+)	(+)	(-)	(-)	
		편재	日干	상관	겁재	
壬 癸 甲 乙 丙 丁 戊 己 庚		壬	戊	辛	己	[男命]
戌 亥 子 丑 寅 卯 辰 巳 午		戌	辰	未	未	
		비견	비견	겁재	겁재	
		(+)	(+)	(-)	(-)	
		(辛丁戊)	(乙癸戊)	(丁乙己)	(丁乙己)	

위 사주는 기미년(己未年) 신미월(辛未月) 무진일(戊辰日) 임술시(壬戌時)에 출생한 남자의 사주이다.

1. 사주의 구조

(1) 대운

년간(年干)을 기준으로 양남음녀(陽南陰女)는 순행하고 음남양녀(陰男陽女)는 역행하니, 위 사주에서 대운은 역행한다. 따라서 대운은 위 사주의 좌측에 열기된 바와 같다. 대운수는 2이다.

(2) 육신과 지장간

육신을 보면, 일간이 무토(戊土)이니 년간 기토(己土)는 겁재, 년지 미토(未土)도 겁재이고 월간 신금(辛金)은 상관, 월지 미토(未土)는 겁재이며, 일지 진토(辰土)는 비견, 시간 임수(壬水)는 편재, 시지 술토(戌土)는 비견이 된다.

지장간을 보면, 년지 미토(未土)의 지장간은 정·을·기(丁·乙·己), 월지 미토(未土)의 지장간도 정·을·기(丁·乙·己), 일지 진토(辰土)의 지장간은 을·계·무(乙·癸·戊), 시지 술토(戌土)의 지장간은 신·정·무(辛·丁·戊)이다.

(3) 합·충·형·파(合·沖·刑·破) 등

천간에 무임충(戊壬沖)이 있으며, 지지에 진술충(辰戌沖), 미술파(未戌破)가 있다. 시지 술(戌)은 일주공망이다.

(4) 용신 등

신태왕(身太旺)사주로서 금(金)이 용신, 토(土)는 희신이다. 화(火)와 목(木)은 기신, 수(水)는 한신이다.

(5) 격국

이 사주는 전왕격(가색격) 사주이다. 가색격이란 사주전체 또는 지지의 모든 힘이 일간 오행 토(土)로 모이는 토기격(土氣格)을 일컫는다. 무·기(戊·己)일간으로서 지지가 진·술·축·미(辰·戌·丑·未)로 구성되어 있고, 관살인 목(木)이 없어야 한다. 형식상 시상편재격(時上偏財格)이다. 시(時)에만 편재를 놓은 것을 시상편재격이라 하는데 신왕(身旺)하고 재왕(財旺)한 것이 좋다. 刑·沖·破·害를 꺼리며 격국 구성이 좋으면 부귀쌍전(富貴雙全)한다. 이 사주는 시지공망(時支空亡)으로 성격(成格)이 안 된다.

(6) 청탁(淸濁), 신살 등

청탁(淸濁)을 살펴보면 중청(中淸)에 해당한다. 12신살 중 반안, 화개, 천살, 월살이 있다. 년지와 월지에 각각 천을귀인과 금여가 있으며, 일주에 백호, 시주에 괴강과 백호가 있다.

2. 풀이

- 대운을 보면 戊辰(22세~31세), 乙丑, 壬戌 대운은 중길(中吉)하고, 庚午, 己巳 대운은 평범하거나 조금 나쁘며, 丁卯, 丙寅, 甲子, 癸亥 대운은 나쁘다.
- 토왕절(土旺節)의 무토(戊土) 일간이 가색격(稼穡格)을 놓았으며, 천간에서는 상관생재(傷官生財)하고 있으니 사주가 청(淸)하다. 대체적으로 가색격은 장수하는 부귀격(富貴格)으로 치는데, 이 명(命)은 일·시가 충(沖)이 되고 생시(生時)가 공망된

것이 흠이다. 또한 겁재가 태왕(太旺)한데 운세가 태왕(太旺)한 토기(土氣)를 거스르는 목운(木運)으로 흐르고, 용신 신금(辛金)을 치는 화운(火運)으로 흐르니, 재물운이 크지 않다. 신용이 있고 책임감이 강하며, 중후하고 신중한 성격이다. 매우 가정적이고 알뜰하지만(年納音五行天上火), 배우자의 사회활동은 꺼린다(日支財星墓). 용신상관 신금(辛金)이 뜨겁고 메마른 땅인 월지 미토(未土)가 품고 있는 정화(丁火)에 녹고 편재 임수(壬水)는 지지 술토(戌土)가 공망되니, 천지사방으로 진로를 찾아 다니느라 바쁘고 고된 삶을 산다(納音五行路傍土). 재물로 인한 다툼이 많고 재물욕심이 크다(劫財).

- 교사, 강사, 예술가, 연예인 등 말로 먹고사는 직업도 맞다(傷官格).
- 사주상 재물복은 평범하다. 대운상 대체적인 재물운을 보면, 중년 대운(戊辰, 丁卯, 丙寅)과 말년 대운(乙丑, 甲子, 癸亥) 모두 재물운이 좋지 않고 어렵다.
- 큰 질병은 없으나, 신장·방광이 약하기 쉬우니 꾸준한 관리가 필요하다.
- 처와 충돌이 잦거나 별거한다(日柱干支同, 財星魁罡白虎沖). 시지공망으로 자식과의 인연이 박하거나 자식덕이 적다(正官忌神). 부모복은 있으나(月喜神), 형제덕은 없다(比劫太旺).

己 일간

甲乙丙丁戊己庚辛壬癸

사례 1

己일간 申월생(음력 7월생)

		(-)	(-)	(+)	(+)	
		편관	日干	정관	상관	
乙 丙 丁 戊 己 庚 辛 壬 癸		乙	己	甲	庚	[女命]
亥 子 丑 寅 卯 辰 巳 午 未		丑	酉	申	戌	
		비견	식신	상관	겁재	
		(-)	(-)	(+)	(+)	
		(癸 辛 己)	(庚 辛)	(戊 壬 庚)	(辛 丁 戊)	

위 사주는 경술년(庚戌年) 갑신월(甲申月) 기유일(己酉日) 을축시(乙丑時)에 출생한 여자의 사주이다.

1. 사주의 구조

(1) 대운

년간(年干)을 기준으로 양남음녀(陽南陰女)는 순행하고 음남양녀(陰男陽女)는 역행하니, 위 사주에서 대운은 역행한다. 따라서 대운은 위 사주의 좌측에 열기된 바와 같다. 대운수는 1이다.

(2) 육신과 지장간

육신을 보면, 일간이 기토(己土)이니 년간 경금(庚金)은 상관, 년지 술토(戌土)는 겁재이고 월간 갑목(甲木)은 정관, 월지 신금(申金)은 상관이며, 일지 유금(酉金)은 식신, 시간 을목(乙木)은 편관, 시지 축토(丑土)는 비견이 된다.

지장간을 보면, 년지 술토(戌土)의 지장간은 신·정·무(辛·丁·戊), 월지 신금(申金)의 지장간은 무·임·경(戊·壬·庚), 일지 유금(酉金)의 지장간은 경·신(庚·辛), 시지 축토(丑土)의 지장간은 계·신·기(癸·辛·己)이다.

(3) 합·충·형·파(合·沖·刑·破) 등

천간에 갑기합(甲己合), 을경합(乙庚合), 갑경충(甲庚沖)이 있으며, 지지에 신유술금방(申酉戌金方)의 방합, 유축금국(酉丑金局)의 반합(준삼합), 축술형(丑戌刑)이 있다.

(4) 용신 등

신태약(身太弱) 사주로서 토(土)가 용신, 화(火)는 희신이다. 목(木)과 수(水)는 기신, 금(金)은 한신이다.

(5) 격국

이 사주는 상관격이다. 또한 이 사주는 기(己)일생으로 축시(丑時)에 출생하였으니, 형식상으로는 이른바 '금신격(金神格)'에 해당한다. 일반적으로 갑일생(甲日生)이나 기일생(己日生)이 사시(巳時)나 유시(酉時)나 축시(丑時)에 출생하면 금신격이라 하여 운세에 따라 귀(貴)한 사주로 보기도 한다. 금기(金氣)가 왕(旺)하면 고집이 세고 과감이 지나쳐 흉(凶)하기 쉬운데, 제복되면 관대온후하게 되어 복록이 따른다는 귀명(貴命)의 하나이다. 이 명(命)은 신태약(身太弱)하여 길(吉)하지 아니하다.

(6) 청탁(淸濁), 신살 등

청탁(淸濁)을 살펴보면 중탁(中濁)에 해당한다. 12신살 중 반안, 장성, 화개, 역마, 망신, 천살, 육해가 있다. 월지에 천을귀인과 금여가 있으며, 년주 괴강이다.

2. 풀이

- 대운을 보면 癸未, 壬午, 辛巳, 庚辰, 丁丑 대운은 중길(中吉)하고, 丙子(71세~80세) 대운은 평범하거나 조금 나쁘며, 己卯, 戊寅, 乙亥 대운은 나쁘다.
- 금왕절(金旺節) 기토(己土) 일간에 금(金)이 많으니, 금다변토(金多變土)라 못쓰는 자갈땅이 되기 쉽다. 목(木)으로 토(土)를 극(剋)하여 광석을 캐내야 한다. 그러나 명주(命主)가 극설(剋洩)되어 신태약(身太弱)하니, 큰 성과 없이 바쁘기만 하다. 두뇌

가 뛰어나고 미모가 있으나, 자존심과 허세를 부린다(傷官格). 마음이 여리고 배려심이 있으며 명랑하다(日支食神). 잘 꾸미고 유행에 민감하다(傷官格). 언변이 뛰어나고 시시비비(是是非非)를 잘 따지며 나서기를 좋아한다(旺傷官). 매우 총명하고 약자에게 인정을 베풀 줄도 알며 다재다능하다. 주위에 이성과의 접촉이 많다(明暗官多).

- 교사, 강사, 연예인 등 말로 먹고사는 직업이 어울린다(傷官格). 의사, 약사, 종교인, 역술인 등도 맞다(卯酉戌多逢)
- 돈벌이하는 머리가 잘 돌아가며 재물에 집착한다(土金傷官格). 사주상 재물복은 평범하다. 대운상 대체적인 재물운을 보면, 중년 대운(辛巳,庚辰,己卯)에는 신약(身弱)한 명주의 기세를 돕는 용·희신 토·화운(土·火運)으로 흐르니, 재물운이 좋은 편이다. 말년 대운(戊寅,丁丑,丙子)에는 재물운이 좋지 않고 어렵다.
- 금다단목(金多斷木)으로 금(金)이 많아 목(木)이 잘리는 형국으로 간담, 관절, 근육, 신경계통질환, 중풍, 만성두통 등 질환에 시달리기 쉽다. 화(火)의 설기가 심하여 혈압과 심장통증 등의 질환도 있기 쉽다.
- 상관이 왕하여 남편이 기를 펴지 못하고 허약하기 쉬우며, 남편과 해로하기 어렵다. 시간(時干)에 편관이 있으니 재혼하거나 늦게 결혼하기 쉽다. 자식두기 어렵다(身弱食傷旺印衰無子). 자식을 두면 부부해로 못하거나 본인이 단명하다. 부모복은 평범하며(月支閑神), 형제덕은 있다(比劫用神).

사례 2

己일간 酉월생(음력 8월생)

	(-)	(-)	(-)	(-)	
	비견	日干	비견	편인	
庚 辛 壬 癸 甲 乙 丙 丁 戊	己	己	己	丁	[男命]
子 丑 寅 卯 辰 巳 午 未 申	巳	巳	酉	巳	
	정인	정인	식신	정인	
	(+)	(+)	(-)	(+)	
	(戊 庚 丙)	(戊 庚 丙)	(庚 辛)	(戊 庚 丙)	

위 사주는 정사년(丁巳年) 기유월(己酉月) 기사일(己巳日) 기사시(己巳時)에 출생한 남자의 사주이다.

1. 사주의 구조

(1) 대운

년간(年干)을 기준으로 양남음녀(陽南陰女)는 순행하고 음남양녀(陰男陽女)는 역행하니, 위 사주에서 대운은 역행한다. 따라서 대운은 위 사주의 좌측에 열기된 바와 같다. 대운수는 5이다.

(2) 육신과 지장간

육신을 보면, 일간이 기토(己土)이니 년간 정화(丁火)는 편인, 년지 사화(巳火)는 정인이고 월간 기토(己土)는 비견, 월지 유금(酉金)은 식신이며, 일지 사화(巳火)는 정인, 시간 기토(己土)는 비견, 시지 사화(巳火)는 정인이 된다.

지장간을 보면, 년지 사화(巳火)의 지장간은 무 · 경 · 병(戊 · 庚 · 丙), 월지 유금(酉金)의 지장간은 경 · 신(庚 · 辛), 일지 사화(巳火)의 지장간은 무 · 경 · 병(戊 · 庚 · 丙), 시지 사화(巳火)의 지장간도 무 · 경 · 병(戊 · 庚 · 丙)이다.

(3) 합 · 충 · 형 · 파(合 · 沖 · 刑 · 破) 등

지지에 사유금국(巳酉金局)의 반합(준삼합)이 있다.

(4) 용신 등

신왕(身旺) 사주로서 금(金)이 용신, 수(水)는 희신이다. 화(火)와 토(土)는 기신, 목(木)은 한신이다.

(5) 격국

이 사주는 식신격 사주이다. 또한 이 사주는 기(己)일생으로 사시(巳時)에 출생하였으니, 외관상으로 '금신격(金神格)'에 해당한다. 일반적으로 갑일생(甲日生)이나 기일생(己日生)이 사시(巳時)나 유시(酉時)나 축시(丑時)에 출생하면 금신격이라 하여 운세에 따라 귀(貴)한 사주로 보기도 한다. 금기(金氣)가 왕(旺)하면 고집이 세고 과감이 지나쳐 흉(凶)하기 쉬운데, 제복되면 관대온후하게 되어 복록이 따른다는 귀명(貴命)의 하나이다.

(6) 청탁(淸濁), 신살 등

청탁(淸濁)을 살펴보면 상청(上淸)에 해당한다. 이 명(命)은 火(인성), 土(비겁), 金(식상)의 세가지 오행이 사주를 차지하여 상생(相生)을 하고 있는데, 그 관계가 서로 유정(有情)하여 절묘하다. 지지 사화(巳火)는 인수이면서 비견 기토(己土)의 제왕지, 편인 정화(丁火)의 제왕지이기도 하고, 월지 유금(酉金)은 식신이면서 비견 기토(己土)의 장생지, 편인 정화(丁火)의 장생지이기도 하니, 상생을 하면서 서로 힘이 되어 주고 있는 바, 아름답고 격이 맑으니 상청사주다. 12신살 중 장성, 지살이 있다.

2. 풀이

- 대운을 보면 戊申, 乙巳, 辛丑, 庚子 대운은 중길(中吉)하고, 甲辰(45세~54세) 대운은 평범하거나 조금 나쁘며, 丁未, 丙午, 癸卯, 壬寅 대운은 나쁘다. 정계충(丁癸沖)으로 왕(旺)한 기신(忌神) 정화(丁火)를 쳐내니 계운(癸運)에 크게 발복(發福)한다.
- 가을철 천간지지가 조열(燥熱)한 드넓은 광야 기토(己土)에 보물이 묻혀 있는 형국으로 타고난 두뇌가 비상하다(食神格). 정인은 학문성이라 학문과 종교, 예능계통에 조예가 깊으며 재물에 욕심이 없는 학자성향이다(旺印星, 無財星). 년 · 일 · 시 정인지살로 돌아다니며 학문과 명예를 드높인다. 성격이

부드럽고 따스하며 배려심이 있고 덕이 후하다(納音五行大驛土). 남에게 베풀 줄을 알고 밝고 명랑하다(食神). 해외출입이나 이사이동이 많다(年日地殺).

- 학자, 문인, 교사, 강사, 예술가, 연예인 등이 어울린다(土金食傷, 傷官格). 의약 · 종교 · 역술 등 활인업도 맞다(偏印).
- 일간 좌우에 비견 기토(己土)가 자리하여 재물을 나누고 정화(丁火) 편인이 임수(壬水) 정재를 합거(合去)하니, 사주상 재물복은 크지 않다. 대운상 대체적인 재물운을 보면, 중년 대운(丙午, 乙巳, 甲辰)에는 기신(忌神) 화 · 토운(火 · 土運)으로 흐르니, 재물운이 좋지 않고 어렵다. 말년 대운(癸卯, 壬寅, 辛丑)에는 재물운이 좋다.
- 수기(水氣)가 부족하니 만성피로, 신장, 방광, 정력이 약하다. 물을 가까이하는 것이 좋다.
- 처의 내조를 얻으나(日月巳酉合用), 처가 인생에 큰 영향력은 없다(無財星). 자식덕은 없다(無官星閑神). 월용신(月用神)으로 부모복이 있으며, 형제간에도 화목하고 형제덕이 있다(日月合).

알아두기

1

금신격(金神格) :

사유축(巳酉丑)은 삼합해서 금국(金局)을 이루므로 사유축(巳酉丑)을 금신(金神)이라고 별칭하는데, 갑일생(甲日生)과 기일생(己日生)이 사시(巳時)나 유시(酉時)나 축시(丑時)에 태어나면 금신격이라 한다.

사례 3

己일간 戊월생(음력 9월생)

	(+)	(-)	(+)	(-)	
	정관	日干	겁재	식신	
己 庚 辛 壬 癸 甲 乙 丙 丁	甲	己	戊	辛	[男命]
丑 寅 卯 辰 巳 午 未 申 酉	戌	巳	戌	亥	
	겁재	정인	겁재	정재	
	(+)	(+)	(+)	(+)	
	(辛丁戊)	(戊庚丙)	(辛丁戊)	(戊甲壬)	

위 사주는 신해년(辛亥年) 무술월(戊戌月) 기사일(己巳日) 갑술시(甲戌時)에 출생한 남자의 사주이다.

1. 사주의 구조

(1) 대운

년간(年干)을 기준으로 양남음녀(陽南陰女)는 순행하고 음남양녀(陰男陽女)는 역행하니, 위 사주에서 대운은 역행한다. 따라서 대운은 위 사주의 좌측에 열기된 바와 같다. 대운수는 6이다.

(2) 육신과 지장간

육신을 보면, 일간이 기토(己土)이니 년간 신금(辛金)은 식신, 년지 해수(亥水)는 정재이고 월간 무토(戊土)는 겁재, 월지 술토(戌土)도 겁재이며, 일지 사화(巳火)는 정인, 시간 갑목(甲木)은 정관, 시지 술토(戌土)는 겁재가 된다.

지장간을 보면, 년지 해수(亥水)의 지장간은 무·갑·임(戊·甲·壬), 월지 술토(戌土)의 지장간은 신·정·무(辛·丁·戊), 일지 사화(巳火)의 지장간은 무·경·병(戊·庚·丙), 시지 술토(戌土)의 지장간은 신·정·무(辛·丁·戊)이다.

(3) 합·충·형·파(合·沖·刑·破) 등

천간에 갑기합(甲己合)이 있으며, 지지에 사해충(巳亥沖), 사술(巳戌)원진이 있다. 년지에 해(亥)와 월지에 술(戌), 시지에 술(戌)은 모두 일주공망이다.

(4) 용신 등

신강(身强) 사주로서 수(水)가 용신, 목(木)은 희신이다. 토(土)와 화(火)는 기신, 금(金)은 한신이다.

(5) 격국

이 사주는 식신격이다. 논자에 따라 종강격으로 보기도 한다.

(6) 청탁(淸濁), 신살 등

청탁(淸濁)을 살펴보면 중등(中等)에 해당한다. 12신살 중 반안, 역마, 지살, 천살이 있다. 월주 괴강이다.

2. 풀이

- 대운을 보면 辛卯(66세~75세), 庚寅 대운은 중길(中吉)하고, 丁酉, 丙申, 乙未, 甲午, 壬辰 대운은 평범하거나 조금 나쁘며, 癸巳, 己丑 대운은 나쁘다.
- 중정지합(中丁之合)이 있으니, 행실이 바르고 인의의 덕이 있다(甲己合). 고지식하며 융통성이 부족하다(正印). 월지(月支)와 시지(時支)의 겁재가 공망이니 기세등등해도 마음이 공허하고, 정재 공망으로 소심박약(小心薄弱)하기 쉽다. 월지 공망이라 부모궁, 직업궁, 사회궁에 문제가 생겨 삶의 터전이 불안하기 쉽다. 삼지(三支)가 공망이니, 인생이 다사다난(多事多難)하다. 경쟁성있는 승부에 약하다(劫財空亡). 해외출입이나 이사이동이 많다(年日驛馬). 시간(時干) 정관이 시지(時支) 공망 위에 앉아 있고 년지(年支) 재성도 공망되니, 직업운은 약하다.
- 교사, 강사 등 교육계통 직업이나 항공기 조종사 등 항공관련 직업이 맞다. 경찰 등 사법관련 직업도 어울린다. 법학, 행정, 정치, 교육, 심리, 윤리, 철학 등 학과에 적성이 있다.

- 식신생재격(食神生財格)이나 재성공망(財星空亡)이고 천간의 겁재가 왕(旺)하니, 사주상 재물복은 크지 않다. 대운상 대체적인 재물운을 보면, 중년 대운(乙未, 甲午, 癸巳)에는 재물운이 길흉(吉凶)상반하여 굴곡이 있다. 말년 대운(壬辰, 辛卯, 庚寅)에는 재물운이 좋다.
- 간, 쓸개가 약하여 잘 놀라고 겁내며 신경통이 있기 쉽다. 물과 초목을 가까이하는 것이 좋다.
- 식신생재(食神生財)하며 재용신(財用神)이니 처의 덕을 보지만, 재성공망(財星空亡)으로 처덕이 적다. 자식덕이 적다(官星喜神,時支空亡). 부모복은 없다(月忌神). 부친과의 인연이 없고 어려서부터 가장 노릇하기 쉽다(月劫財). 형제는 무해무덕하다(劫財空亡).

알아두기

2

잡기재관격(雜氣財官格) :

진술축미(辰戌丑未)는 천지(天地)의 부정지기(不正之氣)이며 잡기(雜氣)라 한다. 진술축미(辰戌丑未)는 천지의 네 곳 뇌옥(牢獄)에 비유되고, 수장(收藏)하는 네 곳 창고다. 잡기재 · 관 · 인수격(雜氣財 · 官 · 印綬格)이란 월지의 진술축미(辰戌丑未)가 재 · 관 · 인(財 · 官 · 印)을 간직하고 있음을 말한다.

사례 4

己일간 亥월생(음력 10월생)

	(-)	(-)	(-)	(+)	
	식신	日干	편재	겁재	
甲 乙 丙 丁 戊 己 庚 辛 壬	辛	己	癸	戊	[女命]
寅 卯 辰 巳 午 未 辛 酉 戌	未	卯	亥	午	
	비견	편관	정재	편인	
	(-)	(-)	(+)	(-)	
	(丁 乙 己)	(甲 乙)	(戊 甲 壬)	(丙 己 丁)	

위 사주는 무오년(戊午年) 계해월(癸亥月) 기묘일(己卯日) 신미시(辛未時)에 출생한 여자의 사주이다.

1. 사주의 구조

(1) 대운

년간(年干)을 기준으로 양남음녀(陽南陰女)는 순행하고 음남양녀(陰男陽女)는 역행하니, 위 사주에서 대운은 역행한다. 따라서 대운은 위 사주의 좌측에 열기된 바와 같다. 대운수는 7이다.

(2) 육신과 지장간

육신을 보면, 일간이 기토(己土)이니 년간 무토(戊土)는 겁재, 년지 오화(午火)는 편인이고 월간 계수(癸水)는 편재, 월지 해수(亥水)는 정재이며, 일지 묘목(卯木)은 편관, 시간 신금(辛金)은 식신, 시지 미토(未土)는 비견이 된다.

지장간을 보면, 년지 오화(午火)의 지장간은 병 · 기 · 정(丙 · 己 · 丁), 월지 해수(亥水)의 지장간은 무 · 갑 · 임(戊 · 甲 · 壬), 일지 묘목(卯木)의 지장간은 갑 · 을(甲 · 乙), 시지 미토(未土)의 지장간은 정 · 을 · 기(丁 · 乙 · 己)이다.

(3) 합 · 충 · 형 · 파(合 · 沖 · 刑 · 破) 등

천간에 무계합(戊癸合)이 있으며, 지지에 해묘미목국(亥卯未木局)의 삼합, 오미합(午未合), 묘오파(卯午破)가 있다.

(4) 용신 등

신약(身弱) 사주로서 화(火)가 용신, 토(土)는 희신이다. 수(水)와 목(木)은 기신, 금(金)은 한신이다. 화(火)는 조후용신이기도 하다.

(5) 격국

이 사주는 편관격이다. 또한 구진득위격(句陳得位格)에 해당한다. 구진(句陳)은 중앙의 토신(土神)이요, 토(土)는 무·기(戊·己)라, 무·기(戊·己)일생이 지지에 재(財)나 관(官)으로 전국 또는 전방을 이루면 이 격이 성립된다. 격국의 구성이 좋으면 부귀쌍전(富貴雙全)한다.

(6) 청탁(淸濁), 신살 등

청탁(淸濁)을 살펴보면 중청(中淸)에 해당한다. 12신살 중 반안, 장성, 화개, 겁살, 지살, 년살, 육해가 있다.

2. 풀이

- 대운을 보면 壬戌, 己未, 戊午, 丁巳, 丙辰, 甲寅 대운은 중길(中吉)하고, 辛酉(17세~26세), 庚申, 乙卯 대운은 나쁘다.
- 한겨울 꽁꽁 얼어붙은 신약(身弱)한 기토(己土) 들판에 나무가 무성하여 목다경토(木多傾土)로 무너지게 생겼으나, 지지에서 모친 오화(午火)가 따뜻하게 생(生)해주고 있으니 인성이 용신이다. 왕(旺)한 관살(官殺)이 용신 인성으로 화살(化殺)되어 살인상생(殺印相生)이다. 일확천금을 바라거나 투기를 해서는 안 되며(偏財合去), 명예를 쫓아야 하는 사주다. 총명하고 문장력이 뛰어나며 과단성이 있다. 강자를 두려워하지 않고 약자에게 인정을 베푼다. 무관기질로 의리가 있으며 상황판단이 빠르고 정확하다(偏官格). 편인 용신으로 인덕이 있다. 자신만만하고 의협심이 있으나, 주위가 외롭다. 활력이 넘치니 직업을 가지는 것이 좋다.

- 군인, 경찰, 법관 등 사법직, 세무공무원 등 권력이나 무관쪽 직업이 어울린다(旺偏官). 기술공학, 의약계열 학과도 적성에 맞다(偏印用神).
- 사주상 재물복은 평범하다. 년지에 건록이 있으니 조상대에 번창했다고 본다. 대운상 대체적인 재물운을 보면, 운세가 용·희신 화·토운(火·土運)으로 흘러서 신약(身弱)한 명주의 기세가 오르니, 중년 대운(庚申, 己未, 戊午)과 말년 대운(丁巳, 丙辰, 乙卯) 모두 재물운이 좋다.
- 금(金)의 설기가 심하니 폐가 약하여 빈혈, 현기증이 있고 결핵에도 걸릴 수 있다. 불을 가까이하는 것이 좋다.
- 남편복이 있으나(殺印相生), 남편이 무섭다(旺偏官). 자식덕은 없다(時支合化忌神). 월기신(月忌神)으로 부모복이 적으나, 모친덕은 크다(印星用神). 형제덕은 적다(年干比劫合去忌神, 時支比劫合化忌神).

알아두기

3

시상일위귀격(時上一位貴格) :

시상편관격(時上偏官格)이라고도 한다. 일간이 득령하여 신왕(身旺)한 가운데 타에는 관살이 없고, 오직 시주(時柱)에만 편관을 놓은 사주이다. 칠살이 왕(旺)하는 운을 만나면 형관이나 무관으로 출세한다는 귀격(貴格)이다.

사례 5

己일간 子월생(음력 11월생)

	(-)	(-)	(+)	(+)	
	식신	日干	상관	정인	
己 戊 丁 丙 乙 甲 癸 壬 辛	辛	己	庚	丙	[男命]
酉 申 未 午 巳 辰 卯 寅 丑	未	丑	子	辰	
	비견	비견	편재	겁재	
	(-)	(-)	(-)	(+)	
	(丁乙己)	(癸辛己)	(壬 癸)	(乙癸戊)	

위 사주는 병진년(丙辰年) 경자월(庚子月) 기축일(己丑日) 신미시(辛未時)에 출생한 남자의 사주이다.

1. 사주의 구조

(1) 대운

년간(年干)을 기준으로 양남음녀(陽南陰女)는 순행하고 음남양녀(陰男陽女)는 역행하니, 위 사주에서 대운은 순행한다. 따라서 대운은 위 사주의 좌측에 열기된 바와 같다. 대운수는 7이다.

(2) 육신과 지장간

육신을 보면, 일간이 기토(己土)이니 년간 병화(丙火)는 정인, 년지 진토(辰土)는 겁재이고 월간 경금(庚金)은 상관, 월지 자수(子水)는 편재이며, 일지 축토(丑土)는 비견, 시간 신금(辛金)은 식신, 시지 미토(未土)는 비견이 된다.

지장간을 보면, 년지 진토(辰土)의 지장간은 을 · 계 · 무(乙 · 癸 · 戊), 월지 자수(子水)의 지장간은 임 · 계(壬 · 癸), 일지 축토(丑土)의 지장간은 계 · 신 · 기(癸 · 辛 · 己), 시지 미토(未土)의 지장간은 정 · 을 · 기(丁 · 乙 · 己)이다.

(3) 합 · 충 · 형 · 파(合 · 沖 · 刑 · 破) 등

천간에 병신합(丙辛合)이 있으며, 지지에 자진수국(子辰水局)의 반합(준삼합), 축미충(丑未沖), 축진파(丑辰破), 자미(子未)원진이 있다. 일지 축(丑)은 년주공망, 시지 미(未)는 일주공망이다.

(4) 용신 등

중화(中和) 사주로서 화(火)가 용신, 목(木)은 희신이다. 수(水)와 금(金)은 기신, 토(土)는 한신이다. 화(火)는 조후용신이기도 하다.

(5) 격국

이 사주는 식상생재(食傷生財)의 편재격이다.

(6) 청탁(淸濁), 신살 등

청탁(淸濁)을 살펴보면 중등(中等)에 해당한다. 12신살 중 반안, 장성, 화개, 천살, 월살, 육해가 있다. 월지에 천을귀인이 있다.

2. 풀이

- 대운을 보면 丙午(57세~66세), 丁未 대운은 대길(대吉)하고, 壬寅, 癸卯, 甲辰, 乙巳 대운은 중길(中吉)하다. 辛丑, 戊申, 己酉 대운은 나쁘다.
- 수왕절(水旺節) 꽁꽁 얼어 있는 광산 기토(己土)로 태어났으니, 태양 화기(火氣)로 언 땅을 녹여서 보물을 캐내야 한다. 태양이 비추어 주고 화기(火氣)가 들어와서 목(木)으로 토(土)를 극(剋)해야 삶이 풀린다. 불과 나무가 용·희신이다. 겉으로는 밝고 다정해 보이나(偏財格), 외명내허(外明內虛)라 내적으로 공허하고 고독할 때가 많다(日時比肩空亡). 욕심이 많고 투기성, 도박성이 있다(劫財合偏財). 일찌감치 학문에는 뜻이 없고 돈 버는 재주는 비상하다(旺食傷,旺偏財,年印星沖). 융통성, 배려심이 없고 답답하다. 따뜻하고 느긋하게 살려고 노력해야 한다(納音五行霹靂火).
- 교사, 강사, 예술가, 연예인 등 말로 먹고사는 직업이 어울린다(傷官格). 문인, 학자, 교육자, 전통문화관련 직업 등도 맞다(印星用,正印)
- 사주상 재물복이 풍부하다(食傷生財 比劫力). 년월 병경충(丙

庚沖)으로 용신 병화(丙火)가 깨지니 초년운은 없다. 그 이후의 대운상 대체적인 재물운을 보면, 용 · 희신 화 · 목운(火 · 木運)으로 흐르니, 중년 대운(癸卯, 甲辰, 乙巳)과 말년 대운(丙午, 丁未, 戊申) 모두 재물운이 대길(大吉)하다. 특히 말년 병오(丙午) 대운과 정미(丁未) 대운에 화기(火氣)가 세게 들어오니, 큰 재물이 들어온다.

- 화(火)가 설기당하고 충극(沖剋)을 받아 심장, 소장이 허약하고 잘 놀란다. 안질에 잘 걸리고 시력이 약하다. 불을 가까이하는 것이 좋다.
- 재기신(財忌神)으로 처덕이 적고 인연이 박하다(日支空亡). 고부갈등으로 처가 어머니와 다투고 불목한다(財旺印衰). 처와 장모를 감당하기 힘들다(旺財星, 衰印星, 月干傷官). 자식덕이 적다(官星喜神, 時支空亡). 월기신(月忌神)으로 부모복이 없다. 년간 병화(丙火)가 역극(逆剋) 당하니, 모친이 허약하거나 조실부모하기 쉽다. 형제덕은 평범하다(比肩空亡, 劫財根).

알아두기

4

합록격(合祿格) :

여기에서 녹(祿)은 건록이 아닌 정관성이다. 합록격이 이루어지려면 사주에 관살이 없어야 하고, 시간(時干)이 간합(干合)한 천간이 정관이 되거나 시지(時支)가 육합(六合)한 지지가 정관에 해당하여야 한다.

사례 6

己일간 丑월생(음력 12월생)

	(+)	(-)	(-)	(-)	
	상관	日干	비견	편관	
戊 丁 丙 乙 甲 癸 壬 辛 庚	庚	己	己	乙	[女命]
戌 酉 申 未 午 巳 辰 卯 寅	午	酉	丑	卯	
	편인	식신	비견	편관	
	(-)	(-)	(-)	(-)	
	(丙 己 丁)	(庚 辛)	(癸 辛 己)	(甲 乙)	

위 사주는 을묘년(乙卯年) 기축월(己丑月) 기유일(己酉日) 경오시(庚午時)에 출생한 여자의 사주이다.

1. 사주의 구조

(1) 대운

년간(年干)을 기준으로 양남음녀(陽南陰女)는 순행하고 음남양녀(陰男陽女)는 역행하니, 위 사주에서 대운은 순행한다. 따라서 대운은 위 사주의 좌측에 열기된 바와 같다. 대운수는 7이다.

(2) 육신과 지장간

육신을 보면, 일간이 기토(己土)이니 년간 을목(乙木)은 편관, 년지 묘목도 편관이고 월간 기토(己土)는 비견, 월지 축토(丑土)도 비견이며, 일지 유금(酉金)은 식신, 시간 경금(庚金)은 상관, 시지 오화(午火)는 편인이 된다.

지장간을 보면, 년지 묘목(卯木)의 지장간은 갑·을(甲·乙), 월지 축토(丑土)의 지장간은 계·신·기(癸·辛·己), 일지 유금(酉金)의 지장간은 경·신(庚·辛), 시지 오화(午火)의 지장간은 병·기·정(丙·己·丁)이다.

(3) 합·충·형·파(合·沖·刑·破) 등

천간에 을경합(乙庚合)이 있으며, 지지에 유축금국(酉丑金局)의 반합(준삼합), 묘유충(卯酉沖), 묘오파(卯午破), 축오(丑午)원진이 있다. 년지 묘(卯)는 일주공망이다.

(4) 용신 등

겉으로는 신약(身弱)사주인 듯 하나, 비록 음간(陰干)이기는 하더라도 지지에 건록·장생이 있으니, 실질적으로는 신약(身弱)으로 보기 어렵다. 화(火)가 용신, 토(土)는 희신이다. 수(水)와 목(木)은 기신, 금(金)은 한신이다. 화(火)는 조후용신이기도 하다.

(5) 격국

이 사주는 상관격이다.

(6) 청탁(淸濁), 신살 등

청탁(淸濁)을 살펴보면 중등(中等)에 해당한다. 12신살 중 장성, 화개, 년살, 월살, 재살, 육해가 있다.

2. 풀이

- 대운을 보면 庚寅, 癸巳, 甲午, 戊戌 대운은 중길(中吉)하고, 辛卯(17세~26세), 壬辰, 乙未 대운은 평범하거나 조금 나쁘며, 丙申, 丁酉 대운은 나쁘다.
- 자신감이 넘치고(旺比肩), 남에게 인정을 베풀 줄도 안다(食神). 낙천적이며 명랑하고 대인관계가 원만하다(食神). 상관 경금(庚金)이 편인 오화(午火)불에 잘 제련되어 있으니, 다재다능하고 민첩하며 표현력이 뛰어나다. 타고난 머리는 뛰어나나 초년에는 공부안하고 말년에 공부한다(時印星). 돈 보다는 명예를 쫒아 진로를 정해야 한다. 일지 유금(酉金)으로 수술수가 있다. 편관공망으로 관운, 남편운이 약하며 직장변동, 이사이동이 많은 편이다.
- 연예인, 예술가, 종교인, 역술인이 맞다.
- 사주상 재물복은 평범하다. 꽁꽁 얼어붙은 음습(陰濕)한 기토(己土)에 묻혀 있는 광석을 캐내려니, 힘도 필요하고 불도 필요하다. 대운상 대체적인 재물운을 보면, 운세가 화·토운(火·土運)으로 흐르니, 중년 대운(壬辰, 癸巳, 甲午)과 말년 대운(乙未, 丙申, 丁酉) 모두 재물운이 좋은 편이다.

- 큰 질병은 없으나, 체질을 감안한 꾸준한 건강관리가 중요하다.
- 남편의 외조를 얻는다(日支食神). 그러나 남편이 허약하거나 인연이 박하다(偏官空亡). 자식덕은 있다(時支用神). 부모복이 있으며(月喜神), 형제덕도 있다(比劫喜神).

알아두기

5

육갑추건격(六甲趨乾格) :

육갑(六甲)이란 갑일생(甲日生)이요, 건(乾)은 술해(戌亥)로 여기에서는 해(亥)를 지칭하는데, 갑일간(甲日干)에 해(亥)가 많거나 해시(亥時)에 출생하고 인사(寅巳)가 없으면 육갑추건격이 성립한다.

알아두기

6

살인상정(殺忍相停) :

신강(身强)에 양인(羊刃)이 있는 것과 신약(身弱)에 칠살(七殺)이 만나는 것을 매우 꺼린다. 양인은 재(財)를 극탈(剋奪)하고 사람을 상(傷)하게 하는 무기가 되기 때문이고, 칠살은 일간을 극(剋)하는 흉살이기 때문이다. 그러나 이 두 가지가 함께 있으면 양인과 칠살이 화(和)하여 권(權)이 되어서 도리어 대길격(大吉格)이 된다. 이를 살인상정이라 한다.

庚 일간

甲乙丙丁戊己**庚**辛壬癸

사례 1

庚일간 寅월생(음력 1월생)

대운		(+)	(+)	(+)	(+)	
		편인	日干	편인	비견	
丁 丙 乙 甲 癸 壬 辛 庚 己		**戊**	**庚**	**戊**	**庚**	[男命]
亥 戌 酉 申 未 午 巳 辰 卯		**寅**	**申**	**寅**	**戌**	
		편재	비견	편재	편인	
		(+)	(+)	(+)	(+)	
		(戊丙甲)	(戊壬庚)	(戊丙甲)	(辛丁戊)	

위 사주는 경술년(庚戌年) 무인월(戊寅月) 경신일(庚申日) 무인시(戊寅時)에 출생한 남자의 사주이다.

1. 사주의 구조

(1) 대운

년간(年干)을 기준으로 양남음녀(陽南陰女)는 순행하고 음남양녀(陰男陽女)는 역행하니, 위 사주에서 대운은 순행한다. 따라서 대운은 위 사주의 좌측에 열기된 바와 같다. 대운수는 3이다.

(2) 육신과 지장간

육신을 보면, 일간이 경금(庚金)이니 년간 경금(庚金)은 비견, 년지 술토(戌土)는 편인이고 월간 무토(戊土)도 편인, 월지 인목(寅木)은 편재이며, 일지 신금(申金)은 비견, 시간 무토(戊土)는 편인, 시지 인목(寅木)은 편재가 된다.

지장간을 보면, 년지 술토(戌土)의 지장간은 신·정·무(辛·丁·戊), 월지 인목(寅木)의 지장간은 무·병·갑(戊·丙·甲), 일지 신금(申金)의 지장간은 무·임·경(戊·壬·庚), 시지 인목(寅木)의 지장간은 무·병·갑(戊·丙·甲)이다.

(3) 합·충·형·파(合·沖·刑·破) 등

지지에 인술화국(寅戌火局)의 반합(준삼합), 인신충(寅申沖)이 있다.

(4) 용신 등

신태왕(身太旺)사주로서 수(水)가 용신, 목(木)은 희신이다. 토(土)와 금(金)은 기신, 화(火)는 한신이다.

(5) 격국

이 사주는 편인격이다.

(6) 청탁(淸濁), 신살 등

청탁(淸濁)을 살펴보면 중탁(中濁)에 해당한다. 12신살 중 화개, 역마, 지살, 월살이 있다. 년지에 금여가 있으며, 년주 괴강이다.

2. 풀이

- 대운을 보면 己卯, 丁亥 대운은 중길(中吉)하고, 辛巳(23세~32세), 癸未, 丙戌 대운은 평범하거나 조금 나쁘며, 庚辰, 壬午, 甲申, 乙酉 대운은 나쁘다.
- 일주간지동(日柱干支同)의 무쇠덩어리 경금(庚金)이 정월에 태어나 수기(水氣)가 없는 조토(燥土)로 둘러싸여 신태왕(身太旺)하니, 기(氣)가 맑지 않다. 식상 수(水)가 용신이다. 성격이 강경하고 급하며 날카로우니, 충돌하면 무섭다(庚申日,年柱魁罡). 사주 여덟글자가 모두 양(陽)으로 구성된 양팔통(陽八通) 사주로 자신감이 넘치고 활동적이다. 지는 것을 싫어하며, 생각보다 행동이 먼저 나온다. 타인의 억압이나 간섭을 싫어하며, 음양의 조화가 깨져 편향적이므로 팔자가 험할 수 있다. 의리와 신용이 있으며, 매우 정확하고 리더쉽이 있다(納音五行城頭土). 일지 역마지살충(驛馬地殺沖)으로 이사이동이나 직장변동, 교통사고 등 신변 변동이 많다.
- 의사, 약사, 작가, 연예인 등 자유직업이 맞다. 토목·건축 등

기술계통의 이과가 적성에 맞다.

- 천간에서 밥그릇인 식상을 극(剋)하는 편인이 중첩되고 재물을 나누어 갖는 비견이 놓이니, 진로가 불안정하고 재물이 새어 나가는 형국이다. 고정적인 정재수입보다는 돌아다니면서 움직이는 편재 재물을 득(得)하는 사주다. 사주상 재물복은 평범하다. 대운상 대체적인 재물운을 보면, 운세가 기신운(忌神運)으로 흐르니, 중년 대운(辛巳, 壬午, 癸未)과 말년 대운(甲申, 乙酉, 丙戌) 모두 재물운이 좋지 않고 어렵다.
- 양팔통(陽八通)으로 음기(陰氣)가 부족하고 목(木)이 극설(剋洩)되어 간, 담, 관절, 근육, 신경계통의 질환이 있을 수 있다. 지마형충(地馬刑沖)이니 교통사고를 조심해야 한다.
- 재희신(財喜神)으로 처의 덕을 본다. 그러나 일지형충(日支刑沖)이니 처와 충돌이 잦고 별거한다. 자식덕이 없으며(官星閑神), 자식과 뜻이 맞지 않고 별거한다(時支刑沖). 부모복과 형제덕은 평범하다.

여담(餘談)

초한지와 삼국지는 시중에 이미 많은 책이 나와 있다. 그러나 분량이 너무 많아 요즘처럼 바쁜 세상에 다 읽기에는 부담스러운 면이 있다. 그래서 필자는 분량을 대폭 줄이고도 재미가 살아 있는 책을 펴낼 구상을 하고 있다.

사례 2

庚일간 卯월생(음력 2월생)

	(+)	(+)	(-)	(+)	
	편재	日干	상관	식신	
甲 乙 丙 丁 戊 己 庚 辛 壬	甲	庚	癸	壬	[女命]
午 未 申 酉 戌 亥 子 丑 寅	申	子	卯	子	
	비견	상관	정재	상관	
	(+)	(-)	(-)	(-)	
	(戊壬庚)	(壬癸)	(甲乙)	(壬癸)	

위 사주는 임자년(壬子年) 계묘월(癸卯月) 경자일(庚子日) 갑신시(甲申時)에 출생한 여자의 사주이다.

1. 사주의 구조

(1) 대운

년간(年干)을 기준으로 양남음녀(陽南陰女)는 순행하고 음남양녀(陰男陽女)는 역행하니, 위 사주에서 대운은 역행한다. 따라서 대운은 위 사주의 좌측에 열기된 바와 같다. 대운수는 6이다.

(2) 육신과 지장간

육신을 보면, 일간이 경금(庚金)이니 년간 임수(壬水)는 식신, 년지 자수(子水)는 상관이고 월간 계수(癸水)도 상관, 월지 묘목(卯木)은 정재이며, 일지 자수(子水)는 상관, 시간 갑목(甲木)은 편재, 시지 신금(申金)은 비견이 된다.

지장간을 보면, 년지 자수(子水)의 지장간은 임 · 계(壬 · 癸), 월지 묘목(卯木)의 지장간은 갑 · 을(甲 · 乙), 일지 자수(子水)의 지장간은 임 · 계(壬 · 癸), 시지 신금(申金)의 지장간은 무 · 임 · 경(戊 · 壬 · 庚)이다.

(3) 합 · 충 · 형 · 파(合 · 沖 · 刑 · 破) 등

지지에 신자수국(申子水局)의 반합(준삼합), 자묘상형(子卯相刑), 묘신(卯申)원진이 있다.

(4) 용신 등

신태약(身太弱) 사주로서 목(木)이 용신, 수(水)는 희신이다. 토(土)와 화(火)는 기신, 금(金)은 한신이다.

(5) 격국

이 사주는 종격(종아격)이다. 종아격(從兒格)은 종격(從格) 중의 하나로, 일간의 뿌리가 없거나 무력하고 사주의 전부 또는 대부분이 식상인 경우이다. 종격이란 일간이 힘이 없어 가장 왕(旺)한 타오행을 따라가는 경우로서 기명종격(棄命從格) 또는 귀상격(鬼象格)이라고도 한다. 외형상으로는 비천녹마격(飛天祿馬格)에도 해당한다. 녹(祿)은 관성이요 마(馬)는 재성이라 하는데, 사주가운데 없는 재·관(財·官)을 허(虛)로 충출(沖出)하여 쓰는 것을 비천녹마라 한다. 진격(眞格)을 구성하면 뛰어난 재능과 명예를 갖추게 되고 복록이 풍후하여 길명(吉命)이 된다. 그러나 이 명(命)은 지지 자수(子水)가 형·합(刑·合)되어 파격(破格)이다.

(6) 청탁(淸濁), 신살 등

청탁(淸濁)을 살펴보면 중청(中淸)에 해당한다. 12신살 중 장성, 지살, 육해가 있다.

2. 풀이

- 대운을 보면 壬寅, 庚子, 己亥, 丙申, 乙未 대운은 중길(中吉)하고, 丁酉(56세~65세), 甲午 대운은 평범하거나 조금 나쁘며, 辛丑, 戊戌 대운은 나쁘다.
- 상관생재(傷官生財)의 종아격이면서 시지(時支)건록이 합(合)이 되니, 재물을 쌓으면서 명망이 생긴다. 식상인 수기(水氣)가 태왕(太旺)하여 종아(從兒)하고 있으나, 수기(水氣)를 설기하는 목기(木氣)가 월령으로 수다침금(水多沈金)을 막고 있으니 사주가 청(淸)하다. 두뇌가 매우 총명하며 다재다능하고 언변이 뛰어나다(傷官). 미모에 약자에게 인정을 베풀 줄도 안다. 사교

성이 좋고 활동성이 강하며 돈 버는데 수완이 좋다(偏財). 겉으로 꾸미기를 좋아하고 과시욕이 있으며, 자기주장이 강하고 승부욕도 있다(旺傷官). 자식만 보이고 남편은 보이지 않는다(從兒格).

- 재정출납공무원, 회사경리직이 어울린다(從兒格). 판사, 변호사 등 법조인도 맞다(旺傷官). 예술가도 어울린다. 법학, 경영, 무역, 금융, 유통, 수산, 교통, 예능 계통의 학과에 적성이 있다.
- 사주상 재물복은 풍부하다(傷官生財, 從兒格). 대운상 대체적인 재물운을 보면, 중년 대운(庚子, 己亥, 戊戌)에는 재물운이 좋은 편이다. 말년 대운(丁酉, 丙申, 乙未)에도 굴곡은 있으나 좋은 편이다.
- 토(土), 금(金)의 설기가 심하여 폐가 약하고 피부에 부스럼 등 피부병이 생기기 쉽다. 소화가 잘 안 되고 위장에 문제가 생길 수도 있다.
- 상관생재격(傷官生財格)의 일지상관(日支傷官)으로 남편복이 있다고 할 수 있으나, 사주에 남편의 화기(火氣)가 전혀 없으니 수다멸화(水多滅火)지경이라, 남편이 허약하거나 인연이 불리하다. 자식덕이 있다(食傷喜神). 신태약(身太弱) 종아격(從兒格)으로 자식에게 종(從)한다. 월용희신(月用喜神)으로 부모복도 있으며, 형제는 무해무덕하다.

사례 3

庚일간 辰월생(음력 3월생)

	(-)	(+)	(+)	(-)	
	정인	日干	편관	상관	
乙 甲 癸 壬 辛 庚 己 戊 丁	己	庚	丙	癸	[女命]
丑 子 亥 戌 酉 申 未 午 巳	卯	午	辰	丑	
	정재	정관	편인	정인	
	(-)	(-)	(+)	(-)	
	(甲 乙)	(丙 己 丁)	(乙 癸 戊)	(癸 辛 己)	

위 사주는 계축년(癸丑年) 병진월(丙辰月) 경오일(庚午日) 기묘시(己卯時)에 출생한 여자의 사주이다.

1. 사주의 구조

(1) 대운

년간(年干)을 기준으로 양남음녀(陽南陰女)는 순행하고 음남양녀(陰男陽女)는 역행하니, 위 사주에서 대운은 순행한다. 따라서 대운은 위 사주의 좌측에 열기된 바와 같다. 대운수는 6이다.

(2) 육신과 지장간

육신을 보면, 일간이 경금(庚金)이니 년간 계수(癸水)는 상관, 년지 축토(丑土)는 정인이고 월간 병화(丙火)는 편관, 월지 진토(辰土)는 편인이며, 일지 오화(午火)는 정관, 시간 기토(己土)는 정인, 시지 묘목(卯木)은 정재가 된다.

지장간을 보면, 년지 축토(丑土)의 지장간은 계·신·기(癸·辛·己), 월지 진토(辰土)의 지장간은 을·계·무(乙·癸·戊), 일지 오화(午火)의 지장간은 병·기·정(丙·己·丁), 시지 묘목(卯木)의 지장간은 갑·을(甲·乙)이다.

(3) 합·충·형·파(合·沖·刑·破) 등

천간에 병경충(丙庚沖)이 있으며, 지지에 축진파(丑辰破), 묘오파(卯午破), 축오(丑午)원진이 있다.

(4) 용신 등

신약(身弱) 사주로서 토(土)가 용신, 금(金)은 희신이다. 목(木)과 화(火)는 기신, 수(水)는 한신이다.

(5) 격국

이 사주는 편인격 사주이다.

(6) 청탁(淸濁), 신살 등

청탁(淸濁)을 살펴보면 중등(中等)에 해당한다. 12신살 중 장성, 화개, 년살, 월살, 재살, 천살이 있다. 년지에 천을귀인이 있으며, 년주 백호이다.

2. 풀이

- 대운을 보면 己未(26세~35세), 庚申, 辛酉, 乙丑 대운은 중길(中吉)하고, 戊午, 壬戌 대운은 평범하거나 조금 나쁘며, 丁巳, 癸亥, 甲子 대운은 나쁘다.
- 경금(庚金)일간 무쇠덩어리가 일지 오화(午火)에 잘 제련되어 기물(器物)이 되었으니, 그 기세가 예리하고 쓰임새가 많다. 바쁘고 고된 삶이기도 하다(偏官 丙庚沖,納音五行路傍土). 유력한 모친 인성이 일간을 생조(生助)하고 한신 상관 계수(癸水)를 멀리서 제압하면서, 왕(旺)한 편관 병화(丙火)를 설기시켜 살인상생(殺印相生)하고 있으니 용신이다. 선하고 남편내조를 잘하니, 가정적이고 총명하다(印星用神,時日財生官). 편관이 왕(旺)하여 과감하기도 하며 불의를 보면 참지 못한다. 언행도 분명하다.
- 학자, 교육자가 어울린다. 교육, 언론, 출판, 종교, 철학, 기술공학 관련 직업이 맞다. 명주(命主) 옆에서 편관 병화(丙火)가 들이받고 있으니 큰소리치는 직업을 가질 수도 있고, 직장에서 큰

소리 날 수도 있다.

- 사주상 재물복은 평범하다. 대운상 대체적인 재물운을 보면, 중년 대운(己未, 庚申, 辛酉)에는 재물운이 좋은 편이다. 말년 대운(壬戌, 癸亥, 甲子)에는 재물운이 좋지 않고 어렵다.
- 큰 질병은 없으나, 체질을 감안한 꾸준한 건강관리가 중요하다.
- 남편복이 있다(用神有氣). 배우자궁의 丁火(지장간)는 경금(庚金)일간의 귀성(貴星)으로 무쇠덩어리 경금(庚金)을 잘 제련하여 기물(器物)로 만든다. 자식덕도 있다. 자식궁에 경금(庚金)일간의 또 하나의 귀성(貴星)인 갑목(甲木)이 있어 일지를 생(生)해준다. 부모복도 있으며(月支用神), 형제가 많고 형제덕도 있다(身弱印綬月令提綱, 比劫喜神).

중요 암기 사항

주역

① 일건천(一乾天) ② 이태택(二兌澤) ③ 삼리화(三離火)
④ 사진뢰(四震雷) ⑤ 오손풍(五巽風) ⑥ 육감수(六坎水)
⑦ 칠간산(七艮山) ⑧ 팔곤지(八坤地)

※ 예컨대 이태택(二兌澤)이라고 하면, 이(二)는 팔괘 중에서 두 번째로 생성되었다는 뜻이고, 태(兌)는 괘의 이름이며, 택(澤)은 괘의 형상이 못(또는 늪)이 된다는 의미이다.

사례 4

庚일간 巳월생(음력 4월생)

	(-)	(+)	(-)	(+)	
	정관	日干	겁재	비견	
庚 己 戊 丁 丙 乙 甲 癸 壬	丁	庚	辛	庚	[男命]
寅 丑 子 亥 戌 酉 申 未 午	亥	寅	巳	戌	
	식신	편재	편관	편인	
	(+)	(+)	(+)	(+)	
	(戊甲壬)	(戊丙甲)	(戊庚丙)	(辛丁戊)	

위 사주는 경술년(庚戌年) 신사월(辛巳月) 경인일(庚寅日) 정해시(丁亥時)에 출생한 남자의 사주이다.

1. 사주의 구조

(1) 대운

년간(年干)을 기준으로 양남음녀(陽南陰女)는 순행하고 음남양녀(陰男陽女)는 역행하니, 위 사주에서 대운은 순행한다. 따라서 대운은 위 사주의 좌측에 열기된 바와 같다. 대운수는 4이다.

(2) 육신과 지장간

육신을 보면, 일간이 경금(庚金)이니 년간 경금(庚金)은 비견, 년지 술토(戌土)는 편인이고 월간 신금(辛金)은 겁재, 월지 사화(巳火)는 편관이며, 일지 인목(寅木)은 편재, 시간 정화(丁火)는 정관, 시지 해수(亥水)는 식신이 된다.

지장간을 보면, 년지 술토(戌土)의 지장간은 신 · 정 · 무(辛 · 丁 · 戊), 월지 사화(巳火)의 지장간은 무 · 경 · 병(戊 · 庚 · 丙), 일지 인목(寅木)의 지장간은 무 · 병 · 갑(戊 · 丙 · 甲), 시지 해수(亥水)의 지장간은 무 · 갑 · 임(戊 · 甲 · 壬)이다.

(3) 합 · 충 · 형 · 파(合 · 沖 · 刑 · 破) 등

지지에 인해목(寅亥木) 육합, 인술화국(寅戌火局)의 반합(준삼합), 사해충(巳亥沖), 인사형(寅巳刑), 사술(巳戌)원진, 인사해(寅巳害)가 있다. 시지 인(寅)은 년주공망이지만 인해목(寅亥木) 육합으로 공망이 작용력을 잃었다.

(4) 용신 등

신약(身弱) 사주로서 수(水)가 용신, 금(金)은 희신이다. 화(火)와 목(木)은 기신, 토(土)는 한신이다. 수(水)는 조후용신이기도 하다.

(5) 격국

이 사주는 편관격 사주이다.

(6) 청탁(淸濁), 신살 등

청탁(淸濁)을 살펴보면 중청(中淸)에 해당한다. 12신살 중 화개, 겁살, 지살, 망신살이 있다. 년지에 금여가 있다.

2. 풀이

- 대운을 보면 甲申(24세~33세), 乙酉, 丁亥, 戊子 대운은 중길(中吉)하고, 癸未 대운은 평범하거나 조금 나쁘며, 壬午, 丙戌, 己丑, 庚寅 대운은 나쁘다.
- 쇳덩어리 경금(庚金)이 한여름 왕(旺)한 화기(火氣)에 녹아 내리게 생겼다. 수기(水氣)가 있어야 청(淸)해지고 윤택해지니, 식상이 용신이다. 시지(時支) 식신이 공망된 일지(日支) 편재를 생(生)하여 인해(寅亥) 육합(六合)으로 재(財)로 화(化)하면서 월지(月支) 관살을 생(生)하고, 월지(月支) 관살이 살인상생(殺印相生)하고 있다. 단지 수기(水氣)가 약하고 신약(身弱)한 것이 흠이다. 식복을 타고 났으며, 일을 찾아 활발히 움직여서 삶을 풀어 나가야 한다(時日食神生財). 대쪽같은 성격으로 타협을 모르며 리더쉽이 있다(納音五行松柏木). 냉철한 판단력과 베짱이 있다. 모든 걸 다 비교하고 따져서 가려내야 직성이 풀리는 정확한 성격을 가졌다. 솔직하고 가식이 없으며 의리를 중시하

고 결단력이 있다(庚金). 성격이 급하고 즉흥적인 면이 있다(偏財,偏官).

- 경찰사법종사자, 의사, 약사, 토목건축업, 기술자, 장사 등이 맞다.
- 사주상 재물복은 평범하다. 대운상 대체적인 재물운을 보면, 식신생재(食神生財)하고 운세가 용 · 희신 수 · 금운(水 · 金運)으로 흐르니, 중년 대운(甲申, 乙酉, 丙戌)과 말년 대운(丁亥, 戊子, 己丑) 모두 재물운이 좋은 편이다.
- 사주가 조열하여 수기(水氣)가 부족하니 요통, 방광염이 있기 쉬우며 소화불량, 두통, 만성피로에 시달리기 쉽다. 치질이나 대장질환도 있을 수 있다(金弱木火旺). 물을 가까이하는 것이 좋다. 또한 교통사고를 조심해야 한다(身弱地馬殺局).
- 처덕이 적다(日支空亡合). 일지형(日支刑)이니 처와 충돌이 잦다. 국제결혼 또는 해외교포와 결혼하거나 결혼 후 이민갈 수 있다(日地殺財合). 자식궁에서 공망된 재(財)를 생(生)하고 있으나, 관살이 기신(忌神)이므로 자식덕은 적다. 겉으로는 부모복이 있는 듯 하나, 실상은 부모복이 없다(月喜神, 忌神). 형제덕은 적다(比劫喜神受剋).

사례 5

庚일간 午월생(음력 5월생)

辛	庚	己	戊	丁	丙	乙	甲	癸
卯	寅	丑	子	亥	戌	酉	申	未

(+)	(+)	(+)	(+)	
식신	日干	식신	비견	
壬	庚	壬	庚	[男命]
午	戌	午	戌	
정관	편인	정관	편인	
(-)	(+)	(-)	(+)	
(丙己丁)	(辛丁戊)	(丙己丁)	(辛丁戊)	

위 사주는 경술년(庚戌年) 임오월(壬午月) 경술일(庚戌日) 임오시(壬午時)에 출생한 남자의 사주이다.

1. 사주의 구조

(1) 대운

년간(年干)을 기준으로 양남음녀(陽南陰女)는 순행하고 음남양녀(陰男陽女)는 역행하니, 위 사주에서 대운은 순행한다. 따라서 대운은 위 사주의 좌측에 열기된 바와 같다. 대운수는 8이다.

(2) 육신과 지장간

육신을 보면, 일간이 경금(庚金)이니 년간 경금(庚金)은 비견, 년지 술토(戌土)는 편인이고 월간 임수(壬水)는 식신, 월지 오화(午火)는 정관이며, 일지 술토(戌土)는 편인, 시간 임수(壬水)는 식신, 시지 오화(午火)는 정관이 된다.

지장간을 보면, 년지 술토(戌土)의 지장간은 신·정·무(辛·丁·戊), 월지 오화(午火)의 지장간은 병·기·정(丙·己·丁), 일지 술토(戌土)의 지장간은 신·정·무(辛·丁·戊), 시지 오화(午火)의 지장간은 병·기·정(丙·己·丁)이다.

(3) 합·충·형·파(合·沖·刑·破) 등

지지에 오술화국(午戌火局)의 반합(준삼합), 오오자형(午午自刑)이 있다.

(4) 용신 등

신약(身弱) 사주로서 수(水)가 용신, 금(金)은 희신이다. 화(火)와 목(木)은 기신, 토(土)는 한신이다. 수(水)는 조후용신이기도 하다.

(5) 격국

이 사주는 정관격이다. 외형상으로는 일주 경술(庚戌)로 괴강격(魁罡格)이다. 庚辰日, 壬辰日, 庚戌日, 戊戌日에 해당하면 괴강격이다. 신강(身强) 또는 신왕(身旺)이어야 하고 타(他)에 또 괴강을 만나야 복이 된다. 사주에 괴강이 있으면 자존심이 강하고 총명하며 문장력이 뛰어나고 결단성이 있다. 일주괴강에 형·충(刑·沖)이 있으면 화(禍)가 되고 빈천하며, 재·관운(財·官運)에도 화(禍)를 입는다. 이 명(命)은 관(官)이 왕(旺)하여 파격(破格)이다.

(6) 청탁(淸濁), 신살 등

청탁(淸濁)을 살펴보면 중등(中等)에 해당한다. 12신살 중 장성, 화개가 있다. 년지와 일지에 각 금여가 있으며, 년주와 일주 각 괴강이다.

2. 풀이

- 대운을 보면 甲申(18세~27세), 乙酉, 丁亥, 戊子 대운은 중길(中吉)하다. 癸未 대운은 평범하거나 조금 나쁘며, 丙戌, 己丑, 庚寅, 辛卯 대운은 나쁘다.
- 화왕절(火旺節) 지지 화국(火局)으로 경금(庚金)쇠가 녹아 내리니, 자존심은 강하나 패기가 약하다. 천간에서 식신 임수(壬水)가 열기를 식히며 일간을 빛내려 하나, 지지가 조열(燥熱)하여 뿌리를 내리지 못하고 펄펄 끓고 있다. 성격이 차분하지 못하고 참을성이 없으며 까다롭다. 친구가 필요하다. 년지·일지 술토(戌土) 천문성에 관살이 왕(旺)하니, 영감력이 뛰어나고 꿈이

잘 맞으며 역술, 종교와 인연이 있다. 신경이 과민하여 신경쇠약증에 걸리기 쉽다(金火旺). 명예와 감투욕이 강하고 실속 없이 허세와 허풍을 부리는 기운이 강하다(旺官殺).

- 의사, 약사 역술인, 종교인 등 활인업이 맞다(金日火旺). 문화·예술·연예 관련 직업도 어울린다(食傷用).
- 사주상 재물복은 평범하다. 대운상 대체적인 재물운을 보면, 운세가 화왕절(火旺節)의 열기를 식혀 주는 금·수운(金·水運)으로 흐르니, 중년 대운(乙酉, 丙戌, 丁亥)과 말년 대운(戊子, 己丑, 庚寅) 모두 재물운이 좋은 편이다.
- 화다비수(火多沸水)라 수(水) 무근(無根)으로 펄펄 끓으니 요통, 방광염이 있기 쉽다. 지지 화국(火局)으로 화다용금(火多熔金)하여 쇠가 녹아내리니, 기관지· 호흡기 계통이 약하고 고혈압이 있을 수 있다. 또한 지지가 조열하여 정력이 약하고 만성피로, 당뇨, 변비에 시달릴 수 있다.
- 재(財)가 왕(旺)한 관(官)에 설기(洩氣)되어 처가 허약할 수 있으며, 처덕이 적다(財忌神). 자식덕도 없다(官星忌神). 월간 용신으로 겉으로는 부친복이 있어 보이지만, 실상은 술토(戌土) 편인이 기신 오화(午火)와 합(合)이 되어 명주를 생(生)하지 못하고 피해를 준다. 모친이 감투욕이 강하다. 형제덕이 있다(比劫喜神).

사례 6

庚일간 未월생(음력 6월생)

	(+)	(+)	(-)	(+)	
	편관	日干	겁재	편재	
壬 癸 甲 乙 丙 丁 戊 己 庚	丙	庚	辛	甲	[女命]
戌 亥 子 丑 寅 卯 辰 巳 午	子	申	未	寅	
	상관	비견	정인	편재	
	(-)	(+)	(-)	(+)	
	(壬 癸)	(戊 壬 庚)	(丁 乙 己)	(戊 丙 甲)	

위 사주는 갑인년(甲寅年) 신미월(辛未月) 경신일(庚申日) 병자시(丙子時)에 출생한 여자의 사주이다.

1. 사주의 구조

(1) 대운

년간(年干)을 기준으로 양남음녀(陽南陰女)는 순행하고 음남양녀(陰男陽女)는 역행하니, 위 사주에서 대운은 역행한다. 따라서 대운은 위 사주의 좌측에 열기된 바와 같다. 대운수는 8이다.

(2) 육신과 지장간

육신을 보면, 일간이 경금(庚金)이니 년간 갑목(甲木)은 편재, 년지 인목(寅木)도 편재이고 월간 신금(辛金)은 겁재, 월지 미토(未土)는 정인이며, 일지 신금(申金)은 비견, 시간 병화(丙火)는 편관, 시지 자수(子水)는 상관이 된다.

지장간을 보면, 년지 인목(寅木)의 지장간은 무 · 병 · 갑(戊 · 丙 · 甲), 월지 미토(未土)의 지장간은 정 · 을 · 기(丁 · 乙 · 己), 일지 신금(申金)의 지장간은 무 · 임 · 경(戊 · 壬 · 庚), 시지 자수(子水)의 지장간은 임 · 계(壬 · 癸)이다.

(3) 합 · 충 · 형 · 파(合 · 沖 · 刑 · 破) 등

천간에 병신합(丙辛合)이 있으며, 신자수국(申子水局)의 반합(준삼합), 인신충(寅申沖), 자미(子未)원진이 있다. 시지에 자(子)는 일주 공망이다.

(4) 용신 등

신약(身弱) 사주로서 토(土)가 용신, 금(金)은 희신이다. 목(木)과 화(火)는 기신, 수(水)는 한신이다.

(5) 격국

이 사주는 편재격이다.

(6) 청탁(淸濁), 신살 등

청탁(淸濁)을 살펴보면 중등(中等)에 해당한다. 12신살 중 반안, 장성, 역마, 지살, 천살, 재살이 있다. 월지에 천을귀인이 있다.

2. 풀이

- 대운을 보면 戊辰(28세~37세) 대운은 대길(대吉)하고, 乙丑, 壬戌 대운은 중길(中吉)하다. 己巳 대운은 평범하거나 조금 나쁘며, 庚午, 丁卯, 丙寅, 甲子, 癸亥 대운은 나쁘다.
- 일지 건록으로 굳세고 강건하며 자신의 뜻을 펼칠 수 있는 강한 자신감과 추진력이 있다. 천간에서 나를 극(剋)하는 병화(丙火)와 재(財)를 겁탈해 가는 신금(辛金)이 양인합살(羊刃合殺)되니, 사주에 길(吉)로 작용한다. 건록과 편재가 역마지살이니 활동성이 매우 커서, 돌아다니면서 재물이 들어오는 형국이나 시지상관(時支傷官) 공망(空亡)이니 진로가 안 풀린다. 한여름의 조열한 경금(庚金) 무쇠덩어리를 배우자궁에서 식혀주고 윤택하게 하니 남편복이 크고, 귀성(貴星) 정화(丁火)가 월지에서 제련하니 모친이 용신이다. 활달하고 사교성이 좋으며 매사에 수완과 요령이 뛰어나다. 재물욕심이 크고 일확천금이나 투기를 좋아한다(偏財). 일주가 간지동(干支同) 금기(金氣)로 고집이 세고, 불의를 보면 참지 못한다(庚金). 해외출입이나

이사이동이 많다(年日驛馬).

- 교육자, 의사, 약사, 항공기 조종사, 스튜어디스 등 항공관련 직업 등이 맞다.
- 사주상 재물복은 평범하다. 대운상 대체적인 재물운을 보면, 운세가 기신(忌神) 목·화운(木·火運)으로 흐르니, 중년 대운(戊辰, 丁卯, 丙寅)과 말년 대운(乙丑, 甲子, 癸亥) 모두 재물운이 좋지 않고 어렵다. 그러나 무진(戊辰) 대운은 지지에서 신자진수국(申子辰水局)을 이루니, 상관 공망이 풀리고 진로가 열려서 재물이 들어오는 형국으로 대길(大吉)하다.
- 큰 질병은 없으나, 체질을 감안한 꾸준한 건강관리가 중요하다.
- 편관 병화(丙火) 남편이 천간에서 양인신금(羊刃辛金)을 합(合)하여 편재를 겁탈하는 것을 막아주니(羊刃合殺), 남편의 외조를 얻는다. 자식덕은 없다(食傷閑神空亡). 부모복이 있으며(月喜神), 형제가 많고 형제덕도 있다(身弱印綬月令提綱, 羊刃合殺).

용어해설

대운(大運)과 세운(歲運) :

세운(歲運) 또는 년운은 보통 신수(身數)라고 하여 한 해의 운을 보는 것이다. 세운도 대운 보는 법과 마찬가지이나, 대운은 10년간의 운이고 세운은 1년간의 운이라는 점에서 차이가 있다.

사례 7

庚일간 申월생(음력 7월생)

		(-)	(+)	(+)	(+)	
		겁재	日干	비견	편인	
辛 壬 癸 甲 乙 丙 丁 戊 己		辛	庚	庚	戊	[女命]
亥 子 丑 寅 卯 辰 巳 午 未		巳	戌	申	午	
		편관	편인	비견	정관	
		(+)	(+)	(+)	(-)	
		(戊 庚 丙)	(辛 丁 戊)	(戊 壬 庚)	(丙 己 丁)	

위 사주는 무오년(戊午年) 경신월(庚申月) 경술일(庚戌日) 신사시(辛巳時)에 출생한 여자의 사주이다.

1. 사주의 구조

(1) 대운

년간(年干)을 기준으로 양남음녀(陽南陰女)는 순행하고 음남양녀(陰男陽女)는 역행하니, 위 사주에서 대운은 역행한다. 따라서 대운은 위 사주의 좌측에 열기된 바와 같다. 대운수는 8이다.

(2) 육신과 지장간

육신을 보면, 일간이 경금(庚金)이니 년간 무토(戊土)는 편인, 년지 오화(午火)는 정관이고 월간 경금(庚金)은 비견, 월지 신금(申金)도 비견이며, 일지 술토(戌土)는 편인, 시간 신금(辛金)은 겁재, 시지 사화(巳火)는 편관이 된다.

지장간을 보면, 년지 오화(午火)의 지장간은 병·기·정(丙·己·丁), 월지 신금(申金)의 지장간은 무·임·경(戊·壬·庚), 일지 술토(戌土)의 지장간은 신·정·무(辛·丁·戊), 시지 사화(巳火)의 지장간은 무·경·병(戊·庚·丙)이다.

(3) 합·충·형·파(合·沖·刑·破) 등

지지에 오술화국(午戌火局)의 반합(준삼합), 사술(巳戌)원진이 있다.

(4) 용신 등

신태왕(身太旺) 사주로서 수(水)가 용신, 목(木)은 희신이다. 토(土)와 금(金)은 기신, 화(火)는 한신이다. 수(水)는 조후용신이기도 하다.

(5) 격국

이 사주는 편인격이다. 논자에 따라 건록격으로 보기도 한다.

(6) 청탁(淸濁), 신살 등

청탁(淸濁)을 살펴보면 중탁(中濁)에 해당한다. 12신살 중 장성, 화개, 역마, 망신살이 있다.

2. 풀이

- 대운을 보면 壬子 대운은 대길(대吉)하고, 乙卯(48세~57세), 辛亥 대운은 중길(中吉)하다. 丁巳, 丙辰, 甲寅, 癸丑 대운은 평범하거나 조금 나쁘며, 己未, 戊午 대운은 나쁘다.
- 금왕절(金旺節) 무쇠 경금(庚金)이 신태왕(身太旺)하니, 그 기세를 순하고 청(淸)하게 설기시켜서 윤택하게 만드는 식상 수(水)가 용신이다. 배우자궁의 정화(丁火)불이 경금(庚金)의 귀성(貴星)으로 명주를 기물(器物)로 만든다. 예리하게 벼리된 명주(命主)는 미모에 애교도 있으나, 일지 괴강으로 남편을 제압하려하니 부부궁은 흉(凶)하다. 시주(時柱)에 살인상정(殺印相停)으로 불이 금(金)을 다듬어서 보화를 만드니 말년에 명예가 들어온다(時納音五行白鑞金). 리더쉽이 강하고 여장부다운 성격이다(女命陽干身旺魁罡). 총명하고 사리가 분명하며, 하나하나 비교하고 따져야 직성이 풀리는 성격이다. 의리가 있고 불의를 보면 참지 못하며, 비겁이 태왕(太旺)하여 기신(忌神)으로 인덕은 없다. 영감력이 뛰어나고 꿈이 잘 맞으며 종교,

역술에 인연이 있다(日天門星魁罡)

- 자영업, 프리랜서 등 자유직업이 어울린다(建祿羊刃格). 종교, 역술 등 활인업도 맞다(偏印)
- 사주상 재물복은 평범하다. 대운상 대체적인 재물운을 보면, 중년 대운(丁巳, 丙辰, 乙卯)은 재물운이 좋은 편이다. 나의 재(財)를 겁탈해가는 양인(羊刃)과 나를 극(剋)하는 편관이 시주(時柱)에서 천간지지합(天干地支合)으로 살인상정(殺印相停)되니, 말년 대운(甲寅, 癸丑, 壬子)에도 재물운이 좋다. 특히 임자(壬子) 대운에는 명주를 빛나게 만드는 용신 수기(水氣)가 세게 들어오니, 대길(大吉)하다.
- 큰 질병은 없으나, 체질을 감안한 꾸준한 건강관리가 중요하다. 사주가 조열(燥熱)하니 만성피로, 변비, 당뇨에 시달릴 수 있다. 물을 가까이하는 것이 좋다.
- 남편과 해로하기 어려우나(明暗官多混雜), 자식덕은 있다(食傷用神). 자식은 모친과 인연이 깊다(食神在月支藏干). 부모복은 없다(月忌神). 형제덕은 평범하지만, 남자형제덕은 있다(殺刃相停).

사례 8

庚일간 酉월생(음력 8월생)

	(-)	(+)	(-)	(-)	
	정관	日干	정인	정관	
庚 辛 壬 癸 甲 乙 丙 丁 戊	丁	庚	己	丁	[男命]
子 丑 寅 卯 辰 巳 午 未 申	丑	午	酉	巳	
	정인	정관	겁재	편관	
	(-)	(-)	(-)	(+)	
	(癸 辛 己)	(丙 己 丁)	(庚 辛)	(戊 庚 丙)	

위 사주는 정사년(丁巳年) 기유월(己酉月) 경오일(庚午日) 정축시(丁丑時)에 출생한 남자의 사주이다.

1. 사주의 구조

(1) 대운

년간(年干)을 기준으로 양남음녀(陽南陰女)는 순행하고 음남양녀(陰男陽女)는 역행하니, 위 사주에서 대운은 역행한다. 따라서 대운은 위 사주의 좌측에 열기된 바와 같다. 대운수는 6이다.

(2) 육신과 지장간

육신을 보면, 일간이 경금(庚金)이니 년간 정화(丁火)는 정관, 년지 사화(巳火)는 편관이고 월간 기토(己土)는 정인, 월지 유금(酉金)은 겁재이며, 일지 오화(午火)는 정관, 시간 정화(丁火)도 정관, 시지 축토(丑土)는 정인이 된다.

지장간을 보면, 년지 사화(巳火)의 지장간은 무·경·병(戊·庚·丙), 월지 유금(酉金)의 지장간은 경·신(庚·辛), 일지 오화(午火)의 지장간은 병·기·정(丙·己·丁), 시지 축토(丑土)의 지장간은 계·신·기(癸·辛·己)이다.

(3) 합·충·형·파(合·沖·刑·破) 등

지지에 사유축금국(巳酉丑金局)의 삼합, 축오(丑午)원진, 축오해(丑午害)가 있다.

(4) 용신 등

신강(身强) 사주로서 화(火)가 용신, 목(木)은 희신이다. 토(土)와 금(金)은 기신, 수(水)는 한신이다.

(5) 격국

이 사주는 양인격이다.

(6) 청탁(淸濁), 신살 등

청탁(淸濁)을 살펴보면 중청(中淸)에 해당한다. 12신살 중 장성, 화개, 지살, 망신, 년살, 천살, 육해가 있다. 시지에 천을귀인이 있으며, 시주 백호살이다.

2. 풀이

- 대운을 보면 丁未(16세~25세), 丙午 대운은 대길(대吉)하고, 甲辰, 癸卯, 壬寅 대운은 중길(中吉)하다. 乙巳 대운은 평범하거나 조금 나쁘며, 戊申, 辛丑, 庚子 대운은 나쁘다.
- 경금(庚金)은 가을하늘의 숙살지기(肅殺之己)를 가졌는데 금왕절(金旺節) 양인격(羊刃格)에 사유축(巳酉丑) 삼합까지 이루고 있으니 그 기세가 더할 나위 없이 강경하고 드세지만, 정관 정화(丁火) 불에 제련되어 쓰임새가 많고 예리한 기물(器物)이 되니 화(火)가 용신이다. 처자식이 용신이며, 화평을 좋아하고 주변을 배려하는 리더쉽을 가졌다(用神正官多). 신왕관왕(神旺官旺) 공직자 사주로 관인상생(官印相生)하니, 인격자로서 명예가 높다. 왕(旺)한 금기(金氣)에 화(火)의 설기가 심하니, 배우자가 큰 역할을 하느라 고단하다. 자운(子運)에 용신 오화(午火)가 충극(沖剋)되어 용신의 뿌리가 꺾이니, 가족이 큰 화를 입을 수 있다. 가식이 없고 솔직하나, 적극성·창의성은 부족하다(正官多).

- 공직자 사주이다(官印相生). 정치, 외교, 행정, 법학, 사회학, 국어, 외국어 계열 학과가 어울린다.
- 사주상 재물복은 평범하다. 대운상 대체적인 재물운을 보면, 중년 대운(丙午,乙巳,甲辰)과 말년 대운(癸卯,壬寅,辛丑) 모두 재물운이 좋다. 특히 초년 정미(丁未) 대운에는 관(官)과 명예가 들어오고, 병오(丙午) 대운에는 용신 화(火)가 세게 흐르면서 살인상정(殺刃相停)하니 대길(大吉)하여 출세한다.
- 왕(旺)한 금기(金氣)에 화(火)가 극설(剋洩)되니 소장, 심장이 약할 수 있다.
- 처의 내조를 얻는다(日支用神). 자식덕이 있다(官星喜神有氣). 시주(時柱) 백호가 술운(戌運)에 형(刑)이 되니 흉사가 있을 수 있다. 부모복은 없으며(月忌神), 형제덕은 평범하다.

용어해설

병신(病神)과 약신(藥神) :

병신이란 사주를 길격(吉格)으로 구성하는 데 방해를 하는 오행, 또는 쓸데없이 과도하게 태왕(太旺)된 오행, 또는 용신을 극(剋)하는 오행을 말한다. 이 병신을 극(剋)하는 오행을 약신이라고 한다. 사주학에서는 병이 전혀 없는 사주보다, 도리어 병이 있고 약도 있는 사주를 길격(吉格)으로 본다.

사례 9

庚일간 戌월생(음력 9월생)

	(+)	(+)	(+)	(-)	
	편관	日干	편인	겁재	
己 庚 辛 壬 癸 甲 乙 丙 丁	丙	庚	戊	辛	[男命]
丑 寅 卯 辰 巳 午 未 申 酉	戌	午	戌	亥	
	편인	정관	편인	식신	
	(+)	(-)	(+)	(+)	
	(辛丁戊)	(丙己丁)	(辛丁戊)	(戊甲壬)	

위 사주는 신해년(辛亥年) 무술월(戊戌月) 경오일(庚午日) 병술시(丙戌時)에 출생한 남자의 사주이다.

1. 사주의 구조

(1) 대운

년간(年干)을 기준으로 양남음녀(陽南陰女)는 순행하고 음남양녀(陰男陽女)는 역행하니, 위 사주에서 대운은 역행한다. 따라서 대운은 위 사주의 좌측에 열기된 바와 같다. 대운수는 6이다.

(2) 육신과 지장간

육신을 보면, 일간이 경금(庚金)이니 년간 신금(辛金)은 겁재, 년지 해수(亥水)는 식신이고 월간 무토(戊土)는 편인, 월지 술토(戌土)도 편인이며, 일지 오화(午火)는 정관, 시간 병화(丙火)는 편관, 시지 술토(戌土)는 편인이 된다.

지장간을 보면, 년지 해수(亥水)의 지장간은 무·갑·임(戊·甲·壬), 월지 술토(戌土)의 지장간은 신·정·무(辛·丁·戊), 일지 오화(午火)의 지장간은 병·기·정(丙·己·丁), 시지 술토(戌土)의 지장간은 신·정·무(辛·丁·戊)이다.

(3) 합·충·형·파(合·沖·刑·破) 등

천간에 병신합(丙辛合)이 있으며, 지지에 오술화국(午戌火局)의 반합(준삼합)이 있다. 년지에 해(亥)와 월지의 술(戌), 시지의 술(戌)은 모두 일주공망이다.

(4) 용신 등

외관상 신왕(身旺) 사주이나, 일간을 생(生)하는 인성(월지와 시지)

이 모두 공망이라 실질적으로 신왕으로 보기 어렵다. 수(水)가 용신, 금(金)은 희신이다. 토(土)와 화(火)는 기신, 목(木)은 한신이다. 수(水)는 조후용신이기도 하다.

(5) 격국

이 사주는 편인격 사주이다.

(6) 청탁(淸濁), 신살 등

청탁(淸濁)을 살펴보면 중등(中等)에 해당한다. 12신살 중 장성, 화개, 겁살, 지살, 천살, 육해가 있다. 월지와 시지에 각 금여가 있다. 월주 괴강, 시주 백호살이다.

2. 풀이

- 대운을 보면 丁酉, 丙申 대운은 중길(中吉)하고, 乙未(26세~35세), 壬辰 대운은 평범하거나 조금 나쁘며, 甲午, 癸巳, 辛卯, 庚寅, 己丑 대운은 나쁘다.
- 경금(庚金) 무쇠덩어리가 일지 오화(午火)에 잘 제련되어 예리한 기물(器物)이 되었다. 그러나 왕(旺)한 조토(燥土)는 생금(生金)하지 못하며, 특히 추금(秋金)은 금수상생(金水相生)하는 바, 수기(水氣)가 용신이다. 관(官)과 명예가 일지에 근(根)하며, 살인상생(殺印相生)사주로서 일지 오화(午火)가 관(官)의 뿌리가 되고 편인 무토(戊土)의 제왕지(帝王地)가 되니, 배우자의 역할이 크다. 다만, 년지 · 월지 · 시지가 모두 공망이 되니, 허망할 때가 많으며 바쁘고 고단한 삶이다. 식신 공망으로 진로에

문제가 생겨 능력이 있어도 발휘하기 힘들고, 향학열이 높고 박학다식하나 배움의 성과가 적다(偏印空亡). 윗 사람의 도움을 기대하기 힘들고 부모에게서 일찍 독립하여 주거·직업의 이동이 많다(偏印空亡). 건강체질을 유지하기 힘들다(食神偏印空亡). 솔직하고 가식이 없으며 통솔력도 있으나, 융통성이 적고 적극성과 창의성도 부족하다. 승부욕과 투쟁심이 강하여 큰 소리 나기 쉽다(偏官沖)

- 토목·건축업, 기술자, 자영업, 프리랜서 등이나 사법계통 공직자가 맞다. 토목·건축 등 기술계통의 이과에 적성이 있다.
- 사주상 재물복은 평범하다. 대운상 대체적인 재물운을 보면, 중년 대운(乙未, 甲午, 癸巳)에는 재물운이 좋지 않고 어렵다. 말년 대운(壬辰, 辛卯, 庚寅)에는 재물운이 좋은 편이다.
- 금기(金氣)의 근(根)이 공망되고 왕(旺)한 화기(火氣)에 충극(沖剋)되어 폐가 약하고 인후염증이나 편도선염에 걸리기 쉬우며, 결핵을 앓을 수도 있다. 폐기능이 약하니 빈혈로 어지럽고 두통이 잦을 수 있다.
- 일간을 기물로 만들며 관(官)과 명예가 배우자궁에 근(根)하니 처의 내조가 크다. 그러나 년지 지장간의 재성 갑목(甲木)이 멀리 떨어져서 공망되니, 처가 허약하거나 관계가 소원하여 이별할 수가 있다. 자식덕은 적다(時支空亡). 부모복은 없다(月忌神空亡). 형제덕이 있다(比劫喜神).

사례 10

庚일간 亥월생(음력 10월생)

대운		時	日	月	年	
		(-)	(+)	(-)	(-)	
		정재	日干	정재	정인	
丙 丁 戊 己 庚 辛 壬 癸 甲		乙	庚	乙	己	[男命]
寅 卯 辰 巳 午 未 申 酉 戌		酉	寅	亥	未	
		겁재	편재	식신	정인	
		(-)	(+)	(+)	(-)	
		(庚 辛)	(戊 丙 甲)	(戊 甲 壬)	(丁 乙 己)	

위 사주는 기미년(己未年) 을해월(乙亥月) 경인일(庚寅日) 을유시(乙酉時)에 출생한 남자의 사주이다.

1. 사주의 구조

(1) 대운

년간(年干)을 기준으로 양남음녀(陽南陰女)는 순행하고 음남양녀(陰男陽女)는 역행하니, 위 사주에서 대운은 역행한다. 따라서 대운은 위 사주의 좌측에 열기된 바와 같다. 대운수는 9이다.

(2) 육신과 지장간

육신을 보면, 일간이 경금(庚金)이니 년간 기토(己土)는 정인, 년지 미토(未土)도 정인이고 월간 을목(乙木)은 정재, 월지 해수(亥水)는 식신이며, 일지 인목(寅木)은 편재, 시간 을목(乙木)은 정재, 시지 유금(酉金)은 겁재가 된다.

지장간을 보면, 년지 미토(未土)의 지장간은 정 · 을 · 기(丁 · 乙 · 己), 월지 해수(亥水)의 지장간은 무 · 갑 · 임(戊 · 甲 · 壬), 일지 인목(寅木)의 지장간은 무 · 병 · 갑(戊 · 丙 · 甲), 시지 유금(酉金)의 지장간은 경 · 신(庚 · 辛)이다.

(3) 합 · 충 · 형 · 파(合 · 沖 · 刑 · 破) 등

천간에 을경합(乙庚合), 을기충(乙己沖)이 있으며, 지지에 인해목(寅亥木)의 육합, 해미목국(亥未木局)의 반합(준삼합), 인유(寅酉)원진이 있다. 년지의 미(未)는 일주공망이다.

(4) 용신 등

신약(身弱) 사주로서 금(金)이 용신, 토(土)는 희신이다. 목(木)과

수(水)는 기신, 화(火)는 한신이다.

(5) 격국

이 사주는 식신생재(食神生財)의 정재격이다.

(6) 청탁(淸濁), 신살 등

청탁(淸濁)을 살펴보면 중등(中等)에 해당한다. 12신살 중 반안, 화개, 겁살, 지살, 망신, 재살, 육해가 있다. 년지에 천을귀인이 있다.

2. 풀이

- 대운을 보면 甲戌, 癸酉, 壬申, 辛未, 己巳, 戊辰 대운은 중길(中吉)하고, 庚午(49세~58세) 대운은 평범하거나 조금 나쁘며, 丁卯, 丙寅 대운은 나쁘다.
- 목다결금(木多缺金)이라 얼어 있는 동금(冬金) 일간에 목(木)이 많으니 오히려 쇠가 망가지는 형국이며, 귀성 정화(丁火)가 공망되어 기물(器物)이 미숙하니, 바쁘게 일하며 돌아다녀도 성과가 미약하고 고단하다(食神 · 偏財地殺,財多身弱). 식신생재(食神生財)로 부격(富格)사주이나 재다신약(財多身弱)하여 재물을 관리하는 명주(命主)의 기세가 약하니, 금 · 토방조운(金 · 土幇助運)에 재물운이 길(吉)하다. 시간(時干) 을목(乙木)이 시지(時支) 유금(酉金) 칼날위에 앉았으니, 말년이 불안하다. 탐재괴인(貪財壞印)이라 재물욕심이 많아 명예에 금이 갈 수 있다(財印乙己沖). 낙천적이고 명랑하며(食神), 배짱이 있다. 이성관계가 복잡하고(財多混雜), 해외출입이나 직업이동, 이사

이동이 많다(地殺驛馬多).

- 학자, 교육자, 전통문화관련 직업, 봉급생활자 등이 맞다. 토목·건축 등 기술계통의 이과에도 적성이 있다.
- 사주상 재물복은 평범하다. 대운상 대체적인 재물운을 보면, 중년 대운(壬申, 辛未, 庚午)에는 신약(身弱)한 명주의 기세를 돕는 용·희신 금·토운(金·土運)으로 흐르니, 재물운이 좋은 편이다. 말년 대운(己巳, 戊辰, 丁卯)에는 재물운이 길흉(吉凶) 상반하여 굴곡이 있다.
- 큰 질병은 없으나, 체질을 감안한 꾸준한 건강관리가 중요하다. 다만, 토기(土氣)가 충·극·공망(沖·剋·空亡)되니, 신경성 위염이 생기거나 소화가 안 되어 잘 체할 수 있다.
- 재물을 쌓는데 처의 내조가 크다(食神生財). 배우자궁안에 병화(丙火) 태양이 있으니 추운겨울 명주(命主)를 따뜻하게 해 주지만, 처가 기신(忌神)으로 기세가 왕(旺)하며 해로하기 어렵다(明暗財多混雜). 자식덕은 적다(官星閑神). 부모복이 없다.(月忌神), 모친이 허약하거나 일찍 생사별할 수 있다(印星受剋, 空亡). 모친이 처의 기세를 당하지 못한다(財印沖剋, 乙己沖). 형제덕은 있다(比劫喜神).

사례 11

庚일간 子월생(음력 11월생)

	(-)	(+)	(+)	(+)	
	상관	日干	비견	편관	
己 戊 丁 丙 乙 甲 癸 壬 辛	癸	庚	庚	丙	[男命]
酉 申 未 午 巳 辰 卯 寅 丑	未	寅	子	辰	
	정인	편재	상관	편인	
	(-)	(+)	(-)	(+)	
	(丁 乙 己)	(戊 丙 甲)	(壬 癸)	(乙 癸 戊)	

위 사주는 병진년(丙辰年) 경자월(庚子月) 경인일(庚寅日) 계미시(癸未時)에 출생한 남자의 사주이다.

1. 사주의 구조

(1) 대운

년간(年干)을 기준으로 양남음녀(陽南陰女)는 순행하고 음남양녀(陰男陽女)는 역행하니, 위 사주에서 대운은 순행한다. 따라서 대운은 위 사주의 좌측에 열기된 바와 같다. 대운수는 6이다.

(2) 육신과 지장간

육신을 보면, 일간이 경금(庚金)이니 년간 병화(丙火)는 편관, 년지 진토(辰土)는 편인이고 월간 경금(庚金)은 비견, 월지 자수(子水)는 상관이며, 일지 인목(寅木)은 편재, 시간 계수(癸水)는 상관, 시지 미토(未土)는 정인이 된다.

지장간을 보면, 년지 진토(辰土)의 지장간은 을·계·무(乙·癸·戊), 월지 자수(子水)의 지장간은 임·계(壬·癸), 일지 인목(寅木)의 지장간은 무·병·갑(戊·丙·甲), 시지 미토(未土)의 지장간은 정·을·기(丁·乙·己)이다.

(3) 합·충·형·파(合·沖·刑·破) 등

지지에 자진수국(子辰水局)의 반합(준삼합), 자미(子未)원진이 있다. 시지의 미(未)는 일주공망이다.

(4) 용신

신약(身弱) 사주로서 토(土)가 용신, 금(金)은 희신이다. 수(水)와 목(木)은 기신, 화(火)는 한신이다.

(5) 격국

이 사주는 상관격이다. 또한 외관상으로는 세덕부살격(歲德扶殺格)으로 볼 수 있으나, 동금(冬金)이 신약(身弱)하여 성격(成格)이 안된다. 세덕부살격은 사주의 년(年)에만 칠살이 있고 신강(身强)한 것이다. 칠살이 제압되면 조상의 음덕으로 이어받은 권세가 있다고 보며, 명주가 입신양명한다.

(6) 청탁(淸濁), 신살 등

청탁(淸濁)을 살펴보면 중등(中等)에 해당한다. 12신살 중 반안, 장성, 화개, 지살, 역마, 월살, 재살, 천살이 있다. 시지에 천을귀인이 있다.

2. 풀이

- 대운을 보면 辛丑, 己酉 대운은 중길(中吉)하고, 甲辰(36세~45세), 戊申 대운은 평범하거나 조금 나쁘며, 壬寅, 癸卯, 乙巳, 丙午, 丁未 대운은 나쁘다.
- 수왕절(水旺節) 동금(冬金)이 한기(寒氣)로 인해 상관생재(傷官生財)하기 힘든데, 편관 병화(丙火) 태양이 따스하게 녹여주니 편관의 뛰어남이 백배가 된다. 다만 명주가 신약(身弱)하고 인성(印星)이 공망(空亡)되니, 명예가 크지 않고 삶이 고단하다. 천간에서 년간(年干) 관살옆에 경쟁자 비견이 놓였으니, 직장을 놓고 항상 치열한 경쟁에 시달린다. 일지재성 역마지살(日支財星 驛馬地殺)이니, 재물을 생(生)하는데 처의 내조가 크고 직업

이동이 많다. 금(金)일간에 수(水)가 상관인데다가 병화(丙火) 태양까지 있으니, 인물이 좋고 언변이 뛰어나며 총명하고 다재다능하다. 경금(庚金)의 귀성(貴星) 정화(丁火)를 품고 있는 인성이 공망되니, 무쇠 경금(庚金)이 제련이 안 되어 성정이 강경하고 투박하며 만심불손(慢心不遜)하기 쉽다. 윗사람의 도움을 기대하기 힘들다. 반항심이 강하고 자기주장이 강하며 허세를 부리는 경향이 있다(傷官格). 자유분방함을 추구하고 불의를 보면 참지 못하며(食傷太旺), 기분파로 즉흥적이고 낭비적인 면이 있다(偏財).

- 교사, 강사, 연예인, 예술인 등 말로 먹고사는 직업이 어울린다(食傷格). 항공기 조종사 등 항공관련 직업도 맞다(寅巳驛馬地殺).
- 사주상 재물복은 평범하다. 대운상 대체적인 재물운을 보면, 초년 임인(壬寅) 대운부터 기신(忌神) 수·목운(水·木運)으로 흘러서 신약(身弱)한 명주의 기세가 설기(洩氣)되니, 인생 초반이 풀리지 않아 중년 대운(癸卯, 甲辰, 乙巳)에는 재물운이 좋지 않고 어렵다. 그러나 말년 대운(丙午,丁未, 戊申)에는 재물운이 좋은 편이다.
- 큰 질병은 없으나, 체질을 감안한 꾸준한 건강관리가 중요하다.
- 처의 내조는 크나(傷官生財), 처덕이 적다(財忌神). 고부갈등이 있다. 처가 어머니와 다투고 불목한다(財旺印衰). 자식덕이 적다(官星閑神, 時支空亡). 겉으로는 부모복이 있는 듯 하나, 실상은 부모복이 없다(月喜神, 忌神). 비겁희신수극(比劫喜神受剋)하니 형제덕이 적다.

사례 **12**

庚일간 丑월생(음력 12월생)

	(+)	(+)	(-)	(-)	
	비견	日干	정인	정재	
庚 辛 壬 癸 甲 乙 丙 丁 戊	**庚**	**庚**	**己**	**乙**	[男命]
辰 巳 午 未 申 酉 戌 亥 子	**辰**	**戌**	**丑**	**卯**	
	편인	편인	정인	정재	
	(+)	(+)	(-)	(-)	
	(乙 癸 戊)	(辛 丁 戊)	(癸 辛 己)	(甲 乙)	

위 사주는 을묘년(乙卯年) 기축월(己丑月) 경술일(庚戌日) 경진시(庚辰時)에 출생한 남자의 사주이다.

1. 사주의 구조

(1) 대운

년간(年干)을 기준으로 양남음녀(陽南陰女)는 순행하고 음남양녀(陰男陽女)는 역행하니, 위 사주에서 대운은 역행한다. 따라서 대운은 위 사주의 좌측에 열기된 바와 같다. 대운수는 2이다.

(2) 육신과 지장간

육신을 보면, 일간이 경금(庚金)이니 년간 을목(乙木)은 정재, 년지 묘목(卯木)도 정재이고 월간 기토(己土)는 정인, 월지 축토(丑土)도 정인이며, 일지 술토(戌土)는 편인, 시간 경금(庚金)은 비견, 시지 진토(辰土)는 편인이 된다.

지장간을 보면, 년지 묘목(卯木)의 지장간은 갑·을(甲·乙), 월지 축토(丑土)의 지장간은 계·신·기(癸·辛·己), 일지 술토(戌土)의 지장간은 신·정·무(辛·丁·戊), 시지 진토(辰土)의 지장간은 을·계·무(乙·癸·戊)이다.

(3) 합·충·형·파(合·沖·刑·破) 등

천간에 을경합(乙庚合)이 있으며, 지지에 진술충(辰戌沖), 축술형(丑戌刑), 축진파(丑辰破)가 있다. 년지의 묘(卯)는 일주공망이다.

(4) 용신 등

신왕(身旺) 사주로서 목(木)이 용신, 수(水)는 희신이다. 금(金)과 토(土)는 기신, 화(火)는 한신이다.

(5) 격국

이 사주는 정인격이다. 또한 외관상으로는 괴강격(魁罡格)과 세덕부재격(歲德扶財格)으로도 볼 수 있으나, 일주 괴강 형·충(刑·沖)과 재성 충·공망(財星沖·空亡)으로 둘 다 파격(破格)이다.

(6) 청탁(淸濁), 신살 등

청탁(淸濁)을 살펴보면 중탁(中濁)에 해당한다. 12신살 중 반안, 장성, 화개, 년살, 월살, 천살이 있다. 월지에 천을귀인이 있으며 일지에는 금여가 있다. 일주와 시주에 각 괴강이 있다.

2. 풀이

- 대운을 보면 戊子, 丁亥, 癸未 대운은 중길(中吉)하고, 丙戌(22세~31세), 辛巳 대운은 평범하거나 조금 나쁘며, 乙酉, 甲申, 壬午, 庚辰 대운은 나쁘다.
- 한겨울 신왕(身旺)한 동금(冬金)이 일주·시주 괴강에 지지(地支)가 진술충(辰戌沖)되니, 사람을 제압하는 기운과 강한 고집을 당할 자가 없는 벼락불 성격이다. 왕(旺)한 인성에 식상이 없으니, 무조건 움켜 쥐기만 하고 타인에게 베풀거나 양보를 하지 않는다. 금(金)일간에 토(土)가 왕(旺)하니 토다매금(土多埋金)이라, 땅속에 파묻힌 보석으로 알아주는 사람이 없고 능력을 발휘하기도 힘들다. 얼어붙은 땅을 극하는 목기(木氣)가 용신이나, 천간에서 왕(旺)한 토기(土氣)에 역극(逆剋)되어 깨지고 지지(地支)는 공망되니 인생이 허망하다. 총명하고 사리가

분명하나(魁罡), 고지식하고 융통성이 부족하다(正印). 완벽주의에 검소하고 알뜰하며 절약하나, 인색하고 결벽증이 있다(金魁罡, 正財空亡). 불의를 보면 참지 못하나, 인덕이 없고 고독하다(旺庚金忌神). 독수공방하거나, 관재구설, 부동산문제, 분쟁소송에 휘말리기 쉽다(日時辰戌沖).

- 군인, 경찰, 법조인, 의사, 약사, 역술인, 종교인 등이 맞다.
- 괴강이 형 · 충(刑 · 沖)되어 화(禍)가 많고 재(財)가 깨지고 공망되니, 사주상 재물복은 그다지 좋은 편이 아니다. 대운상 대체적인 재물운을 보면, 중년 대운(丙戌, 乙酉, 甲申)과 말년 대운(癸未, 壬午, 辛巳) 모두 재물운이 좋지 않고 어렵다.
- 큰 질병은 없으나, 토다절목(土多折木)이라 목(木)이 극설 · 공망(剋洩 · 空亡)되어 간 · 담이 약하고 골절되기 쉽다.
- 재용희신(財用喜神)으로 처의 덕을 보지만, 재희신수극(財喜神受剋)이니 처덕이 적다. 일지형충(日支刑沖)으로 처와 충돌이 잦거나 별거한다. 모친이 기신(忌神)으로 처가 그 기세를 당하지 못한다(財星受沖剋). 자식덕이 없으며(官星閑神), 자식과 뜻이 맞지 않고 별거하며, 자식이 불효할 수 있다(時支沖). 부모복이 없으며(月忌神), 부모떠나 타향살이하거나 부모와 불화한다(月日刑). 모친의 기세가 왕(旺)하여 가권(家權)을 쥐기 쉽다(旺印星). 형제는 많다(印綬月令提綱).

辛 일간

甲乙丙丁戊己庚辛壬癸

사례 1

辛일간 寅월생(음력 1월생)

	(+)	(-)	(+)	(-)	
	겁재	日干	정재	식신	
癸 壬 辛 庚 己 戊 丁 丙 乙	**庚**	**辛**	**甲**	**癸**	[女命]
亥 戌 酉 申 未 午 巳 辰 卯	**寅**	**未**	**寅**	**丑**	
	정재	편인	정재	편인	
	(+)	(-)	(+)	(-)	
	(戊丙甲)	(丁乙己)	(戊丙甲)	(癸辛己)	

위 사주는 계축년(癸丑年) 갑인월(甲寅月) 신미일(辛未日) 경인시(庚寅時)에 출생한 여자의 사주이다.

1. 사주의 구조

(1) 대운

년간(年干)을 기준으로 양남음녀(陽南陰女)는 순행하고 음남양녀(陰男陽女)는 역행하니, 위 사주에서 대운은 순행한다. 따라서 대운은 위 사주의 좌측에 열기된 바와 같다. 대운수는 5이다.

(2) 육신과 지장간

육신을 보면, 일간이 신금(辛金)이니 년간 계수(癸水)는 식신, 년지 축토(丑土)는 편인이고 월간 갑목(甲木)은 정재, 월지 인목(寅木)도 정재이며, 일지 미토(未土)는 편인, 시간 경금(庚金)은 겁재, 시지 인목(寅木)은 정재가 된다.

지장간을 보면, 년지 축토(丑土)의 지장간은 계 · 신 · 기(癸 · 辛 · 己), 월지 인목(寅木)의 지장간은 무 · 병 · 갑(戊 · 丙 · 甲), 일지 미토(未土)의 지장간은 정 · 을 · 기(丁 · 乙 · 己), 시지 인목(寅木)의 지장간은 무 · 병 · 갑(戊 · 丙 · 甲)이다.

(3) 합 · 충 · 형 · 파(合 · 沖 · 刑 · 破) 등

천간에 갑경충(甲庚沖), 지지에 축미충(丑未沖)이 있다.

(4) 용신 등

신약(身弱) 사주로서 금(金)이 용신, 토(土)는 희신이다. 목(木)과 수(水)는 기신, 화(火)는 한신이다.

(5) 격국

이 사주는 식신생재(食神生財)의 정재격이다.

(6) 청탁(淸濁), 신살 등

청탁(淸濁)을 살펴보면 중등(中等)에 해당한다. 12신살 중 화개, 겁살, 망신, 월살이 있다. 월지와 시지에 각 천을귀인이 있으며, 년주 백호살이다.

2. 풀이

- 대운을 보면 庚申(55세~64세), 辛酉 대운은 대길(대吉)하고, 丙辰, 己未, 壬戌 대운은 중길(中吉)하다. 戊午 대운은 평범하거나 조금 나쁘며, 乙卯, 丁巳, 癸亥 대운은 나쁘다.
- 목왕절(木旺節)의 신금(辛金)일간이 식신생재(食神生財)하여 부격(富格)사주이나, 신약(身弱)하여 감당하기 어려우니 토·금(土·金) 방조운(幇助運)에 재물이 쌓인다. 나를 생(生)해주는 편인이 희신(喜神)으로, 재물보다는 타고난 두뇌로 학문에 힘써야 한다(財多身弱). 재물욕심이 크나(旺正財), 남에게 베풀줄도 안다(食神). 부지런하게 경제활동을 하고 경제관념도 있으나, 고지식하고 융통성이 부족하다(正財格). 성격이 깔끔하고 직설적이다.
- 봉급생활자, 금융업, 귀금속업, 사치품업, 금속가공업등이 어울린다. 역술인 등 활인업도 맞다(偏印無官)
- 천간에 겁재 경금(庚金)이 놓여서 편재 을목(乙木) 재물을 합거(合去)하니, 일확천금이나 투기와는 인연이 없다(正財格). 사주상 재물복은 평범하다. 대운상 대체적인 재물운을 보면, 식신생재격(食神生財格)이나 재다신약(財多身弱)하니, 명주의 기세

를 방조(幇助)하는 금·토운(金·土運)이 길(吉)하다. 중년 대운(丁巳, 戊午, 己未)과 말년 대운(庚申, 辛酉, 壬戌) 모두 재물운이 좋은 편이다. 특히 경신(庚申) 대운과 신유(辛酉) 대운에 용신 금운(金運)이 세게 들어와, 신왕재왕(身旺財旺)하므로 대길(大吉)하다.

- 금기(金氣)가 왕(旺)한 목(木)에 설기 당하니, 기관지와 폐가 약하고 대장도 허약하며 피부질환이 생기기 쉽다.
- 남편덕이 적다. 배우자궁은 희신이나 일간 신금(辛金)보석이 뜨겁고 메마른 조토(燥土)위에 놓여 남편이 일간을 그다지 생(生)하지 못하며, 남편의 영향력이 적다(官在支藏干). 자식덕이 없다(食傷忌神). 부모복이 없다(月忌神). 부친의 기세가 강하여, 모친이 허약하거나 설 자리가 없다(月支正財旺). 형제간에 불화하고 다툼과 시비가 있다(劫財剋正財).

간합(干合) 1

갑기합화토(甲己合化土) :

중정지합(中正之合)이라고 하며, 사주에 이 합(合)이 있는 사람은 너그럽고 포용력이 있어 존경을 받는다.

사례 2

辛일간 卯월생(음력 2월생)

	(-)	(-)	(-)	(+)	
	비견	日干	식신	상관	
甲 乙 丙 丁 戊 己 庚 辛 壬	辛	辛	癸	壬	[女命]
午 未 申 酉 戌 亥 子 丑 寅	卯	丑	卯	子	
	편재	편인	편재	식신	
	(-)	(-)	(-)	(-)	
	(甲 乙)	(癸 辛 己)	(甲 乙)	(壬 癸)	

위 사주는 임자년(壬子年) 계묘월(癸卯月) 신축일(辛丑日) 신묘시(辛卯時)에 출생한 여자의 사주이다.

1. 사주의 구조

(1) 대운

년간(年干)을 기준으로 양남음녀(陽南陰女)는 순행하고 음남양녀(陰男陽女)는 역행하니, 위 사주에서 대운은 역행한다. 따라서 대운은 위 사주의 좌측에 열기된 바와 같다. 대운수는 6이다.

(2) 육신과 지장간

육신을 보면, 일간이 신금(辛金)이니 년간 임수(壬水)는 상관, 년지 자수(子水)는 식신이고 월간 계수(癸水)도 식신, 월지 묘목(卯木)은 편재이며, 일지 축토(丑土)는 편인, 시간 신금은 비견, 시지 묘목(卯木)은 편재가 된다.

지장간을 보면, 년지 자수(子水)의 지장간은 임·계(壬·癸), 월지 묘목(卯木)의 지장간은 갑·을(甲·乙), 일지 축토(丑土)의 지장간은 계·신·기(癸·辛·己), 시지 묘목(卯木)의 지장간은 갑·을(甲·乙)이다.

(3) 합·충·형·파(合·沖·刑·破) 등

지지에 자축합(子丑合), 자묘상형(子卯相刑)이 있다.

(4) 용신 등

신약(身弱) 사주로서 금(金)이 용신, 토(土)는 희신이다. 목(木)과 수(水)는 기신, 화(火)는 한신이다.

(5) 격국

이 사주는 식상생재(食傷生財)의 편재격이다.

(6) 청탁(淸濁), 신살 등

청탁(淸濁)을 살펴보면 중등(中等)에 해당한다. 12신살 중 반안, 장성, 화개, 재살, 육해가 있다.

2. 풀이

- 대운을 보면 辛丑(16세~25세), 戊戌, 丁酉 대운은 중길(中吉)하고, 丙申, 乙未 대운은 평범하거나 조금 나쁘며, 壬寅, 庚子, 己亥, 甲午 대운은 나쁘다. 무운(戊運)에 대발복(大發福)한다. 천간에 중첩된 식상을 무계합거(戊癸合去)하니 사주가 청(淸)해진다.
- 목왕절(木旺節) 보석 신금(辛金)이 수기(水氣)가 왕(旺)하여 총명하고 청윤(淸潤)하니, 귀(貴)티가 나며 미모도 뛰어나다. 본래 식상생재(食傷生財)하는 부격(富格)사주이나, 식상이 중첩되고 신약(身弱)하여 재물을 관리하는 능력이 미미하니, 토금(土金) 방조운(幇助運)에 돈이 들어온다. 할 일은 많으나 능력이 안되니 재물을 취하지 못한다(旺食傷,身弱). 식상이 왕(旺)하여 약자에게 인정을 베풀 줄도 알고, 다재 다능하며 언변이 뛰어나다. 예의바르고 사교성이 있으며, 돈버는 수완과 요령이 뛰어나다(偏財). 연약하나, 한 번 고집을 부리면 꺾을 자가 없다(年納音五行桑柘木). 성격이 예리하고 깔끔하며 직설적, 즉흥적 면이 있다(辛金,偏財).
- 교사, 강사, 연예인, 예술가 등 말로 먹고사는 직업이 어울린다(傷官格). 의식수 관련 장사나 제조업도 맞다(食神). 증권, 투기,

도박을 좋아하며 재물욕이 크다(偏財格).

- 사주상 재물복은 평범하다. 대운상 대체적인 재물운을 보면, 중년 대운(庚子, 己亥, 戊戌)에는 재물운이 길흉(吉凶)상반하여 굴곡이 있다. 재다신약(財多身弱)하여 명주가 고단한데 일주(日柱)와 시주(時柱)에서 방조(幇助)하니, 특히 무술(戊戌) 대운 이후에 삶이 윤택해진다. 말년 대운(丁酉, 丙申, 乙未)에는 재물운이 좋다.
- 금(金)이 극설(剋洩)되니 폐와 대장이 약하고 부스럼 등 피부병이 잘 생긴다. 토기(土氣)가 약하니 소화가 잘 안 되며 위장에 문제가 생길 수 있다.
- 일간이 배우자궁에 뿌리를 내리니 남편이 힘이 되어 남편의 외조를 얻지만, 일생에 남편의 자리가 크지 않다(官不在). 자식덕은 없다(食傷忌神). 남편은 안 보이고 자식만 보인다(官不在, 旺食傷). 자식이 명주를 빛나게 해 주나, 설기가 심하여 심신이 고단하다(辛金,旺食傷). 부모복이 없으나(月忌神), 형제덕은 있다(比劫喜神).

사례 3

辛일간 辰월생(음력 3월생)

대운	(+)	(-)	(+)	(+)	
	정인	日干	겁재	겁재	
辛 壬 癸 甲 乙 丙 丁 戊 己	戊	辛	庚	庚	[女命]
未 申 酉 戌 亥 子 丑 寅 卯	戌	亥	辰	戌	
	정인	상관	정인	정인	
	(+)	(+)	(+)	(+)	
	(辛丁戊)	(戊甲壬)	(乙癸戊)	(辛丁戊)	

위 사주는 경술년(庚戌年) 경진월(庚辰月) 신해일(辛亥日) 무술시(戊戌時)에 출생한 여자의 사주이다.

1. 사주의 구조

(1) 대운

년간(年干)을 기준으로 양남음녀(陽南陰女)는 순행하고 음남양녀(陰男陽女)는 역행하니, 위 사주에서 대운은 역행한다. 따라서 대운은 위 사주의 좌측에 열기된 바와 같다. 대운수는 3이다.

(2) 육신과 지장간

육신을 보면, 일간이 신금(辛金)이니 년간 경금(庚金)은 겁재, 년지 술토(戌土)는 정인이고 월간 경금(庚金)은 겁재, 월지 진토(辰土)는 정인이며, 일지 해수(亥水)는 상관, 시간 무토(戊土)는 정인, 시지 술토(戌土)는 정인이 된다.

지장간을 보면, 년지 술토(戌土)의 지장간은 신 · 정 · 무(辛 · 丁 · 戊), 월지 진토(辰土)의 지장간은 을 · 계 · 무(乙 · 癸 · 戊), 일지 해수(亥水)의 지장간은 무 · 갑 · 임(戊 · 甲 · 壬), 시지 술토(戌土)의 지장간은 신 · 정 · 무(辛 · 丁 · 戊)이다.

(3) 합 · 충 · 형 · 파(合 · 沖 · 刑 · 破) 등

지지에 진술충(辰戌沖), 진해(辰亥)원진이 있다.

(4) 용신12 등

신태왕(身太旺) 사주로서 수(水)가 용신, 목(木)은 희신이다. 토(土)와 금(金)은 기신, 화(火)는 한신이다.

(5) 격국

이 사주는 정인격이다. 또한 이 사주는 시묘격(時墓格)에도 해당한다. 진·술·축·미(辰·戌·丑·未)를 묘(墓) 또는 고(庫)라 하는데, 재·관(財·官)이 시(時)에서 묘(墓)가 됨을 말한다. 신강(身强)하여 시묘(時墓)를 용(用)할 수 있어야 하며, 형·충(刑·沖)으로 개고(開庫)해 주어야 한다.

(6) 청탁(淸濁), 신살 등

청탁(淸濁)을 살펴보면 중등(中等)에 해당한다. 12신살 중 반안, 화개, 지살, 겁살, 월살, 천살이 있다. 일지에 금여가 있으며, 년주와 월주와 시주 각 괴강이다.

2. 풀이

- 대운을 보면 己卯, 戊寅, 丙子, 乙亥 대운은 중길(中吉)하고, 丁丑(23세~32세), 甲戌, 癸酉, 壬申 대운은 평범하거나 조금 나쁘며, 辛未 대운은 나쁘다.
- 신금(辛金)일간이 일지 지장간 임수(壬水)에 씻겨 주옥(珠玉)이 되었으니 총명하고 미모가 뛰어나지만, 왕(旺)한 토기(土氣)에 토다매금(土多埋金)으로 땅속에 파묻힌 보석이 되게 생겼다. 알아주는 이도 없고, 능력이 있어도 발휘하가 어려우니 외롭고 고단하다. 신태왕(身太旺) 사주에 괴강이 삼주(三柱)에 걸치니, 사람을 제압하는 기운과 강한 고집을 당할 자가 없다. 일간을 제외한 일곱 글자가 모두 양(陽)으로 강한 무인(武人)형의 여장부기운이니, 길흉(吉凶)의 작용이 극단으로 흐른다(魁罡多). 솔직담백하나(劫財) 변덕이 심하고, 매사에 용두사미인 경우가 많다(正印多). 모든 걸 비교하고 따져봐야 직성이 풀리는 성격이

다. 독수공방하거나 관재구설, 부동산분쟁 등 명예를 손상하는 재앙이 있을 수 있다(辰戌沖). 영감력이 뛰어나고 꿈이 잘 맞으며 종교 · 역학에 인연이 깊다(年時天門星)

- 천간에 겁재가 중첩되니, 군겁쟁재(群劫爭財)로 재물이 새어나간다. 대운상 대체적인 재물운을 보면, 중년 대운(丁丑, 丙子, 乙亥)에는 용신 식상 수운(水運)으로 흘러서 태왕(太旺)한 명주의 기세를 설기(泄氣)하니, 재물운이 좋은 편이다. 말년 대운(甲戌, 癸酉, 壬申)에는 재물운이 길흉(吉凶)상반하여 굴곡이 있다.
- 큰 질병은 없으나, 체질을 감안한 꾸준한 건강관리가 중요하다.
- 배우자궁에 임수(壬水)가 있어 신금(辛金) 명주(命主)를 윤택하게 한다. 그러나 토다어수(土多於水)라, 왕(旺)한 토기(土氣)에 극(剋)을 받아 남편이 허약하거나 무력할 수 있다. 고부갈등이 있어 시어머니와 다투고 불목한다(印旺財衰). 명주가 신태왕(身太旺)하니 시어머니의 기세가 눌린다. 자식 덕이 있으나(食傷用神), 부모복은 없다(月忌神). 왕(旺)한 인성이 충(沖)이 되어 부모인연이 박하다. 형제덕이 없다(群劫爭財).

간합(干合) 2

을경합화금(乙庚合化金) :

인의지합(仁義之合)이라고 하며, 사주에 이 합(合)이 있는 사람은 강직하고 용감하며 의리가 있다.

사례 4

辛일간 巳월생(음력 4월생)

	(-)	(-)	(-)	(+)	
	식신	日干	식신	정관	
壬 辛 庚 己 戊 丁 丙 乙 甲	癸	辛	癸	丙	[男命]
寅 丑 子 亥 戌 酉 申 未 午	巳	酉	巳	辰	
	정관	비견	정관	정인	
	(+)	(-)	(+)	(+)	
	(戊 庚 丙)	(庚 辛)	(戊 庚 丙)	(乙 癸 戊)	

위 사주는 병진년(丙辰年) 계사월(癸巳月) 신유일(辛酉日) 계사시(癸巳時)에 출생한 남자의 사주이다.

1. 사주의 구조

(1) 대운

년간(年干)을 기준으로 양남음녀(陽南陰女)는 순행하고 음남양녀(陰男陽女)는 역행하니, 위 사주에서 대운은 순행한다. 따라서 대운은 위 사주의 좌측에 열기된 바와 같다. 대운수는 4이다.

(2) 육신과 지장간

육신을 보면, 일간이 신금(辛金)이니 년간 병화(丙火)는 정관, 년지 진토(辰土)는 정인이고 월간 계수(癸水)는 식신, 월지 사화(巳火)는 정관이며, 일지 유금(酉金)은 비견, 시간 계수(癸水)는 식신, 시지 사화(巳火)는 정관이 된다.

지장간을 보면, 년지 진토(辰土)의 지장간은 을·계·무(乙·癸·戊), 월지 사화(巳火)의 지장간은 무·경·병(戊·庚·丙), 일지 유금(酉金)의 지장간은 경·신(庚·辛), 시지 사화(巳火)의 지장간은 무·경·병(戊·庚·丙)이다.

(3) 합·충·형·파(合·沖·刑·破) 등

천간에 병신합(丙辛合)이 있으며, 지지에 사유금국(巳酉金局)의 반합(준삼합)이 있다.

(4) 용신 등

토(土)가 용신, 금(金)은 희신이다. 목(木)과 화(火)는 기신, 수(水)는 한신이다.

(5) 격국

이 사주는 정관격이다. 또한 전록격에 해당한다. 일지에 건록을 놓고 형·충·공망(刑·沖·空亡)을 만나지 않으면 길격(吉格)으로 본다. 일간의 힘이 매우 왕(旺)하다는 것을 뜻하고 넉넉한 관록과 복록을 상징한다.

(6) 청탁(淸濁), 신살 등

청탁(淸濁)을 살펴보면 중등(中等)에 해당한다. 12신살 중 장성, 화개, 겁살, 지살, 년살, 천살이 있다.

2. 풀이

- 대운을 보면 乙未(14세~23세), 丙申, 丁酉, 戊戌, 辛丑 대운은 중길(中吉)하고, 甲午, 己亥, 庚子, 壬寅 대운은 나쁘다.
- 화왕절(火旺節) 예리한 신금(辛金)이 수기(水氣)에 열기를 식히고 청윤(淸潤)한 주옥(珠玉)이 되니, 총명하여 반드시 수기(秀氣)를 발하며 인물이 훤하다. 관인상생(官印相生)하는 관직자 사주이나(年正官,印星), 천간에서 정관을 극(剋)하는 식신 계수(癸水)가 중첩됨이 흠이다. 일지 건록합(建祿合)으로 중년이후 큰 재물이나 명예가 들어올 수 있다. 관성지살(官星地殺)이니 직장이동이 많다. 매우 섬세하고 아기자기한 성격으로 감수성이 풍부하여(辛金溫柔) 유순하고 순종적이나, 월간·시간 계수(癸水)가 불위에 앉았으니 까칠한 면도 있다. 대의명분을 중시하며 공평무사하다(正官格). 남에게 베푸는 덕이 있어 삶이 윤택하

다(食神).

- 공무원, 봉급생활자, 교육자 등이 어울린다. 정치, 외교, 법학, 행정학, 사회학, 철학, 국어, 외국어, 교육학, 수학, 화학, 물리학 등이 적성에 맞다.
- 사주상 재물복은 평범하다. 대운상 대체적인 재물운을 보면, 초년의 을미(乙未) 대운부터 계속 용·희신 토·금운(土·金運)으로 흐르니, 신왕관왕(身旺官旺)으로 관인상생(官印相生)하여 중년 대운(丙申, 丁酉,戊 戌)과 말년 대운(己亥, 庚子, 辛丑) 모두 재물운이 좋은 편이다..
- 큰 질병은 없으나, 체질을 감안한 꾸준한 건강관리가 중요하다.
- 처덕이 적다(財忌神). 일지 건록으로 처가 명주에게 힘이 되나, 일주(日柱) 간지동(干支同)으로 고집이 세며 관계가 소원하다(財在年藏地干). 자식덕이 없다(官星忌神). 부모복도 없으며(月忌神), 형제덕은 있다(比劫喜神合忌神)

간합(干合) 3

병신합화수(丙辛合化水) :

권위지합(權威之合)이라고 하며, 사주에 이 합(合)이 있는 사람은 위엄은 있으나 너무 강압적이고, 또한 색(色)을 좋아한다.

사례 5

辛일간 午월생(음력 5월생)

大運	(+) 정재	(-) 日干	(+) 정관	(-) 편관	
丁 戊 己 庚 辛 壬 癸 甲 乙	甲	辛	丙	丁	[男命]
酉 戌 亥 子 丑 寅 卯 辰 巳	午	丑	午	巳	
	편관 (-)	편인 (-)	편관 (-)	정관 (+)	
	(丙己丁)	(癸辛己)	(丙己丁)	(戊庚丙)	

위 사주는 정사년(丁巳年) 병오월(丙午月) 신축일(辛丑日) 갑오시(甲午時)에 출생한 남자의 사주이다.

1. 사주의 구조

(1) 대운

년간(年干)을 기준으로 양남음녀(陽南陰女)는 순행하고 음남양녀(陰男陽女)는 역행하니, 위 사주에서 대운은 역행한다. 따라서 대운은 위 사주의 좌측에 열기된 바와 같다. 대운수는 7이다.

(2) 육신과 지장간

육신을 보면, 일간이 신금(辛金)이니 년간 정화(丁火)는 편관, 년지 사화(巳火)는 정관이고 월간 병화(丙火)도 정관, 월지 오화(午火)는 편관이며, 일지 축토(丑土)는 편인, 시간 갑목(甲木)은 정재, 시지 오화(午火)는 편관이 된다.

지장간을 보면, 년지 사화(巳火)의 지장간은 무 · 경 · 병(戊 · 庚 · 丙), 월지 오화(午火)의 지장간은 병 · 기 · 정(丙 · 己 · 丁), 일지 축토(丑土)의 지장간은 계 · 신 · 기(癸 · 辛 · 己), 시지 오화(午火)의 지장간은 병 · 기 · 정(丙 · 己 · 丁)이다.

(3) 합 · 충 · 형 · 파(合 · 沖 · 刑 · 破) 등

천간에 병신합(丙辛合)이 있으며, 지지에 사축금국(巳丑金局)의 반합(준삼합), 오오자형(午午自刑), 축오(丑午)원진, 축오해(丑午害)가 있다. 일지의 축(丑)은 연주공망이며, 년지의 사(巳)는 일주공망이다.

(4) 용신 등

신약(身弱) 사주로서 토(土)가 용신, 금(金)은 희신이다. 목(木)과 화(火)는 기신, 수(水)는 한신이다.

(5) 격국

이 사주는 편관격 사주이다.

(6) 청탁(淸濁), 신살 등

청탁(淸濁)을 살펴보면 중탁(中濁)에 해당한다. 12신살 중 화개, 지살, 년살이 있다. 월지와 시지에 천을귀인이 있다.

2. 풀이

- 대운을 보면 甲辰(17세~26세), 辛丑, 戊戌, 丁酉 대운은 중길(中吉)하고, 乙巳, 癸卯, 壬寅, 庚子, 己亥 대운은 나쁘다. 관살혼잡을 거살유관(去留官)하여 칠살을 제거함으로 계운(癸運)에 소발복(小發福)한다.
- 화왕절(火旺節) 신금(辛金)이 천간지지로 불타오르니, 화다용금(火多熔金)이라 쇠가 녹아내리는 형국이다(火多熔金). 다행히 일지 축토(丑土)가 태왕(太旺)한 화기(火氣)를 설기(泄氣)하여 숨통을 틔어주며, 일간의 힘이 되어주고 있다. 그러나 그 기세가 약한데다가 공망되어 왕(旺)한 관살 화기(火氣)를 제화(制化)하지 못하니, 인생이 허망하고 고단하다. 겉으로는 화려하고 자존심이 강하며 추진력도 있으나(旺火), 뒷심이 없고 매사 마무리가 안 된다. 명예, 감투욕이 강하고 허세·허풍기가 있다(旺偏官). 신경질적이고 안절부절 못하며 신경정신질환에 걸리기 쉽다(火多熔金). 윗사람의 도움을 기대하기 힘들고, 주

거 · 직업 이동이 심하다(偏印空亡). 정관이 공망되니 공명허실(功名虛失)이라, 공을 세워 이름을 널리 드러냄이 헛되다. 성격이 조급하여 시비쟁투가 따르고, 편인공망으로 문서에 구멍나니 관재수가 있기 쉽다(偏官格). 두뇌는 총명하나 공부그릇이 작아 가방끈이 짧다(官星太旺, 偏印空亡). 눈치빠르고 직감이 뛰어나며, 상황판단이 빠르고 정확하다(偏官格).

- 한의사, 간호사, 제약회사 관련 직업, 미용사, 디자이너, 정육점 등이 맞다. 자영업, 사회복지, 토목건축 관련 직업, 역술 · 종교 등 활인업도 어울린다.
- 관다신약(官多身弱)이라, 재 · 관(財 · 官)은 태왕(太旺)한데 명주가 감당할 능력이 안되니, 사주상 재물복은 크지 않다. 대운상 대체적인 재물운을 보면, 중년 대운(癸卯, 壬寅, 辛丑)에는 태왕(太旺)한 기신(忌神) 화기(火氣)를 돕는 목운(木運)으로 흐르니, 재물운이 좋지 않다. 말년 대운(庚子, 己亥, 戊戌)에는 재물운이 좋은 편이다.
- 폐,대장이 약하여 기침, 천식 등 기관지나 호흡기계통에 질병이 있기 쉽다(金弱受剋). 목(木)이 극설(剋洩)되어 간, 쓸개가 약하여 잘 놀라고 겁내며 신경통이 있다.
- 처덕이 없다(官殺忌神財生, 日支空亡). 처가 못났거나, 처로 인해 재앙이 있고 해로하지 못한다. 처를 두려워한다(身弱殺旺). 자식두기 어렵다. 있어도 불효하거나, 명주가 단명할 수 있다(身弱殺旺無制化無子, 正官空亡). 월기신(月忌神)으로 부모복이 없으며, 형제는 무해무덕하다.

사례 6

辛일간 未월생(음력 6월생)

壬	癸	甲	乙	丙	丁	戊	己	庚
戌	亥	子	丑	寅	卯	辰	巳	午

(-)	(-)	(-)	(+)	
편인	日干	비견	정재	
己	辛	辛	甲	[女命]
丑	酉	未	寅	
편인	비견	편인	정재	
(-)	(-)	(-)	(+)	
(癸辛己)	(庚 辛)	(丁乙己)	(戊丙甲)	

위 사주는 갑인년(甲寅年) 신미월(辛未月) 신유일(辛酉日) 기축시(己丑時)에 출생한 여자의 사주이다.

1. 사주의 구조

(1) 대운

년간(年干)을 기준으로 양남음녀(陽南陰女)는 순행하고 음남양녀(陰男陽女)는 역행하니, 위 사주에서 대운은 역행한다. 따라서 대운은 위 사주의 좌측에 열기된 바와 같다. 대운수는 9이다.

(2) 육신과 지장간

육신을 보면, 일간이 신금(辛金)이니 년간 갑목(甲木)은 정재, 년지 인목(寅木)은 정재이고 월간 신금(辛金)은 비견, 월지 미토(未土)는 편인이며, 일지 유금(酉金)은 비견, 시간 기토(己土)는 편인, 시지 축토(丑土)도 편인이 된다.

지장간을 보면, 년지 인목(寅木)의 지장간은 무 · 병 · 갑(戊 · 丙 · 甲), 월지 미토(未土)의 지장간은 정 · 을 · 기(丁 · 乙 · 己), 일지 유금(酉金)의 지장간은 경 · 신(庚 · 辛), 시지 축토(丑土)의 지장간은 계 · 신 · 기(癸 · 辛 · 己)이다.

(3) 합 · 충 · 형 · 파(合 · 沖 · 刑 · 破) 등

천간에 갑기합(甲己合)이 있으며, 지지에 유축금국(酉丑金局)의 반합(준삼합), 축미충(丑未沖), 인유(寅酉)원진이 있다. 시지 축(丑)은 일주공망이다.

(4) 용신 등

신태왕(身太旺)사주로서 수(水)가 용신, 목(木)은 희신이다. 토(土)와 금(金)은 기신, 화(火)는 한신이다.

(5) 격국

이 사주는 편인격 사주이다.

(6) 청탁(淸濁), 신살 등

청탁(淸濁)을 살펴보면 중탁(中濁)에 해당한다. 12신살 중 반안, 장성, 화개, 겁살, 지살, 월살, 천살, 육해가 있다. 년지에 천을귀인이 있다.

2. 풀이

- 대운을 보면 癸亥 대운은 대길(大吉)하고, 丁卯(39세~48세), 丙寅, 甲子 대운은 중길(中吉)하다. 庚午, 壬戌 대운은 평범하거나 조금 나쁘며, 己巳, 戊辰, 乙丑 대운은 나쁘다.
- 토왕절(土旺節)의 날카로운 금속 신유(辛酉)일주가 수기(水氣)가 없어 청윤(淸潤)하지 못하고 메마르니, 수기(秀氣)를 발하기가 힘들다. 신왕(身旺)사주에 재성이 유근(有根)하니 식상 수운(水運)에 재물이 모인다. 성격이 차고 예리하며, 섬세하고 까칠하다(辛金). 알뜰하고 검소하며 책임감이 강하나(正財), 조급한 성격에 남에게 베푸는 덕이 없다. 빈틈이 없고 정확하다(正財). 일간이 일지 유금(酉金) 칼날 위에 놓였으니 수술수가 있다. 자기 주장이 강하여 주위사람과 사이가 나쁘고 고독하다(比肩).
- 작가, 연예인 등이 어울린다. 의사, 약사, 종교인, 역술인 등 활인업도 맞다.
- 사주상 재물복은 평범하다. 대운상 대체적인 재물운을 보면,

태왕(太旺)한 명주의 기세를 설기(泄氣)하는 용·희신 수·목운(水·木運)으로 흐르니, 중년 대운(戊辰, 丁卯, 丙寅)과 말년 대운(乙丑, 甲子, 癸亥) 모두 재물운이 좋은 편이다. 특히 계해(癸亥) 대운에는 천간지지로 용신 식상 수기(水氣)가 세게 들어오니, 대길(大吉)하다.

- 큰 질병은 없으나, 체질을 감안한 꾸준한 건강관리가 중요하다.
- 배우자궁이 일간의 뿌리가 되니 남편의 외조를 얻지만, 관성이 수기(水氣)가 부족한 한여름 신금(辛金)일간에 불(火)을 때 주는 한신(閑神)으로 남편덕이 적다. 자식이 용신이나, 시지공망(時支空亡)으로 자식덕이 적다. 월기신(月忌神)으로 부모복은 없으며, 형제덕은 평범하다.

간합(干合) 4

정임합화목(丁壬合化木) :

인수지합(仁壽之合) 또는 음란지합(淫亂之合)이라고 하며, 사주에 이 합(合)이 있는 사람은 음심(淫心)이 강하여 호색(好色)하고, 질투심이 많다.

사례 7

辛일간 申월생(음력 7월생)

	(-)	(-)	(+)	(+)	
	편인	日干	겁재	정인	
辛 壬 癸 甲 乙 丙 丁 戊 己	己	辛	庚	戊	[女命]
亥 子 丑 寅 卯 辰 巳 午 未	亥	亥	申	午	
	상관	상관	겁재	편관	
	(+)	(+)	(+)	(-)	
	(戊甲壬)	(戊甲壬)	(戊壬庚)	(丙己丁)	

위 사주는 무오년(戊午年) 경신월(庚申月) 신해일(辛亥日) 기해시(己亥時)에 출생한 여자의 사주이다.

1. 사주의 구조

(1) 대운

년간(年干)을 기준으로 양남음녀(陽南陰女)는 순행하고 음남양녀(陰男陽女)는 역행하니, 위 사주에서 대운은 역행한다. 따라서 대운은 위 사주의 좌측에 열기된 바와 같다. 대운수는 8이다.

(2) 육신과 지장간

육신을 보면, 일간이 신금(辛金)이니 년간 무토(戊土)는 정인, 년지 오화(午火)는 편관이고 월간 경금(庚金)은 겁재, 월지 신금(申金)도 겁재이며, 일지 해수(亥水)는 상관, 시간 기토(己土)는 편인, 시지 해수(亥水)는 상관이 된다.

지장간을 보면, 년지 오화(午火)의 지장간은 병· 기 · 정(丙 · 己 · 丁), 월지 신금(申金)의 지장간은 무 · 임 · 경(戊 · 壬 · 庚), 일지 해수(亥水)의 지장간은 무 · 갑 · 임(戊 · 甲 · 壬), 시지 해수(亥水)의 지장간도 무 · 갑 · 임(戊 · 甲 · 壬)이다.

(3) 합 · 충 · 형 · 파(合 · 沖 · 刑 · 破) 등

지지에 해해자형(亥亥自刑), 신해해(申亥害)가 있다.

(4) 용신 등

신강(身强) 사주로서 화(火)가 용신, 목(木)은 희신이다. 금(金)과 토(土)는 기신, 수(水)는 한신이다.

(5) 격국

이 사주는 정인격이다. 또한 외관상으로는 비천녹마격(飛天祿馬

格)이라고도 할 수 있으나, 년지 오화(午火)가 병화(丙火)를 품고 있으니 관성전실(官星塡實)되어 성격(成格)이 안된다. 녹(祿)은 관성이요 마(馬)는 재성이라 하는데, 사주가운데 없는 재·관(財·官)을 허(虛)로 충출(沖出)하여 쓰는 것을 비천녹마라 한다.

(6) 청탁(淸濁), 신살 등

청탁(淸濁)을 살펴보면 중청(中淸)에 해당한다. 12신살 중 장성, 역마, 지살, 겁살, 육해가 있다. 년지에 천을귀인이 있으며, 일지와 시지에 각 금여가 있다.

2. 풀이

- 대운을 보면 丁巳(28세~37세) 대운은 대길(대吉)하고, 戊午, 乙卯, 甲寅 대운은 중길(中吉)하다. 己未, 丙辰 대운은 평범하거나 조금 나쁘며, 癸丑, 壬子, 辛亥 대운은 나쁘다.
- 추금(秋金)이 수(水)를 만났으니, 금수(金水)가 서로 함양(涵養)함으로 주옥(珠玉)이 되어 청윤(淸潤)하다. 신강(身强)사주에 편관이 왕(旺)한 기신(忌神) 금기를 제련하고 있으니, 용신으로 권(權)이 되었다. 다만, 사주가 한습(寒濕)하여 화기(火氣)가 약한 것이 흠이다. 미모가 뛰어나고(辛金得壬水) 총명하며 섬세하고 정확하다(辛金). 사교성이 있어 누구와도 잘 어울리며 솔직 담백하다(劫財). 남에게 베풀 줄도 알고 다재다능하며 언변이 뛰어나다(傷官). 의리를 중시하고 결단력이 있다(金淸, 偏官用神). 해외출입이나 이동이 빈번한 직업을 가지거나, 자식이 해외유학할 수 있다(地殺驛馬多,傷官地殺).

- 판사, 변호사 등 법조인이 어울린다(飛天祿馬). 교육자, 학자, 문인, 전통문화관련 직업 등도 맞다(正印).
- 사주상 재물복은 평범하다. 대운상 대체적인 재물운을 보면, 중년 대운(丁巳, 丙辰, 乙卯)에는 용·희신 화·목운(火·木運)으로 흐르니, 재물운이 좋은 편이다. 말년 대운(甲寅, 癸丑, 壬子)에는 수기(水氣)가 왕(旺)하여 제살태과(制殺太過)하니 재물운이 좋지 않고 어렵다.
- 화(火)가 극설(剋洩)되니 심장·소장이 약하고 피로를 잘 느낀다.
- 남편복이 있다(官星用有氣). 한습한 사주를 따뜻하게 하면서 왕한 기신 겁재 경금을 제련하고 있는 편관 오화 남편이 용신이며 천을귀인으로, 인물이 훤칠하고 귀티가 난다. 신금(辛金)일간의 귀성(貴星)인 상관 임수(壬水)가 자식으로 자식덕이 있다. 부모복이 없다(月忌神). 형제덕은 평범하다(比劫忌神多, 比劫根).

간합(干合) 5

무계합화화(戊癸合化火) :

무정지합(無情之合)이라고 하며, 사주에 이 합(合)이 있는 사람은 화려한 것과 아름다운 것을 특히 좋아한다. 늙은 남자와 어린 여자의 합(合)으로 깊은 정이 없는 무정한 관계이다.

사례 8

辛일간 酉월생(음력 8월생)

戊 己 庚 辛 壬 癸 甲 乙 丙	(-) 편관	(-) 日干	(-) 편관	(-) 비견	
	丁	辛	丁	辛	[男命]
子 丑 寅 卯 辰 巳 午 未 申	酉	丑	酉	亥	
	비견 (-)	편인 (-)	비견 (-)	상관 (+)	
	(庚 辛)	(癸 辛 己)	(庚 辛)	(戊 甲 壬)	

위 사주는 신해년(辛亥年) 정유월(丁酉月) 신축일(辛丑日) 정유시(丁酉時)에 출생한 남자의 사주이다.

1. 사주의 구조

(1) 대운

년간(年干)을 기준으로 양남음녀(陽南陰女)는 순행하고 음남양녀(陰男陽女)는 역행하니, 위 사주에서 대운은 역행한다. 따라서 대운은 위 사주의 좌측에 열기된 바와 같다. 대운수는 7이다.

(2) 육신과 지장간

육신을 보면, 일간이 신금(辛金)이니 년간 신금(辛金)은 비견, 년지 해수(亥水)는 상관이고 월간 정화(丁火)는 편관, 월지 유금(酉金)은 비견이며, 일지 축토(丑土)는 편인, 시간 정화(丁火)는 편관, 시지 유금(酉金)은 비견이 된다.

지장간을 보면, 년지 해수(亥水)의 지장간은 무 · 갑 · 임(戊 · 甲 · 壬), 월지 유금(酉金)의 지장간은 경 · 신(庚 · 辛), 일지 축토(丑土)의 지장간은 계 · 신 · 기(癸 · 辛 · 己), 시지 유금(酉金)의 지장간은 경 · 신(庚 · 辛)이다.

(3) 합 · 충 · 형 · 파(合 · 沖 · 刑 · 破) 등

천간에 정신충(丁辛沖)이 있으며, 지지에 유축금국(酉丑金局)의 반합(준삼합), 유유자형(酉酉自刑)이 있다.

(4) 용신 등

신태강(身太强) 사주로서 수(水)가 용신, 목(木)은 희신이다. 토(土)와 금(金)은 기신, 화(火)는 한신이다.

(5) 격국

이 사주는 건록격이다.

(6) 청탁(淸濁), 신살 등

청탁(淸濁)을 살펴보면 중탁(中濁)에 해당한다. 12신살 중 장성, 화개, 역마, 지살, 월살, 재살이 있다. 년지에 금여가 있다.

2. 풀이

- 대운을 보면 辛卯, 庚寅, 戊子 대운은 중길(中吉)하고, 丙申, 乙未, 甲午, 壬辰 대운은 평범하거나 조금 나쁘며, 癸巳(37세~46세), 己丑 대운은 나쁘다.
- 추금(秋金)이 수기(水氣)를 득(得)하여 수기(秀氣)를 취했으니, 인물이 좋고 총명하다. 태왕(太旺)한 금기(金氣)를 설기(泄氣)하는 상관 해수(亥水)가 용신이다. 상관 역마지살이니 직업이동이 많다. 신태왕(身太旺)한 살인상생(殺印相生) 사주이나, 금다식화(金多熄火)라 관살 정화(丁火)가 태약(太弱)한 것이 흠이다. 비겁이 기신(忌神)인 건록격 사주로서 년 · 월(年 · 月)의 천간에서 관살이 비견에 깨지고 있으니, 관운이 불리하다. 관재구설이나 직장, 직업문제 등으로 신상변동이 있기 쉽다. 천간지지 합충(合沖)이 많으니, 인생이 다사다난하다. 깔끔하고 직설적인 성격이다(辛金). 시시비비를 잘 가리고 정확하다(傷官). 가정적이며 묵묵히 제 할 도리를 다하는 성격이나, 주위가 외롭다(納音五行山下火). 다재다능하고 인정이 있으며, 언변이 뛰어나다(傷官). 고집이 세고 자기주장이 강하다(旺比劫).
- 자영업, 프리랜서 등 독립자유업이 맞다. 문화예술인도 어울린다(食傷用). 역사학, 사회학, 지리학, 인류학, 신문방송학, 심리

학 등 문과계통의 학과와 토목·건축 등 기술계통의 학과에 적성이 있다.

- 사주상 재물복은 평범하다. 대운상 대체적인 재물운을 보면, 중년 대운(甲午, 癸巳, 壬辰)과 말년 대운(辛卯, 庚寅, 乙丑) 모두 재물운이 좋은 편이다. 그러나 계사(癸巳) 대운에는 지지가 사유축(巳酉丑) 금국(金局)으로 기신(忌神)이 날뛰어서 천간의 관살 정화(丁火)를 역극(逆剋)하니, 관운(官運)이 위험하다.
- 화(火)가 극설(剋洩)되니 심장·소장이 약하고 두통, 불면증, 신경성 위염 등의 질환이 있기 쉽다.
- 재성이 희신이며 배우자궁에 식신을 품고 있으니 처의 내조를 얻는다. 자식덕은 없다(官星閑神). 부모복도 없으며(月忌神) 자수성가한다(건록격), 형제덕은 평범하다.

거류서배(去留舒配) 1

거관유살(去官留殺) :

정관과 칠살이 혼잡된 경우에 정관은 제거되고 칠살만 온전히 남은 것으로, 이렇게 되면 관살혼잡이 아니다.

사례 9

辛일간 戌월생(음력 9월생)

	(+)	(-)	(+)	(+)	
	정인	日干	정관	겁재	
乙 甲 癸 壬 辛 庚 己 戊 丁	戊	辛	丙	庚	[男命]
未 午 巳 辰 卯 寅 丑 子 亥	子	亥	戌	戌	
	식신	상관	정인	정인	
	(-)	(+)	(+)	(+)	
	(壬 癸)	(戊 甲 壬)	(辛 丁 戊)	(辛 丁 戊)	

위 사주는 경술년(庚戌年) 병술월(丙戌月) 신해일(辛亥日) 무자시(戊子時)에 출생한 남자의 사주이다.

1. 사주의 구조

(1) 대운

년간(年干)을 기준으로 양남음녀(陽南陰女)는 순행하고 음남양녀(陰男陽女)는 역행하니, 위 사주에서 대운은 순행한다. 따라서 대운은 위 사주의 좌측에 열기된 바와 같다. 대운수는 9이다.

(2) 육신과 지장간

육신을 보면, 일간이 신금(辛金)이니 년간 경금(庚金)은 겁재, 년지 술토(戌土)는 정인이고 월간 병화(丙火)는 정관, 월지 술토(戌土)는 정인이며, 일지 해수(亥水)는 상관, 시간 무토(戊土)는 정인, 시지 자수(子水)는 식신이 된다.

지장간을 보면, 년지 술토(戌土)의 지장간은 신 · 정 · 무(辛 · 丁 · 戊), 월지 술토(戌土)의 지장간도 신 · 정 · 무(辛 · 丁 · 戊), 일지 해수(亥水)의 지장간은 무 · 갑 · 임(戊 · 甲 · 壬), 시지 자수(子水)의 지장간은 임 · 계(壬 · 癸)이다.

(3) 합 · 충 · 형 · 파(合 · 沖 · 刑 · 破) 등

천간에 병신합(丙辛合), 병경충(丙庚沖)이 있다.

(4) 용신 등

신왕(身旺) 사주로서 수(水)가 용신, 금(金)은 희신이다. 토(土)와 화(火)는 기신, 목(木)은 한신이다.

(5) 격국

이 사주는 정인격이다.

(6) 청탁(淸濁), 신살 등

청탁(淸濁)을 살펴보면 중탁(中濁)에 해당한다. 12신살 중 화개, 지살, 겁살, 년살, 재살, 천살이 있다. 일지에 금여가 있으며 년주 괴강, 월주 백호살이다.

2. 풀이

- 대운을 보면 丁亥, 戊子, 壬辰 대운은 중길(中吉)하고, 乙未 대운은 평범하거나 조금 나쁘며, 己丑(29세~38세), 庚寅, 辛卯, 癸巳, 甲午 대운은 나쁘다.
- 토왕절(土旺節) 신금(辛金)일간이 수기(水氣)를 득(得)하여 청윤(淸潤)함으로 수기(秀氣)를 발하니, 인물이 좋고 두뇌가 총명하다. 년지 월지의 묘고(墓庫) 술토(戌土)위에 놓인 월간 병화(丙火)가 역시 월령(月令)을 얻은 정인 무토(戊土)와 서로 유정(有情)하여 관인상생(官印相生)하고 있다. 다만, 천간에서 정관이 충(沖)으로 깨지니, 뜻은 높으나 할 일 없는 선비다(丙庚沖). 또한 정관이 깨지면서 인성과 식상을 통관시키는 희신 겁재마저 깨졌으니 상극(相剋)사주가 되어 사주가 탁(濁)하다. 학문성을 득하여 향학열이 높고 박학다식하다(正印格). 하늘은 꽉 막혔으나 동서남북 사방은 열려 있으니, 열심히 돌아다니며 진로를 찾아 막힌 운을 풀어야 한다(納音五行屋上土,傷官地殺). 남에게 베풀 줄도 알고 다재다능하며 언변이 뛰어나다(傷官). 솔직하고 가식이 없으나(劫用), 조급한 벼락불 성격이다(納音五行霹靂火). 년월 천간에서 정관이 충(沖)하니, 관재구설이나 직업문

제, 자녀문제, 수술수 등 흉사(凶事)로 인해 신상변동이 있기 쉽다. 영감력 · 직관력이 뛰어나며, 종교역학에 인연이 있다(年月日天門星).

- 교육자, 학자, 문인, 평론가, 언론인, 문화예술인, 전자통신 관련 직업이 맞다(傷官, 食傷用).
- 사주상 재물복은 평범하다. 대운상 대체적인 재물운을 보면, 중년 대운(己丑, 庚寅, 辛卯)에는 재물운이 좋은 편이다. 말년 대운(壬辰, 癸巳, 甲午)에는 재물운이 좋지 않고 어렵다. 특히 계사(癸巳) 대운과 갑오(甲午) 대운에는 운세가 기신(忌神) 화기(火氣)로 흐르니, 용신이 깨져서 흉(凶)하다.
- 큰 질병은 없으나, 체질을 감안한 꾸준한 건강관리가 중요하다.
- 배우자궁에 상관 임수(壬水)가 있어 명주(命主)를 윤택하게 해 주며 재물도 품고 있으니, 처의 내조를 얻는다. 처가 용신이다. 자식덕이 적다(用神受剋, 正官沖). 부모복이 없다(月忌神). 형제는 많다(印綬月令提綱).

거류서배(去留舒配) 2

거살유관(去殺留官) :

정관과 칠살이 혼잡된 경우에 칠살은 제거되고 정관만 온전히 남은 것으로, 이렇게 되면 관살혼잡이 아니다.

사례 10

辛일간 亥월생(음력 10월생)

	(+)	(-)	(-)	(-)	
	정관	日干	편재	편인	
丙 丁 戊 己 庚 辛 壬 癸 甲	丙	辛	乙	己	[男命]
寅 卯 辰 巳 午 未 申 酉 戌	申	卯	亥	未	
	겁재	편재	상관	편인	
	(+)	(-)	(+)	(-)	
	(戊 壬 庚)	(甲 乙)	(戊 甲 壬)	(丁 乙 己)	

위 사주는 기미년(己未年) 을해월(乙亥月) 신묘일(辛卯日) 병신시(丙申時)에 출생한 남자의 사주이다.

1. 사주의 구조

(1) 대운

년간(年干)을 기준으로 양남음녀(陽南陰女)는 순행하고 음남양녀(陰男陽女)는 역행하니, 위 사주에서 대운은 역행한다. 따라서 대운은 위 사주의 좌측에 열기된 바와 같다. 대운수는 9이다.

(2) 육신과 지장간

육신을 보면, 일간이 신금(辛金)이니 년간 기토(己土)는 편인, 년지 미토(未土)도 편인이고 월간 을목(乙木)은 편재, 월지 해수(亥水)는 상관이며, 일지 묘목(卯木)은 편재, 시간 병화(丙火)는 정관, 시지 신금(申金)은 겁재가 된다.

지장간을 보면, 년지 미토(未土)의 지장간은 정 · 을 · 기(丁 · 乙 · 己), 월지 해수(亥水)의 지장간은 무 · 갑 · 임(戊 · 甲 · 壬), 일지 묘목(卯木)의 지장간은 갑 · 을(甲 · 乙), 시지 신금(申金)의 지장간은 무 · 임 · 경(戊 · 壬 · 庚)이다.

(3) 합 · 충 · 형 · 파(合 · 沖 · 刑 · 破) 등

천간에 병신합(丙辛合)이 있으며, 지지에 해묘미목국(亥卯未木局)의 삼합, 묘신(卯申)원진이 있다. 년지의 미(未)는 일주공망이다.

(4) 용신 등

신약(身弱)사주로서 토(土)가 용신, 금(金)은 희신이다. 목(木)과 화(火)는 기신, 수(水)는 한신이다.

(5) 격국

이 사주는 편재격이다.

(6) 청탁(淸濁), 신살 등

청탁(淸濁)을 살펴보면 중탁(中濁)에 해당한다. 12신살 중 장성, 화개, 겁살, 지살이 있다.

2. 풀이

- 대운을 보면 戊辰(69세~78세) 대운은 대길(대吉)하고, 甲戌, 癸酉, 壬申 대운은 중길(中吉)하다. 辛未, 庚午, 己巳 대운은 평범하거나 조금 나쁘며, 丁卯, 丙寅 대운은 나쁘다.
- 동금(冬金)이 관과 합이 되었으나 재다신약(財多身弱)하니, 재물은 많이 생겨도 본인이 무력하여 취하기가 어렵다. 온화하고 남을 배려하는 편안한 성격으로 인기가 있으나(旺偏財), 결단력이 없고 우유부단하다(財多身弱). 재물이 화근이니 탐재괴인(貪財壞印)이라, 재물과 여자를 좇다가 명예가 망가진다(旺財沖印). 인성이 충(沖)으로 깨지고 공망되니 학업에 애로가 있어 중간에 중단하기 쉬우며, 오직 재물에만 관심을 가진다. 일복은 많으나 실속이 없고 지쳐서 쓰러지는 사주이다(財多身弱). 문서에 구멍났으니 보증문제 등으로 흉화(凶禍)의 액(厄)이 많을 수 있다(偏印空亡). 윗사람의 도움을 기대하기 어렵다(印星沖, 空亡). 친구가 필요하다.
- 공무원, 봉급생활자가 어울린다(正官). 교육자, 학자, 언론인,

평론가 등도 맞다(印星用)

- 사주상 재물복은 평범하다. 명주(命主)의 기세를 방조(幇助)하는 비겁·인성운에 돈이 들어온다. 대운상 대체적인 재물운을 보면, 중년 대운(壬申, 辛未, 庚午)에는 재물운이 좋은 편이다. 말년 대운(己巳, 戊辰, 丁卯)에는 재물운이 길흉(吉凶)상반하여 굴곡이 있다.
- 목다경토(木多庚土)라, 왕(旺)한 목기(木氣)에 토기(土氣)가 깨지니 허리가 부실하다. 요통이 있기 쉽고, 소화기 계통이 허약하여 잘 체한다.
- 처덕이 없고(用印財剋), 처와 해로하기 어렵다(明暗財多混雜). 재왕인쇠(財旺印衰)로 고부갈등이 있으며, 처가 어머니와 다투고 불목한다. 모친이 처의 기세를 당할 수가 없다(財沖印). 처가 가권(家權)을 잡기 쉽다. 자식덕이 적다(官星忌神, 時支喜神). 부모복이 없다(月忌神剋年用神). 인성이 충(沖)으로 깨지고 공망되니 모친이 병약하거나 조실부모할 수 있다. 비겁 희신으로 형제덕은 있다.

거류서배(去留舒配) 3

합살유관(合殺留官) :

관살혼잡에 칠살은 타와 합(合)이 되고 정관만 남으면, 관살혼잡이 아니다.

사례 11

辛일간 子월생(음력 11월생)

	(-)	(-)	(+)	(-)	
	비견	日干	겁재	비견	
辛 壬 癸 甲 乙 丙 丁 戊 己	辛	辛	庚	辛	[男命]
卯 辰 巳 午 未 申 酉 戌 亥	卯	未	子	亥	
	편재	편인	식신	상관	
	(-)	(-)	(-)	(+)	
	(甲 乙)	(丁 乙 己)	(壬 癸)	(戊 甲 壬)	

위 사주는 신해년(辛亥年) 경자월(庚子月) 신미일(辛未日) 신묘시(辛卯時)에 출생한 남자의 사주이다.

1. 사주의 구조

(1) 대운

년간(年干)을 기준으로 양남음녀(陽南陰女)는 순행하고 음남양녀(陰男陽女)는 역행하니, 위 사주에서 대운은 역행한다. 따라서 대운은 위 사주의 좌측에 열기된 바와 같다. 대운수는 7이다.

(2) 육신과 지장간

육신을 보면, 일간이 신금(辛金)이니 년간 신금(辛金)은 비견, 년지 해수(亥水)는 상관이고 월간 경금(庚金)은 겁재, 월지 자수(子水)는 식신이며, 일지 미토(未土)는 편인, 시간 신금(辛金)은 비견, 시지 묘목(卯木)은 편재가 된다.

지장간을 보면, 년지 해수(亥水)의 지장간은 무·갑·임(戊·甲·壬), 월지 자수(子水)의 지장간은 임·계(壬·癸), 일지 미토(未土)의 지장간은 정·을·기(丁·乙·己), 시지 묘목(卯木)의 지장간은 갑·을(甲·乙)이다.

(3) 합·충·형·파(合·沖·刑·破) 등

지지에 해묘미목국(亥卯未木局)의 삼합, 자묘상형(子卯相刑), 자미(子未)원진, 자미해(子未害)가 있다. 년지 해(亥)는 일주공망이다.

(4) 용신 등

토(土)가 용신, 금(金)은 희신이다. 수(水)와 목(木)은 기신, 화(火)는 한신이다.

(5) 격국

이 사주는 식신생재(食神生財)의 식신격이다.

(6) 청탁(淸濁), 신살 등

청탁(淸濁)을 살펴보면 중청(中淸)에 해당한다. 12신살 중 장성, 화개, 년살, 지살이 있다. 년지에 금여가 있다.

2. 풀이

- 대운을 보면 戊戌, 丁酉 대운은 중길(中吉)하고, 丙申(37세~46세), 乙未, 癸巳, 壬辰 대운은 평범하거나 조금 나쁘며, 己亥, 甲午, 辛卯 대운은 나쁘다.
- 식상생재(食傷生財)의 부격(富格)사주이나, 동신금(冬辛金), 동수(冬水)로 재(財)를 생(生)하기가 어려워 소부(小富)에 그치기 쉬우니 정화(丁火)가 필요하다. 정화(丁火)를 품고 기신(忌神) 동수(冬水)를 흡수하며 일간을 돕고 있는 일지 편인 미토(未土)가 용신이다. 그러나 천간은 비겁이 차지하니 새어 나가는 돈도 많고, 말년에는 군비쟁재(群比爭財)하여 재물운이 어렵다. 희생·봉사정신이 강하여 자선을 베푼다(食神). 덕이 후하고 두뇌가 총명하며, 교재를 좋아하여 대인관계가 원만하다. 활동성이 강하며 사업수완도 좋다(偏財). 배포가 크고 투기도박성이 있다(旺比劫). 의리를 중시하고 결단력이 있다(金淸). 낙천적이며 명랑하다(食神).
- 교육자, 예술인, 연예인등이 어울린다.
- 사주상 재물복은 평범하다. 대운상 대체적인 재물운을 보면, 중년 대운(丁酉, 丙申, 乙未)에는 재물운이 좋은 편이다. 시지(時支) 재성(財星) 위에 비견이 놓였으니 재물이 새어나가는 형국

으로, 말년 대운(甲午, 癸巳, 壬辰)에는 재물운이 좋지 않고 어렵다.

- 큰 질병은 없으나, 체질을 감안한 꾸준한 건강관리가 중요하다.
- 한겨울에 배우자궁이 정화(丁火)를 품고 있으며, 재성이 편인을 합(合)하여 도식을 막음으로써 식신을 보호한다. 재물을 모으는 데 처의 내조가 크다. 편관 화기(火氣)가 자식으로 동금(冬金) 명주를 따뜻하게 해 주나, 시지 기신(忌神)으로 자식덕이 크지 않다. 월지 식신 자수(子水)가 상극오행을 통관시키며 군비쟁재(群比爭財)를 막고 일간의 장생지(長生地)로 힘이 되어 주니, 부모복이 있다(月用喜神). 부모궁에 밥그릇이 있다. 형제덕도 있다(比劫喜神).

거류서배(去留舒配) 4

합관유살(合官留殺) :

관살혼잡에 정관은 타와 합(合)이 되고 칠살만 남으면, 관살혼잡이 아니다.

사례 12

辛일간 丑월생(음력 12월생)

庚 辛 壬 癸 甲 乙 丙 丁 戊	(+) 상관	(-) 日干	(-) 편인	(-) 편재	
	壬	辛	己	乙	[男命]
辰 巳 午 未 申 酉 戌 亥 子	辰	亥	丑	卯	
	정인 (+)	상관 (+)	편인 (-)	편재 (-)	
	(乙 癸 戊)	(戊 甲 壬)	(癸 辛 己)	(甲 乙)	

위 사주는 을묘년(乙卯年) 기축월(己丑月) 신해일(辛亥日) 임진시(壬辰時)에 출생한 남자의 사주이다.

1. 사주의 구조

(1) 대운

년간(年干)을 기준으로 양남음녀(陽南陰女)는 순행하고 음남양녀(陰男陽女)는 역행하니, 위 사주에서 대운은 역행한다. 따라서 대운은 위 사주의 좌측에 열기된 바와 같다. 대운수는 2이다.

(2) 육신과 지장간

육신을 보면, 일간이 신금(辛金)이니 년간 을목(乙木)은 편재, 년지 묘목(卯木)도 편재이고 월간 기토(己土)는 편인, 월지 축토(丑土)도 편인이며, 일지 해수(亥水)는 상관, 시간 임수(壬水)도 상관, 시지 진토(辰土)는 정인이 된다.

지장간을 보면, 년지 묘목(卯木)의 지장간은 갑·을(甲·乙), 월지 축토(丑土)의 지장간은 계·신·기(癸·辛·己), 일지 해수(亥水)의 지장간은 무·갑·임(戊·甲·壬), 시지 진토(辰土)의 지장간은 을·계·무(乙·癸·戊)이다.

(3) 합·충·형·파(合·沖·刑·破) 등

천간에 을기충(乙己沖)이 있으며, 지지에 해묘목국(亥卯木局)의 반합(준삼합), 축진파(丑辰破), 진해(辰亥)원진이 있다. 년지의 묘(卯)는 일주공망이다.

(4) 용신 등

토(土)가 용신, 금(金)은 희신이다. 목(木)과 화(火)는 기신, 수(水)는 한신이다.

(5) 격국

이 사주는 편인격이다. 또한 외관상으로는 세덕부재격(歲德扶財格)이라 할 수 있으나, 년간충(年干沖)으로 파격(破格)이다. 세덕부재격은 사주의 년(年)에만 재(財)가 있고 신강(身强)한 것이다. 일간과 격국의 균형이 좋으면 조상으로부터 유산을 물려받아 입신양명한다고 본다.

(6) 청탁(淸濁), 신살 등

청탁(淸濁)을 살펴보면 중탁(中濁)에 해당한다. 12신살 중 반안, 장성, 지살, 월살이 있다. 일지에 금여가 있다.

2. 풀이

- 대운을 보면 乙酉(32세~41세), 甲申, 庚辰 대운은 중길(中吉)하고, 丙戌, 癸未, 辛巳 대운은 평범하거나 조금 나쁘며, 戊子, 丁亥, 壬午 대운은 나쁘다.
- 동신금(冬辛金), 동수(冬水)가 화기(火氣)가 전혀 없이 얼어붙었으며, 재성이 깨지고 공망되니 사주가 탁(濁)하다. 재욕무성(財慾無成)이라, 바쁘게 돌아다녀도 돈은 안 모이고 허영심만 강하다. 재성과 인성이 충(沖)하니 손재수, 파산, 사업상 손실이 있기 쉽다. 학문성이 용신이니 명예 중심의 삶을 살아야 하며, 일확천금을 노리거나 투기 · 도박은 금물이다. 총명하고 재주가 많으며 창의성이 있다(傷官). 눈치가 빠르고 민첩하며, 임기응변에 능하다(偏印).
- 교사, 강사, 연예인, 예술가 등 말로 먹고사는 직업이 어울린다

(傷官格). 언론인, 작가, 의사 · 약사 등 활인업도 맞다(印星用, 偏印格).

- 상관생재격(傷官生財格)이나 천간에서 편인 기토(己土)가 가로막고 있으니, 사주상 재물복은 평범하다. 대운상 대체적인 재물운을 보면, 중년 대운(丙戌, 乙酉, 甲申)에는 재물운이 좋은 편이다. 특히 을유(乙酉) 대운과 갑신(甲申) 대운에는 편재 을목(乙木)이 살아나고 명주가 기세가 높아지니, 큰 재물이 들어온다. 말년 대운(癸未, 壬午, 辛巳)에는 재물운이 좋지 않고 어렵다.
- 토다절목(土多折木)이라 왕(旺)한 토기(土氣)에 목기(木己)가 역극(逆剋)당하니, 간 · 담이 약하고 골절상을 입기 쉽다.
- 처덕이 없고(用印財剋), 처와 해로하기 어렵다(明暗財多混雜, 財空亡). 고부갈등으로 처가 어머니와 다투고 불목한다(財印相爭). 자식덕이 없고(官不在), 월용신(月用神)으로 부모복은 있다. 부친이 허약하거나, 일찍 조실부모할 수 있다(偏財沖 · 空亡). 모친이 강하다. 형제가 많고 형제덕이 있다(身弱印綬月令提綱).

용어해설

원류(源流) :

오행의 근원이 일간으로부터 가장 먼 곳에서 가까이 생(生)하는 관계로 이어지는 것을 원류(源流) 또는 원원유장(源遠流長)이라 한다. 먼 조상의 유덕(遺德)이 나에게까지 미쳐 조상 덕에 잘살게 된다는 뜻이다.

壬 일간

甲乙丙丁戊己庚辛壬癸

사례 1

壬일간 寅월생(음력 1월생)

대운										(+)	(+)	(+)	(+)	
										편재	日干	편관	편인	
丁	丙	乙	甲	癸	壬	辛	庚	己		丙	壬	戊	庚	[男命]
亥	戌	酉	申	未	午	巳	辰	卯		午	戌	寅	戌	
										정재	편관	식신	편관	
										(-)	(+)	(+)	(+)	
										(丙己丁)	(辛丁戊)	(戊丙甲)	(辛丁戊)	

위 사주는 경술년(庚戌年) 무인월(戊寅月) 임술일(壬戌日) 병오시(丙午時)에 출생한 남자의 사주이다.

1. 사주의 구조

(1) 대운

년간(年干)을 기준으로 양남음녀(陽南陰女)는 순행하고 음남양녀(陰男陽女)는 역행하니, 위 사주에서 대운은 순행한다. 따라서 대운은 위 사주의 좌측에 열기된 바와 같다. 대운수는 2이다.

(2) 육신과 지장간

육신을 보면, 일간이 임수(壬水)이니 년간 경금(庚金)은 편인, 년지 술토(戌土)는 편관이고 월간 무토(戊土)도 편관, 월지 인목(寅木)은 식신이며, 일지 술토(戌土)는 편관, 시간 병화(丙火)는 편재, 시지 오화(午火)는 정재가 된다.

지장간을 보면, 년지 술토(戌土)의 지장간은 신·정·무(辛·丁·戊), 월지 인목(寅木)의 지장간은 무·병·갑(戊·丙·甲), 일지 술토(戌土)의 지장간은 신·정·무(辛·丁·戊), 시지 오화(午火)의 지장간은 병·기·정(丙·己·丁)이다.

(3) 합·충·형·파(合·沖·刑·破) 등

지지에 인오술화국(寅午戌火局)의 삼합이 있다.

(4) 용신 등

신태약(身太弱) 사주로서 화(火)가 용신, 토(土)와 목(木)은 희신이다. 수(水)와 금(金)은 기신이다.

(5) 격국

이 사주는 종격(기명종재격)이다. 또한 외관상으로는 현무당권격

(玄武當權格)으로 볼 수도 있으나, 신태약(身太弱) 종격(從格) 사주로 성격(成格)이 안된다. 현무당권은 현무는 북방의 수신(水神)이고 수(水)는 임계(壬癸)라, 임계(壬癸)일생이 권(權)인 재 · 관(財 · 官)을 감당한다는 뜻이다. 신왕(身旺)하면 성격이 온화하고 지혜가 있으며 예의바르고 부귀(富貴)가 출중하나, 신약(身弱)하거나 형 · 충(刑 · 沖)이 있으면 불길(不吉)하다.

(6) 청탁(淸濁), 신살 등

청탁(淸濁)을 살펴보면 중청(中淸)에 해당한다. 12신살 중 장성, 화개, 지살이 있다. 년주와 일주 각 괴강이며, 일주 백호살이다.

2. 풀이

- 대운을 보면 己卯, 庚辰, 辛巳, 壬午, 癸未, 丙戌 대운은 중길(中吉)하고, 甲申(52세~61세), 乙酉, 丁亥 대운은 나쁘다. 병운(丙運)에는 병화(丙火)가 들어와 인성 기신(忌神)을 충거(沖去)함으로써 진종격(眞從格)이 되니, 대발복(大發福)한다.
- 목왕절(木旺節) 임수(壬水)일간이 인오술화국(寅午戌火局)의 타오르는 불위에 앉았으니, 펄펄 끓는 물로서 매우 조급하고 피곤한 성격이다. 기명종재격(棄命從財格)으로 나를 버리고 재물과 처를 따라가야 살 수 있는 사주이다. 만사 돈으로 해결한다. 일확천금, 투기, 모험 등을 좋아하고 낭비벽도 있으며 속전속결의 경향을 보인다(偏財旺). 재물욕심이 많으며 화(火)가 왕(旺)하고 양기가 태왕(太旺)하니 주색을 밝힌다. 편인 경금(庚金)이 괴강일주이니 모든 것을 다 비교하고 따지는 꼼꼼하고

빈틈없는 성격이며, 의협심도 있다(偏官旺). 두뇌가 총명하나, 성격이 급하고 승부근성이 있으니 다툼이 많다(偏官). 임기응변에 능하고 수완이 있어 상황대처가 빠르다(偏財).

- 재정출납공무원, 회사경리직이 어울린다(官庫日合財旺). 대부업, 사채업, 무역업, 운송업, 증권·복권관련 직업 등도 맞다.
- 사주상 재물복은 평범하다. 대운상 대체적인 재물운을 보면, 중년 대운(辛巳, 壬午, 癸未)에는 재물운이 좋은 편이다. 말년 대운(甲申, 乙酉, 丙戌)에는 재물운이 좋지 않고 어렵다. 미약하나마 천간에 괴강 일주의 경금(庚金) 인성이 있어서 가종격(假從格)인데, 갑신(甲申) 대운과 을유(乙酉) 대운에서 인수·비겁운을 만나니 종격이 파괴되어 흉(凶)하다. 손재, 파산 등을 당할 수 있고 심하면 생명을 잃을 수도 있다. 그러나 병술운(丙戌運)은 운세가 용·희신 화·토운(火·土運)으로 좋다.
- 화다용금(火多熔金)이라, 왕(旺)한 화기(火氣)에 쇠가 녹아내리니, 폐·대장 기능이 부실하고, 기관지·호흡기계통 질환이 생기기 쉽다.
- 재용신(財用神)으로 처덕이 있다. 처에게 곳간 열쇠를 넘겨주고 애처가로 사는 것이 좋다(棄命從財格). 자식덕도 있으며(官星喜神有氣), 자식이 효자이다(時財生官). 부모복도 있다(月用喜神). 형제간 화목하고 형제덕도 있다(日月合).

사례 2

壬일간 卯월생(음력 2월생)

	(-)	(+)	(-)	(-)	
	정관	日干	상관	겁재	
甲 癸 壬 辛 庚 己 戊 丁 丙	己	壬	乙	癸	[女命]
子 亥 戌 酉 申 未 午 巳 辰	酉	子	卯	丑	
	정인	겁재	상관	정관	
	(-)	(-)	(-)	(-)	
	(庚 辛)	(壬 癸)	(甲 乙)	(癸 辛 己)	

위 사주는 계축년(癸丑年) 을묘월(乙卯月) 임자일(壬子日) 기유시(己酉時)에 출생한 여자의 사주이다.

1. 사주의 구조

(1) 대운

년간(年干)을 기준으로 양남음녀(陽南陰女)는 순행하고 음남양녀(陰男陽女)는 역행하니, 위 사주에서 대운은 순행한다. 따라서 대운은 위 사주의 좌측에 열기된 바와 같다. 대운수는 1이다.

(2) 육신과 지장간

육신을 보면, 일간이 임수(壬水)이니 년간 계수(癸水)는 겁재, 년지 축토(丑土)는 정관이고 월간 을목(乙木)은 상관, 월지 묘목(卯木)도 상관이며, 일지 자수(子水)는 겁재, 시간 기토(己土)는 정관, 시지 유금(酉金)은 정인이 된다.

지장간을 보면, 년지 축토(丑土)의 지장간은 계·신·기(癸·辛·己), 월지 묘목(卯木)의 지장간은 갑·을(甲·乙), 일지 자수(子水)의 지장간은 임·계(壬·癸), 시지 유금(酉金)의 지장간은 경·신(庚·辛)이다.

(3) 합·충·형·파(合·沖·刑·破) 등

지지에 유축금국(酉丑金局)의 반합(준삼합), 묘유충(卯酉沖), 자묘상형(子卯相刑), 자유파(子酉破)가 있다. 월지 묘(卯)는 일주공망이다. 묘공망(卯空亡)으로 자묘형(子卯刑)은 해소되었다.

(4) 용신 등

신강(身强) 사주로서 목(木)이 용신, 화(火)와 토(土)는 희신이다. 금(金)과 수(水)는 기신이다.

(5) 격국

이 사주는 상관격(상관용상관격)이다. 상관용상관격(傷官用傷官格)은 신왕(身旺)하고 재·관(財·官)이 없거나 미약하면, 식상을 용신으로 삼는다.

(6) 청탁(淸濁), 신살 등

청탁(淸濁)을 살펴보면 중등(中等)에 해당한다. 12신살 중 반안, 장성, 화개, 년살, 재살, 육해가 있다. 월지에 천을귀인이 있으며 년지에 금여가 있다. 년주 백호살이다.

2. 풀이

- 대운을 보면 戊午(21세~30세), 己未, 壬戌, 癸亥 대운은 중길(中吉)하고, 丙辰, 丁巳, 甲子 대운은 평범하거나 조금 나쁘며, 庚申, 辛酉 대운은 나쁘다.
- 강하(江河)의 양수(陽水)인 임수(壬水)일간이 착근(着根)하여 천간에서 계수(癸水)와 합세하니 강건(剛健)의 덕이 있어, 주류불체·충천분지(周流不滯·沖天奔地)의 강한 기세다. 여장부다운 면이 있으며, 한 번 고집을 부리면 당할 자가 없다(女命陽干身强,年日納音五行桑柘木). 구설로 인한 시비다툼이 많다(傷官沖正官). 감정이 풍부하고 언변이 유창하며 사교성이 있다(傷官). 글재주가 뛰어나고 총명하다(傷官). 사리가 분명하고 시시비비를 잘 가리며 지략이 뛰어나다(壬水, 傷官).
- 강사, 예술가, 연예인, 방송인 등 말로 먹고사는 직업이 어울린다

(傷官格). 문인, 학자, 발명, 연구, 개발 등의 직업도 맞다.

- 사주상 재물복은 평범하다. 대운상 대체적인 재물운을 보면, 중년 대운(戊午, 己未, 庚申)에는 재물운이 좋은 편이다. 무오(戊午) 대운과 기미(己未) 대운은 천간에서 겁재를 치고 지지가 희신으로 흐르니, 길(吉)하다. 말년 대운(辛酉, 壬戌, 癸亥)에는 재물운이 좋지 않고 어렵다.
- 큰 질병은 없으나, 체질을 감안한 꾸준한 건강관리가 중요하다.
- 정관이 희신으로 유기(有氣)하나, 천간에서 상관이 정관을 치고 배우자궁이 양인(羊刃)이라 남편복이 적다. 자식덕은 있으나(食傷用神), 상관공망으로 자식과의 인연이 박하기 쉽다. 부모복이 적다(月用神, 月支空亡), 형제덕은 없다(比劫忌神).

유정(有情)·무정(無情)

1

일간과 용신의 위치로 유정·무정(有情·無情)을 구분한다. 용신이 일간과 가까이 있으면 유정(有情)이라 하고 멀리 떨어져 있으면 무정(無情)이라 한다.

사례 3

壬일간 辰월생(음력 3월생)

	(-)	(+)	(+)	(-)	
	겁재	日干	비견	정인	
癸 甲 乙 丙 丁 戊 己 庚 辛	癸	壬	壬	辛	[男命]
未 申 酉 戌 亥 子 丑 寅 卯	卯	子	辰	亥	
	상관	겁재	편관	비견	
	(-)	(-)	(+)	(+)	
	(甲 乙)	(壬 癸)	(乙 癸 戊)	(戊 甲 壬)	

위 사주는 신해년(辛亥年) 임진월(壬辰月) 임자일(壬子日) 계묘시(癸卯時)에 출생한 남자의 사주이다.

1. 사주의 구조

(1) 대운

년간(年干)을 기준으로 양남음녀(陽南陰女)는 순행하고 음남양녀(陰男陽女)는 역행하니, 위 사주에서 대운은 역행한다. 따라서 대운은 위 사주의 좌측에 열기된 바와 같다. 대운수는 2이다.

(2) 육신과 지장간

육신을 보면, 일간이 임수(壬水)이니 년간 신금(辛金)은 정인, 년지 해수(亥水)는 비견이고 월간 임수(壬水)도 비견, 월지 진토(辰土)는 편관이며, 일지 자수(子水)는 겁재, 시간 계수(癸水)도 겁재, 시지 묘목(卯木)은 상관이 된다.

지장간을 보면, 년지 해수(亥水)의 지장간은 무·갑·임(戊·甲·壬), 월지 진토(辰土)의 지장간은 을·계·무(乙·癸·戊), 일지 자수(子水)의 지장간은 임·계(壬·癸), 시지 묘목(卯木)의 지장간은 갑·을(甲·乙)이다.

(3) 합·충·형·파(合·沖·刑·破) 등

지지에 해묘목국(亥卯木局)의 반합(준삼합), 자진수국(子辰水局)의 반합(준삼합), 자묘상형(子卯相刑), 진해(辰亥)원진이 있다. 시지 묘(卯)는 일주공망이다.

(4) 용신 등

신태강(身太强) 사주로서 토(土)가 용신, 화(火)는 희신이다. 수(水)와 금(金)은 기신, 목(木)은 한신이다.

(5) 격국

이 사주는 편관격이다. 논자에 따라 종강격으로 보기도 한다.

(6) 청탁(淸濁), 신살 등

청탁(淸濁)을 살펴보면 중등(中等)에 해당한다. 12신살 중 반안, 장성, 화개, 지살, 망신, 년살, 육해가 있다. 시지에 천을귀인이 있으며, 월주 괴강이다.

2. 풀이

- 대운을 보면 丙戌(52세~61세) 대운은 대길(대吉)하고, 己丑, 癸未 대운은 중길(中吉)하다. 辛卯, 庚寅, 戊子, 丁亥, 乙酉, 甲申 대운은 나쁘다. 정관 기운(己運)이 중첩된 비겁을 충거(沖去)하여 사주가 청(淸)해지니 기운(己運)에 대발복(大發福)한다.
- 신태강(身太强)한 강하(江河)의 물인 임수(壬水)일간이 착근(着根)하여 천간에서 계수(癸水), 임수(壬水)와 합세하니, 주류불체 · 충천분지(周流不滯 · 沖天奔地)라, 거침없이 밀어 붙이는 드센 물살이다. 시지(時支) 상관 묘목(卯木)이 홀로 왕(旺)한 수기(水氣)를 막으며 그 기세를 설기(泄氣)하고 있으나, 공망되어 버리니 흉(凶)이 크다. 일처리가 시원시원하나, 자기중심적이며 주색을 즐기는 경향이 있다. 탐구심이 강하여 학문연구에 종사하는 경우가 많다(傷官空亡). 성격이 지나치게 강하고 굳세다. 측은지심(惻隱之心)이 없고 각박하며 무정하고 냉혹하다(日刃). 매우 정확하고 자존심과 불굴하는 고집이 있다(偏官格). 승부와 관력으로 인한 시비다툼이 많다(偏官). 해외출입이나

이사이동이 많다(水旺漫流).

- 토목건축관련 직업, 기술자, 등이 어울린다(偏官格). 교육자, 문인, 학자, 전통문화관련 직업 등도 맞다(正印). 정치, 법학, 군사학, 경찰, 정보, 세무, 노동, 행정 등의 학과에 적성이 있다.
- 사주상 재물복은 평범하다. 대운상 대체적인 재물운을 보면, 운세가 기신(忌神) 수·금운(水·金運)으로 흐르니, 중년 대운(己丑, 戊子, 丁亥)에는 재물운이 길흉(吉凶)상반하여 굴곡이 있다. 말년 대운(丙戌, 乙酉, 甲申)에도 재물운이 좋지 않다.
- 수다멸화(水多滅火)라, 왕(旺)한 수기(水氣)의 극(剋)을 받아 심장·소장계통의 기능이 약하다.
- 사주 내에 재성 화기(火氣)가 전혀 없으므로, 처의 영향력이 미미하다. 일지 양인으로 의처증이 있거나, 폭력적일 수 있다. 부부궁은 좋지 않다고 본다. 자식덕은 적다(官星用神, 時支空亡). 부모복이 있으며(月喜神), 형제덕은 평범하다.

유정(有情)·무정(無情)

2

용신이 일간과 멀리 떨어져 있어도 가까이 있는 오행이 용신을 합(合)해서 옆으로 데려오면 유정(有情)이 되고, 반대로 용신이 일간과 가깝더라도 멀리 떨어져 있는 오행이 합(合)해서 데려가면 무정(無情)이 된다.

사례 4

壬일간 巳월생(음력 4월생)

	(-)	(+)	(-)	(+)	
	정인	日干	상관	비견	
丙 丁 戊 己 庚 辛 壬 癸 甲	辛	壬	乙	壬	[女命]
申 酉 戌 亥 子 丑 寅 卯 辰	亥	寅	巳	子	
	비견	식신	편재	겁재	
	(+)	(+)	(+)	(-)	
	(戊 甲 壬)	(戊 丙 甲)	(戊 庚 丙)	(壬 癸)	

위 사주는 임자년(壬子年) 을사월(乙巳月) 임인일(壬寅日) 신해시(辛亥時)에 출생한 여자의 사주이다.

1. 사주의 구조

(1) 대운

년간(年干)을 기준으로 양남음녀(陽南陰女)는 순행하고 음남양녀(陰男陽女)는 역행하니, 위 사주에서 대운은 역행한다. 따라서 대운은 위 사주의 좌측에 열기된 바와 같다. 대운수는 7이다.

(2) 육신과 지장간

육신을 보면, 일간이 임수(壬水)이니 년간 임수(壬水)는 비견, 년지 자수(子水)는 겁재이고 월간 을목(乙木)은 상관, 월지 사화(巳火)는 편재이며, 일지 인목(寅木)은 식신, 시간 신금(辛金)은 정인, 시지 해수(亥水)는 비견이 된다.

지장간을 보면, 년지 子水의 지장간은 임·계(壬·癸), 월지 사화(巳火)의 지장간은 무·경·병(戊·庚·丙), 일지 인목(寅木)의 지장간은 무·병·갑(戊·丙·甲), 시지 해수(亥水)의 지장간은 무·갑·임(戊·甲·壬)이다.

(3) 합·충·형·파(合·沖·刑·破) 등

지지에 사해충(巳亥沖), 인사형(寅巳刑), 인사해(寅巳害)가 있다. 일지 인(寅)은 년주공망, 월지 사(巳)는 일주공망이다.

(4) 용신 등

중화(中和) 사주로서 목(木)이 용신, 화(火)는 희신이다. 금(金)과 수(水)는 기신, 토(土)는 한신이다.

(5) 격국

이 사주는 식상생재(食傷生財)의 편재격이다.

(6) 청탁(淸濁), 신살 등

청탁(淸濁)을 살펴보면 중청(中淸)에 해당한다. 12신살 중 장성, 겁살, 망신, 역마, 지살, 재살이 있다. 월지에 천을귀인이 있다.

2. 풀이

- 대운을 보면 甲辰, 癸卯, 壬寅 대운은 중길(中吉)하고, 己亥(57세~66세), 戊戌 대운은 평범하거나 조금 나쁘며, 辛丑, 庚子, 丁酉, 丙申 대운은 나쁘다.
- 화왕절(火旺節) 임수(壬水)가 건록지, 제왕지에 통근(通根)하여 수기(水氣)가 왕(旺)하니, 세가 크고 강하다. 식상생재(食傷生財)의 부귀격(富貴格) 사주로 식복을 타고 났으며(日支食神), 목·화운(木·火運)에 횡재한다(偏財格). 다만, 일지 식신과 월지 편재가 공망됨이 흠이다. 재물욕심이 크고 일확천금, 투기, 모험을 좋아한다. 속전속결형으로 매우 정확하며, 매사에 수완과 요령이 좋다(偏財,傷官). 기분파로 즉흥적이나, 인정이 많다. 낙천적이며 명랑하다(食神). 직관력이 뛰어나며, 종교역학에 인연이 있다(時支天門星). 외모가 귀티가 나고 총명하며 매력이 있다(納音五行金箔金, 覆燈火). 자존심이 강하며 고집을 부리면 꺾기 힘들다(壬水旺).
- 의사·약사(日支食傷三刑), 문인·학자(正印) 등이 어울린다(傷官). 항공기 조종사, 스튜어디스 등 항공 관련 직업과(寅巳驛

馬地殺), 교사, 강사, 예술가, 연예인, 방송인 등 말로 먹고사는 직업도 맞다.

- 신왕재왕(身旺財旺)하며 용신이 유력한 식상생재격(食傷生財格)으로 사주상 재물복이 풍부하다. 대운상 대체적인 재물운을 보면, 중년 대운(壬寅, 辛丑, 庚子)에는 재물운이 대길(大吉)하다. 말년 대운(己亥, 戊戌, 丁酉)에도 재물운이 좋다.
- 금(金)의 설기(洩氣)가 심하여 폐 · 대장이 약하며, 천식 · 당뇨 · 치질이 있기 쉽다.
- 일지(日支) 식신 용신으로 배우자궁에 밥그릇이 있으며, 남편이 왕(旺)한 수기(水氣)를 막아 주는 통관용신(通關用神) 역할을 하니, 남편의 도움이 크다. 그러나 일지 공망으로 남편덕은 적다고 본다. 자식인 식상 목(木)이 용신이다. 그러나 천간에서 상관 을목(乙木)이 충(沖)이 되고 지지 인목(寅木)은 공망이니, 자식과의 인연이 박하다. 월주가 천간지지로 용 · 희신이나, 충 · 공망(沖 · 空亡)되니 부모복도 적다. 형제덕은 평범하다.

유정(有情) · 무정(無情)

3

사주에서 한신(閑神)이 다른 오행과 합(合)해서 희신(喜神)으로 변하면 유정(有情)한 사주, 기신(忌神)으로 변하면 무정(無情)한 사주라고도 한다..

사례 5

壬일간 午월생(음력 5월생)

	(-)	(+)	(+)	(+)	
	겁재	日干	비견	편인	
癸 甲 乙 丙 丁 戊 己 庚 辛	癸	壬	壬	庚	[女命]
酉 戌 亥 子 丑 寅 卯 辰 巳	卯	申	午	戌	
	상관	편인	정재	편관	
	(-)	(+)	(-)	(+)	
	(甲 乙)	(戊 壬 庚)	(丙 己 丁)	(辛 丁 戊)	

위 사주는 경술년(庚戌年) 임오월(壬午月) 임신일(壬申日) 계묘시(癸卯時)에 출생한 여자의 사주이다.

1. 사주의 구조

(1) 대운

년간(年干)을 기준으로 양남음녀(陽南陰女)는 순행하고 음남양녀(陰男陽女)는 역행하니, 위 사주에서 대운은 역행한다. 따라서 대운은 위 사주의 좌측에 열기된 바와 같다. 대운수는 10이다.

(2) 육신과 지장간

육신을 보면, 일간이 임수(壬水)이니 년간 경금(庚金)은 편인, 년지 술토(戌土)는 편관이고 월간 임수(壬水)는 비견, 월지 오화(午火)는 정재이며, 일지 신금(申金)은 편인, 시간 계수(癸水)는 겁재, 시지 묘목(卯木)은 상관이 된다.

지장간을 보면, 년지 술토(戌土)의 지장간은 신 · 정 · 무(辛 · 丁 · 戊), 월지 오화(午火)의 지장간은 병 · 기 · 정(丙 · 己 · 丁), 일지 신금(申金)의 지장간은 무 · 임 · 경(戊 · 壬 · 庚), 시지 묘목(卯木)의 지장간은 갑 · 을(甲 · 乙)이다.

(3) 합 · 충 · 형 · 파(合 · 沖 · 刑 · 破) 등

지지에 오술화국(午戌火局)의 반합(준삼합), 묘술합(卯戌合), 묘오파(卯午破), 묘신(卯申)원진이 있다. 년지 술(戌)은 일주공망이다.

(4) 용신 등

금(金)이 용신, 수(水)는 희신이다. 화(火)와 토(土)는 기신, 목(木)은 한신이다.

(5) 격국

이 사주는 정재격이다.

(6) 청탁(淸濁), 신살 등

청탁(淸濁)을 살펴보면 중청(中淸)에 해당한다. 12신살 중 장성, 화개, 역마, 지살, 년살, 월살, 재살, 육해가 있다. 시지에 천을귀인이 있으며, 년주 괴강이다.

2. 풀이

- 대운을 보면 癸酉 대운은 대길(대吉)하고, 丙子(60세~69세), 乙亥 대운은 중길(中吉)하다. 辛巳, 庚辰 대운은 평범하거나 조금 나쁘며, 己卯, 戊寅, 丁丑, 甲戌 대운은 나쁘다.
- 화왕절(火旺節)의 양수(陽水) 임수(壬水)가 강경한 무쇠 경·신금(庚·申金)을 설기하여 그 기운을 소통시키니 강중지덕(剛中之德)이라, 총명하고 도량이 넓다. 편인 경금(庚金)이 용신으로 오화(午火)에 잘 제련되어 예리하고 쓰임새가 많은데, 수기(水氣)까지 득(得)했으니 그 기류가 맑으므로 명예를 좇아야 한다. 殺印相生 사주다. 다만, 쇠약한 편관 戊土가 공망됨이 흠이다. 정재 오화(午火)가 약한 편관을 생(生)하고 있으니, 양처(良妻)형이다(財滋弱殺). 천간에 비겁이 중첩하니 재물은 들어오나, 술술 새어나간다. 자존심이 강하고 귀(貴)티가 난다(納音五行金箔金). 섬세하고 정확하며 결단력이 있다(納音五行劍鋒金). 솔직하고 가식이 없으며(劫用), 생각이 깊고 지혜가

있다(水淸). 정직하고 신용이 있으며 꼼꼼하다.

- 학자, 작가, 교육자, 의사, 약사, 연예인 등이 맞다. 교육, 철학, 언론, 종교, 예능, 의약계열, 기술공학계열 등이 적성에 맞다.
- 천간에 비겁이 중첩하여 군비쟁재(群比爭財)하고 편인이 식상 밥그릇을 제압하니, 사주상 재물복은 크지 않다. 그러나 시주(時柱)에 묘목(卯木) 상관이 놓여 비겁과 재성 사이를 통관(通關)하니, 인생 후반기에 재물운이 풀린다. 대운상 대체적인 재물운을 보면, 중년 대운(己卯, 戊寅, 丁丑)에는 재물운이 좋지 않고 어렵다. 기묘(己卯) 대운은 정관 기토(己土)가 들어오다가 겁재 계수(癸水)와 충(沖)하여 관(官)이 깨지고, 무인(戊寅) 대운은 천간의 오행이 모두 통근(通根)하는 용신 신금(申金)이 인신충(寅申沖)으로 깨지니, 흉(凶)이 크다. 정축(丁丑) 대운은 비견 임수(壬水)가 정재를 합거(合去)하여 고정적인 수입이 없어진다. 그러나 말년 대운(丙子, 乙亥, 甲戌)에는 용·희신 금·수운(金·水運)으로 흐르니, 재물운이 좋다.
- 큰 질병은 없으나, 체질을 감안한 꾸준한 건강관리가 중요하다.
- 임수(壬水)일간이 일지용신(用神)에 착근(着根)하니 남편복이 있다(用神有氣). 배우자궁이 장생으로 남편의 외조가 있으며, 명주(命主) 또한 재자약살(財滋弱殺)하여 상생한다. 자식덕도 있다(喜神有氣). 불로 제련된 편인 경금(庚金) 도끼에 잘 다듬어진 목공예품으로 자식이 똑똑하다. 부모복도 있다(月干喜神, 月支財滋弱殺). 형제덕은 평범하다.

사례 6

壬일간 未월생(음력 6월생)

대운		(-)	(+)	(-)	(-)	
		정관	日干	겁재	상관	
壬 辛 庚 己 戊 丁 丙 乙 甲		己	壬	癸	乙	[女命]
辰 卯 寅 丑 子 亥 戌 酉 申		酉	子	未	卯	
		정인	겁재	정관	상관	
		(-)	(-)	(-)	(-)	
		(庚 辛)	(壬 癸)	(丁 乙 己)	(甲 乙)	

위 사주는 을묘년(乙卯年) 계미월(癸未月) 임자일(壬子日) 기유시(己酉時)에 출생한 여자의 사주이다.

1. 사주의 구조

(1) 대운

년간(年干)을 기준으로 양남음녀(陽南陰女)는 순행하고 음남양녀(陰男陽女)는 역행하니, 위 사주에서 대운은 순행한다. 따라서 대운은 위 사주의 좌측에 열기된 바와 같다. 대운수는 6이다.

(2) 육신과 지장간

육신을 보면, 일간이 임수(壬水)이니 년간 을목(乙木)은 상관, 년지 묘목(卯木)도 상관이고 월간 계수(癸水)는 겁재, 월지 미토(未土)는 정관이며, 일지 자수(子水)는 겁재, 시간 기토(己土)는 정관, 시지 유금(酉金)은 정인이 된다.

지장간을 보면, 년지 묘목(卯木)의 지장간은 갑·을(甲·乙), 월지 미토(未土)의 지장간은 정·을·기(丁·乙·己), 일지 자수(子水)의 지장간은 임·계(壬·癸), 시지 유금(酉金)의 지장간은 경·신(庚·辛)이다.

(3) 합·충·형·파(合·沖·刑·破) 등

지지에 묘미목국(卯未木局), 묘유충(卯酉沖), 자묘형(子卯刑), 자미원진(子未怨嗔), 자미해(子未害), 자유파(子酉破)가 있다.

(4) 용신 등

중화(中和) 사주로서 토(土)가 용신, 화(火)는 희신이다. 수(水)와 금(金)은 기신, 목(木)은 한신이다. 년지 묘는 일주공망이고, 일지 자는 년주공망이다.

(5) 격국

이 사주는 정관격이다. 또한 외관상으로는 일인격(日刃格)이라고도 할 수 있으나, 일지 공망으로 성격(成格)되지 않는다. 일인격이란 일지에 양인(羊刃)을 놓은 것으로 丙午, 戊午, 壬子日의 3일뿐이다. 이 격을 놓고 일위(一位)의 칠살이 간(干)에 투출되면 살인상정(殺刃相停)이란 대귀격(大貴格)이 이루어진다. 성격이 강하고 굳세며, 무정하고 냉혹함이 있다.

(6) 청탁(淸濁), 신살 등

청탁(淸濁)을 살펴보면 중등(中等)에 해당한다. 12신살 중 화개, 장성, 년살, 재살, 천살, 육해가 있다. 년지에 천을귀인이 있다.

2. 풀이

- 대운을 보면 丙戌(26세~35세) 대운은 大吉하고, 丁亥, 己丑, 壬辰 대운은 평범하거나 조금 나쁘며, 甲申, 乙酉, 戊子, 庚寅, 辛卯 대운은 나쁘다.
- 임수(壬水)가 본래 양수(陽水)이나, 일간을 제외한 나머지 일곱 글자가 모두 음(陰)으로 이루어져서 음기(陰氣)가 강하니, 암울하고 편향적인 경향을 보인다. 토왕절(土旺節)에 태어나 임수(壬水)일간의 뿌리가 공망되니, 인생이 공허할 때가 많다. 자신만의 공간에서 생각하고 연구하는 일에 능력을 발휘한다(陰氣旺,傷官空亡). 경쟁이 있는 승부에 약하고 만용을 부리기 쉽다(比劫空亡). 다재다능하나 소극적이며, 사회활동성이 약하지만 정신적인 면에서 차원이 높다(傷官空亡). 일처리에 있어 권위의

식과 우월감을 가지고 강직하게 처리한다(正官格). 정의감 · 책임감이 강하고 공명심도 강하다(正官). 안정적이고 고정적인 삶을 지향한다. 초년에는 공부 안하고 말년에 공부한다(時印星).

- 공무원, 봉급생활자, 농업, 과수원, 도예공방, 문인, 학자, 전통문화관련 직업, 종교계 등이 맞다.
- 사주상 재물복은 평범하다. 대운상 대체적인 재물운을 보면, 중년 대운(丙戌, 丁亥, 戊子)에는 재물운이 길흉(吉凶)상반하여 굴곡이 있다. 병술(丙戌) 대운은 용 · 희신 토 · 화운(土 · 火運)으로 관록이 생기고 재물이 들어오니, 대길(大吉)하다. 무자(戊子) 대운은 관살이 합거(合去)되니 직업운이 흉(凶)하다. 말년 대운(己丑, 庚寅, 辛卯)에도 또한 일간을 제외한 천간오행이 모두 깨져서 진로가 막히니, 재물운이 좋지 않다.
- 큰 질병은 없으나, 체질을 감안한 꾸준한 건강관리가 중요하다.
- 남편복이 적다(官星用有氣, 日支空亡). 자식덕은 없다(食傷閑神, 空亡), 부모복은 있다(月支用神). 형제덕은 평범하다.

유정(有情) · 무정(無情)

4

자평진전에서는 유정 · 무정에 대하여 천간끼리의 관계 또는 천간과 지지와의 관계에 있어서 거스르지 않고 서로 이루어주는 것을 유정이라 하고, 거슬려서 서로 배반하는 것을 무정이라고 기술하고 있다.

사례 7

壬일간 申월생(음력 7월생)

大運	(-)	(+)	(+)	(+)	
	정인	日干	편재	편재	
乙 甲 癸 壬 辛 庚 己 戊 丁	辛	壬	丙	丙	[男命]
巳 辰 卯 寅 丑 子 亥 戌 酉	丑	辰	申	辰	
	정관	편관	편인	편관	
	(-)	(+)	(+)	(+)	
	(癸辛己)	(乙癸戊)	(戊壬庚)	(乙癸戊)	

위 사주는 병진년(丙辰年) 병신월(丙申月) 임진일(壬辰日) 신축시(辛丑時)에 출생한 남자의 사주이다.

1. 사주의 구조

(1) 대운

년간(年干)을 기준으로 양남음녀(陽南陰女)는 순행하고 음남양녀(陰男陽女)는 역행하니, 위 사주에서 대운은 순행한다. 따라서 대운은 위 사주의 좌측에 열기된 바와 같다. 대운수는 6이다.

(2) 육신과 지장간

육신을 보면, 일간이 임수(壬水)이니 년간 병화(丙火)는 편재, 년지 진토(辰土)는 편관이고 월간 병화(丙火)는 편재, 월지 신금(申金)은 편인이며, 일지 진토(辰土)는 편관, 시간 신금(辛金)은 정인, 시지 축토(丑土)는 정관이 된다.

지장간을 보면, 년지 진토(辰土)의 지장간은 을·계·무(乙·癸·戊), 월지 신금(申金)의 지장간은 무·임·경(戊·壬·庚), 일지 진토(辰土)의 지장간은 을·계·무(乙·癸·戊), 시지 축토(丑土)의 지장간은 계·신·기(癸·辛·己)이다.

(3) 합·충·형·파(合·沖·刑·破) 등

천간에 병신합(丙辛合)이 있으며, 지지에 신진수국(申辰水局)의 반합(준삼합), 진진자형(辰辰自刑), 축진파(丑辰破)가 있다.

(4) 용신 등

신왕(身旺) 사주로서 토(土)가 용신, 화(火)는 희신이다. 금(金)과 수(水)는 기신, 목(木)은 한신이다.

(5) 격국

이 사주는 편인격이다.

(6) 청탁(淸濁), 신살 등

청탁(淸濁)을 살펴보면 중청(中淸)에 해당한다. 12신살 중 반안, 화개, 지살이 있다. 시지에 금여가 있다.

2. 풀이

- 대운을 보면 戊戌 대운은 대길(대吉)하고, 甲辰, 乙巳 대운은 중길(中吉)하다. 丁酉, 己亥, 庚子, 辛丑, 壬寅, 癸卯 대운은 나쁘다.
- 금왕절(金旺節) 임수(壬水) 호수에 귀성(貴星)인 태양 병화(丙火)가 아름답게 떠서 관(官)을 생(生)하고 또 관(官)이 영롱하게 빛을 발하는 신금(辛金) 보석인 인성을 생(生)하니, 탐재괴인(貪財壞印)하지 않고 살인상생(殺印相生)하여 사주가 청(淸)하다. 명예가 빛난다. 강경한 무쇠 경금(庚金) 편인을 임수(壬水)가 설기(泄氣)하여 그 기운을 소통시키니, 강중지덕(剛中之德)의 美가 있어 도량이 넓다. 다만, 신왕(身旺)하나 편재 병화(丙火)가 무근(無根)하고 식상이 없는 것이 흠이니, 재물운은 크지 않다. 의협심, 모험심, 과단성이 있으며, 군림하는 성향이다(偏官). 문장력이 뛰어나고 사리가 분명하다(魁罡). 자기주장이 강하고(身旺魁罡), 감정기복이 심하다(用神多). 솔직하고 화끈하지만, 모략이 부족하고 성질나면 불이다(納音五行山下火). 융통성이 부족하여 답답한 면이 있다(納音五行壁上土).
- 교육자, 작가, 학자, 의사, 약사 등이 어울린다(偏印). 군인, 경찰,

형관, 세무, 노동관련 직업도 맞다(偏官).

- 사주상 재물복은 크지 않다. 대운상 대체적인 재물운을 보면, 중년 대운(己亥, 庚子, 辛丑)과 말년 대운(壬寅, 癸卯, 甲辰) 모두 재물운이 좋지 않고 어렵다. 초반기의 무술(戊戌) 대운은 용신 관살이 세게 들어와 살인상생(殺印相生)하니 인생이 잘 풀리는 듯 하나, 기해(己亥) 대운부터 계속 기신(忌神) 금·수운(金·水運)으로 흐르니, 비겁·인수운이 모두 왕(旺)하여 가난하고 고독하다.
- 큰 질병은 없으나, 체질을 감안한 꾸준한 건강관리가 중요하다.
- 재희신(財喜神)으로 처의 덕을 본다. 처 병화(丙火)는 명주(命主) 임수(壬水)와 잘 어울리는 귀성(貴星)이나, 처와 해로하기는 어렵다(財多, 財無根). 관성용신(官星用神)으로 자식덕이 있다. 겉으로는 부모복이 있는 듯 하나, 실상은 부모복이 없다(月喜神, 忌神). 형제는 많다(印綬月令提綱).

풍수지리 - 용어해설

1

혈(穴) 또는 혈장(穴場) :

생기(生氣)가 응집된 명당(明堂) 중에서 생기에너지가 최대한도로 응집된 지점을 말한다.

광중(壙中) :

시신을 묻는 구덩이를 의미한다.

사례 8

壬일간 酉월생(음력 8월생)

	(+)	(+)	(-)	(-)	
	편관	日干	정관	정재	
庚 辛 壬 癸 甲 乙 丙 丁 戊	戊	壬	己	丁	[男命]
子 丑 寅 卯 辰 巳 午 未 申	申	申	酉	巳	
	편인	편인	정인	편재	
	(+)	(+)	(-)	(+)	
	(戊 壬 庚)	(戊 壬 庚)	(庚 辛)	(戊 庚 丙)	

위 사주는 정사년(丁巳年) 기유월(己酉月) 임신일(壬申日) 무신시(戊申時)에 출생한 남자의 사주이다.

1. 사주의 구조

(1) 대운

년간(年干)을 기준으로 양남음녀(陽南陰女)는 순행하고 음남양녀(陰男陽女)는 역행하니, 위 사주에서 대운은 역행한다. 따라서 대운은 위 사주의 좌측에 열기된 바와 같다. 대운수는 7이다.

(2) 육신과 지장간

육신을 보면, 일간이 임수(壬水)이니 년간 정화(丁火)는 정재, 년지 사화(巳火)는 편재이고 월간 기토(己土)는 정관, 월지 유금(酉金)은 정인이며, 일지 신금(申金)은 편인, 시간 무토(戊土)는 편관, 시지 신금(申金)은 편인이 된다.

지장간을 보면, 년지 사화(巳火)의 지장간은 무 · 경 · 병(戊 · 庚 · 丙), 월지 유금(酉金)의 지장간은 경 · 신(庚 · 辛), 일지 신금(申金)의 지장간은 무 · 임 · 경(戊 · 壬 · 庚), 시지 신금(申金)의 지장간은 무 · 임 · 경(戊 · 壬 · 庚)이다.

(3) 합 · 충 · 형 · 파(合 · 沖 · 刑 · 破) 등

천간에 정임합(丁壬合)이 있으며, 지지에 사유금국(巳酉金局)의 반합(준삼합), 사신형합(巳申刑合)이 있다.

(4) 용신 등

신왕(身旺) 사주로서 화(火)가 용신, 목(木)은 희신이다. 수(水)와 금(金)은 기신, 토(土)는 한신이다.

(5) 격국

이 사주는 정인격이다. 또한 외관상으로 시상일위귀격(時上一位貴格)이라고 볼 수도 있으나, 관살혼잡으로 인해 성격(成格)이 안된다. 시상일위귀격이란 일주가 득령하여 신강(身强)하고 시(時)에만 편관 하나를 놓은 것을 말한다. 칠살이 왕(旺)하는 운을 만나면 형관(刑官)이나 무관으로 출세한다는 대귀격(大貴格)이다.

(6) 청탁(淸濁), 신살 등

청탁(淸濁)을 살펴보면 중탁(中濁)에 해당한다. 12신살 중 장성, 겁살, 지살, 년살, 망신살이 있다. 년지에 천을귀인이 있다.

2. 풀이

- 대운을 보면 丁未, 丙午(27세~36세) 대운은 대길(대吉)하고, 甲辰, 癸卯, 壬寅 대운은 중길(中吉)하다. 乙巳 대운은 평범하거나 조금 나쁘며, 戊申, 辛丑, 庚子 대운은 나쁘다. 식신 갑목(甲木)이 들어와 합관유살(合官留殺)함으로써 사주가 청(淸)해지니 갑운(甲運)에 발복(發福)한다.
- 금왕절(金旺節) 신왕(身旺)한 임수(壬水)가 강경한 경금(庚金) 무쇠를 설기(泄氣)하여 그 기운을 소통시킴으로 강중지덕(剛中之德)이 있어 총명하고 도량이 넓으나, 모다멸자(母多滅子)라 뜻은 있으나 펼치기 어렵다. 인수격이 정관을 쓰면 관인쌍전(官印雙全)한다고 한다. 그러나 이 명은 관살혼잡인데다가 금(金) 인성이 왕(旺)하여 토(土) 관성은 금다변토(金多變土)로 못쓰게

생겼으니, 인수 무쇠를 제련하면서 재자약관(財滋弱官)하고 있는 재성 화(火)가 용신이다. 명예보다는 재물을 좇아야 하는 사주다. 돌아다니며 재물을 모아야 명예가 뒤따른다(偏財, 偏印地殺多). 결단력, 인내심이 강하고 이해관계에 철저하다. 날카로운 기세를 가진 금(金)의 기운으로 리더쉽은 강하나, 부드러움이 필요하다(納音五行劍鋒金). 해외출입이나 이사 · 직업이동이 많다(年日時地殺).

- 의사, 약사가 어울린다(三刑,金旺, 納音五行劍鋒金). 사업가, 자영업, 무역, 유통, 사진, 조명, 전자, 컴퓨터, 주물업 등의 직업도 맞다(財用).
- 식상이 부재(不在)하고 인수가 태왕(太旺)하니 큰 재물을 모으지 못하지만, 운세가 용 · 희신 화 · 목운(火 · 木運)으로 흐르니, 사주상 재물복은 평범하다. 대운상 대체적인 재물운을 보면, 중년 대운(丙午, 乙巳, 甲辰)과 말년 대운(癸卯, 壬寅, 辛丑) 모두 재물운이 좋은 편이다. 특히 병오(丙午)대운에는 오화(午火)불로 왕(旺)한 인수 금기(金氣)를 제련하면서 병화(丙火) 편재가 들어오니, 재물이 들어온다. 갑진(甲辰) 대운에는 갑목(甲木)이 합관유살(合官留殺)하여 사주가 맑아지고, 진토(辰土)가 들어와 관(官)이 통근(通根)하면서 육합이 되어 사화(巳火) 편재를 온전하게 득(得)하니, 재물운이 길(吉)하다.
- 큰 질병은 없으나, 체질을 감안한 꾸준한 건강관리가 중요하다.
- 재용신(財用神)으로 처의 덕을 본다. 처가 재자약관(財滋弱官)하니, 처의 내조가 크다. 상극관계를 이루는 재성과 인성 사이에서 통관(通關)하니 자식덕이 있다. 부모복은 없다(月忌神). 형제는 많다(印綬月令提綱).

사례 9

壬일간 戌월생(음력 9월생)

대운	(-)	(+)	(+)	(+)	
	정재	日干	비견	편관	
癸 甲 乙 丙 丁 戊 己 庚 辛	丁	壬	壬	戊	[女命]
丑 寅 卯 辰 巳 午 未 申 酉	未	寅	戌	午	
	정관	식신	편관	정재	
	(-)	(+)	(+)	(-)	
	(丁乙己)	(戊丙甲)	(辛丁戊)	(丙己丁)	

위 사주는 무오년(戊午年) 임술월(壬戌月) 임인일(壬寅日) 정미시(丁未時)에 출생한 여자의 사주이다.

1. 사주의 구조

(1) 대운

년간(年干)을 기준으로 양남음녀(陽南陰女)는 순행하고 음남양녀(陰男陽女)는 역행하니, 위 사주에서 대운은 역행한다. 따라서 대운은 위 사주의 좌측에 열기된 바와 같다. 대운수는 5이다.

(2) 육신과 지장간

육신을 보면, 일간이 임수(壬水)이니 년간 무토(戊土)는 편관, 년지 오화(午火)는 정재이고 월간 임수(壬水)는 비견, 월지 술토(戌土)는 편관이며, 일지 인목(寅木)은 식신, 시간 정화(丁火)는 정재, 시지 미토(未土)는 정관이 된다.

지장간을 보면, 년지 오화(午火)의 지장간은 병·기·정(丙·己·丁), 월지 술토(戌土)의 지장간은 신·정·무(辛·丁·戊), 일지 인목(寅木)의 지장간은 무·병·갑(戊·丙·甲), 시지 미토(未土)의 지장간은 정·을·기(丁·乙·己)이다.

(3) 합·충·형·파(合·沖·刑·破) 등

천간에 정임합(丁壬合)이 있으며, 지지에 인오술화국(寅午戌火局)의 삼합, 오미합(午未合), 미술파(未戌破)가 있다.

(4) 용신 등

신태약(身太弱) 사주로서 금(金)이 용신, 수(水)와 목(木)은 희신이다. 화(火)와 토(土)는 기신이다.

(5) 격국

이 사주는 편관격이다. 또한 외관상으로는 현무당권격(玄武當權格)이라고도 볼 수 있으나, 신태약(身太弱) 사주로 성격(成格)이 안된다. 현무는 북방의 수신(水神)이고 수(水)는 임계(壬癸)라, 임계일생(壬癸日生)이 권(權)인 재 · 관(財 · 官)을 감당한다는 것을 현무당권격이라 한다. 이 격국은 신왕(身旺)하면 수화기제(水火旣濟)의 재국(財局)이 되어 인격이 귀(貴)하고 부귀(富貴)가 출중(出衆)하다.

(6) 청탁(淸濁), 신살 등

청탁(淸濁)을 살펴보면 중탁(中濁)에 해당한다. 12신살 중 반안, 장성, 화개, 지살이 있다. 월주에 괴강과 백호살이 있다.

2. 풀이

- 대운을 보면 辛酉, 庚申 대운은 대길(대吉)하고, 乙卯 대운은 중길(中吉)하다. 甲寅, 癸丑 대운은 평범하거나 조금 나쁘며, 己未(25세~34세), 戊午, 丁巳, 丙辰 대운은 나쁘다.
- 임수(壬水)일간이 인오술화국(寅午戌火局)의 왕(旺)한 열기에 강물이 말라 무기력하며, 또한 천간지지에 합 · 충(合 · 沖)이 많으니 인생이 고단하고 다사다난하다. 재다신약(財多身弱)하니 재물이 생겨도 내가 관리하지 못해 취하지 못한다. 재(財)와 합(合)이 되어 돈을 좋아 하나(丁壬合), 돈벌어서 남편 내조하는 양처(良妻)형이다(旺財生官). 재물욕심을 부리면 단명요절하거나 화(禍)를 당할 수 있으니, 주위에 베풀어야 한다(旺財忌神).

직업을 가지면 흉사(凶事)를 면할 수 있다(財多身弱, 偏官格). 수(水)일간에 화(火)가 많아서 물이 펄펄 끓으니, 성질이 차분하지 못하고 인내심이 없으며 까탈스럽다. 결단력이 부족하고 우유부단하다(財多身弱). 꼼꼼하고 알뜰하다(正財).

- 회사원, 은행원, 금융업, 신용사업, 귀금속업, 차치품업, 금속가공업, 영업관리직, 기술직 등의 직업이 맞다(正財, 偏官格).
- 사주상 재물복은 평범하다. 대운상 대체적인 재물운을 보면, 중년 대운(己未, 戊午, 丁巳)에는 사주가 더욱 조열(燥熱)하여 재물운이 좋지 않고 어렵다. 그러나 말년 대운(丙辰, 乙卯, 甲寅)에는 희신 목운(木運)으로 왕(旺)한 편관 무토(戊土)를 제압하여 명주의 기세가 살아나니, 재물운이 좋은 편이다.
- 화다비수(火多沸水)라 수(水)가 증발되니, 정력이 약하고 쉽게 피로하며 신장·방광이 약하여 귓병·감기등에 잘 걸린다. 강과 호수를 가까이하는 것이 좋다(水弱受剋). 목(木)이 극설되어 화다분목(火多焚木)하니 만성두통, 신경쇠약, 당뇨 등의 질환이 있기 쉽다.
- 배우자궁에 식신 밥그릇이 있어 재물을 모으는 데 남편 도움이 있다. 그러나 남편이 편관이고 시어머니의 기세가 태왕(太旺)하니, 시집살이에 골병이 든다. 남편과 해로하기 어렵다. 자식두기 어렵다(財官太旺無子). 만약 자식두면 부부해로 못하거나, 본인이 단명하다. 겉으로는 부모복이 있는 듯 하나, 실상은 부모복이 없다(月喜神, 忌神). 형제덕이 적다(比劫喜神受剋).

사례 **10**

壬일간 亥월생(음력 10월생)

	(-)	(+)	(-)	(-)	
	정인	日干	상관	정관	
丙 丁 戊 己 庚 辛 壬 癸 甲	辛	壬	乙	己	[男命]
寅 卯 辰 巳 午 未 申 酉 戌	亥	辰	亥	未	
	비견	편관	비견	정관	
	(+)	(+)	(+)	(-)	
	(戊甲壬)	(乙癸戊)	(戊甲壬)	(丁乙己)	

위 사주는 기미년(己未年) 을해월(乙亥月) 임진일(壬辰日) 신해시(辛亥時)에 출생한 남자의 사주이다.

1. 사주의 구조

(1) 대운

년간(年干)을 기준으로 양남음녀(陽南陰女)는 순행하고 음남양녀(陰男陽女)는 역행하니, 위 사주에서 대운은 역행한다. 따라서 대운은 위 사주의 좌측에 열기된 바와 같다. 대운수는 10이다.

(2) 육신과 지장간

육신을 보면, 일간이 임수(壬水)이니 년간 기토(己土)는 정관, 년지 미토(未土)는 정관이고 월간 을목(乙木)은 상관, 월지 해수(亥水)는 비견이며, 일지 진토(辰土)는 편관, 시간 신금(辛金)은 정인, 시지 해수(亥水)는 비견이 된다.

지장간을 보면, 년지 미토(未土)의 지장간은 정·을·기(丁·乙·己), 월지 해수(亥水)의 지장간은 무·갑·임(戊·甲·壬), 일지 진토(辰土)의 지장간은 을·계·무(乙·癸·戊), 시지 해수(亥水)의 지장간은 무·갑·임(戊·甲·壬)이다.

(3) 합·충·형·파(合·沖·刑·破) 등

천간에 을기충(乙己沖)이 있으며, 지지에 해미목국(亥未木局)의 반합(준삼합), 해해자형(亥亥自刑), 진해(辰亥)원진이 있다. 년지 미(未)는 일주공망이다.

(4) 용신 등

중화(中和) 사주로서 토(土)가 용신, 화(火)는 희신이다. 수(水)와 금(金)은 기신, 목(木)은 한신이다.

(5) 격국

이 사주는 상관격이다.

(6) 청탁(淸濁), 신살 등

청탁(淸濁)을 살펴보면 중탁(中濁)에 해당한다. 12신살 중 반안, 화개, 망신, 지살, 천살이 있다. 일주 괴강이다.

2. 풀이

- 대운을 보면 甲戌, 辛未, 庚午, 戊辰 대운은 중길(中吉)하고, 己巳, 丁卯, 丙寅 대운은 평범하거나 조금 나쁘며, 癸酉(20세~29세), 壬申 대운은 나쁘다.
- 수왕절(水旺節) 임수(壬水)가 득령(得令)하여 그 기세가 크고 강건(剛健)의 덕(德)이 있어 주류불체(周流不滯)하니, 물러섬이 없는 도도한 성격이다. 신왕관왕(身旺官旺)하여 임수(壬水)에 씻긴 영롱한 보석 신금(辛金)인수로 관인상생(官印相生)하려하나, 천간에서 상관이 정관을 치고 있으니 사주가 탁(濁)하다. 년지(年支) 정관 공망이고 년간(年干) 정관(官)을 상관이 치고 있으니(傷官見官), 공명허실(功名虛失)이라 중년이후에 인생이 풍요로워진다. 문관보다는 무관쪽이 어울린다(正官空亡,日支偏官·魁罡). 의지가 굳고 주관이 뚜렷하여 처세가 명백하다(月時建祿). 상관이 지살위에 놓였으니 직업이동, 이사, 여행이 잦다. 성격이 급하고 승부근성이 있으며(偏官), 관재구

설에 휘말릴 수 있다(傷官見官). 영감력, 직감력이 뛰어나고 종교·역학에 인연이 있다(月, 時天門星)

- 형관, 무관, 경찰 등의 직업이 어울린다(殺印相生). 교사, 강사, 연예인, 방송인, 예술가 등 말로 먹고사는 직업도 맞다(傷官格).
- 사주상 재물복은 평범하다. 대운상 대체적인 재물운을 보면, 중년 대운(壬申, 辛未, 庚午)과 말년 대운(己巳, 戊辰, 丁卯) 모두 재물운이 좋은 편이다. 신미(辛未) 대운은 상관패인(傷官佩印)하여 기토(己土) 관(官)을 살리니, 신왕관왕(身旺官旺)의 부귀격(富貴格) 사주가 완성되어 인생이 풀리기 시작한다. 경오(庚午) 대운도 경금(庚金) 편인이 상관을 합거(合去)하여 기토(己土) 관(官)을 살리니, 재물운이 상승한다. 무진(戊辰) 대운 또한 용신 관운(官運)이 세게 들어오므로 재물운이 길(吉)하다.
- 큰 질병은 없으나 체질을 감안한 꾸준한 건강관리가 중요하다.
- 처의 내조를 얻는다. 그러나 일지가 편관 괴강으로 처의 바가지가 매우 심하여 부부궁은 좋지 않다. 재성이 정임합목(丁壬合木)으로 명주(命主)와 합(合)이 되지만, 년지(年支) 지장간에 멀리 떨어져서 공망되었다. 따라서 처의 영향력이 크지 않거나 병약하기 쉽고, 처와의 인연이 박하다. 자식덕이 있다(官星用神). 부모복은 없으며(月忌神, 月干傷官見官), 형제덕은 평범하다.

사례 11

壬일간 子월생(음력 11월생)

		(+)	(+)	(+)	(-)	
		식신	日干	편관	상관	
己 庚 辛 壬 癸 甲 乙 丙 丁		甲	壬	戊	乙	[男命]
卯 辰 巳 午 未 申 酉 戌 亥		辰	午	子	卯	
		편관	정재	겁재	상관	
		(+)	(-)	(-)	(-)	
		(乙 癸 戊)	(丙 己 丁)	(壬 癸)	(甲 乙)	

위 사주는 을묘년(乙卯年) 무자월(戊子月) 임오일(壬午日) 갑진시(甲辰時)에 출생한 남자의 사주이다.

1. 사주의 구조

(1) 대운

년간(年干)을 기준으로 양남음녀(陽南陰女)는 순행하고 음남양녀(陰男陽女)는 역행하니, 위 사주에서 대운은 역행한다. 따라서 대운은 위 사주의 좌측에 열기된 바와 같다. 대운수는 3이다.

(2) 육신과 지장간

육신을 보면, 일간이 임수(壬水)이니 년간 을목(乙木)은 상관, 년지 묘목(卯木)도 상관이고 월간 무토(戊土)는 편관, 월지 자수(子水)는 겁재이며, 일지 오화(午火)는 정재, 시간 갑목(甲木)은 식신, 시지 진토(辰土)는 편관이 된다.

지장간을 보면, 년지 묘목(卯木)의 지장간은 갑·을(甲·乙), 월지 자수(子水)의 지장간은 임·계(壬·癸), 일지 오화(午火)의 지장간은 병·기·정(丙·己·丁), 시지 진토(辰土)의 지장간은 을·계·무(乙·癸·戊)이다.

(3) 합·충·형·파(合·沖·刑·破) 등

천간에 무갑충(戊甲沖)이 있으며, 지지에 자진수국(子辰水局)의 반합(준삼합), 자묘상형(子卯相刑), 묘오파(卯午破)가 있다.

(4) 용신 등

신약(身弱) 사주로서 수(水)가 용신, 금(金)과 목(木)은 희신이다. 토(土)와 화(火)는 기신이다.

(5) 격국

이 사주는 양인격이다. 월지가 일간의 겁재이면 양인격(羊刃格)이 되는데, 양(陽)일간의 경우에만 양인격이 되고 음(陰)일간이면 양인격이 되지 않는다. 양인격은 인덕이 없고 인생살이 기복이 심한 사주이다. 고집이 강하고 투쟁을 좋아한다.

(6) 청탁(淸濁), 신살 등

청탁(淸濁)을 살펴보면 중탁(中濁)에 해당한다. 12신살 중 반안, 장성, 년살, 월살, 재살, 육해가 있다. 월지에 천을귀인이 있으며, 시주 백호살이다.

2. 풀이

- 대운을 보면 丁亥, 乙酉, 甲申, 癸未, 庚辰, 己卯 대운은 중길(中吉)하고, 辛巳 대운은 평범하거나 조금 나쁘며, 丙戌, 壬午(53세~62세) 대운은 나쁘다.
- 임수(壬水)일간이 나를 극(剋)하는 칠살을 식신으로 제살(制殺)하고 있으나, 천간에서 식상이 중첩되어 태과(太過)하고 일간의 설기가 심하여 사주가 맑지 않다. 명주(命主)의 기세가 강해지는 운이 길(吉)하다. 임수(壬水)가 일지 오화(午火)불위에 앉아서 자존심이 강하고 성급하다. 손아귀에 움켜쥐려는 독점력과 집착이 강하다(年納音五行大溪水). 거친 성품이라 여자와 돈을 거칠게 함부로 다루는 성향이 있다(羊刃格). 총명하고 다재다능하며 약자에게 베풀 줄 안다(傷官). 자유분방함을 추구하고 구속을 싫어한다(食傷太旺). 재물로 인한 다툼이 있고 재물욕심

이 크다(羊刃格). 정직하고 신용이 있으며 꼼꼼하다(正財).

- 교사, 강사, 연예인, 방송인, 예술가 등 말로 먹고사는 직업이 어울린다(傷官格). 봉급생활자(比劫用), 의식주관련 장사나 제조업도 맞다(食神).
- 사주상 재물복은 평범하다. 대운상 대체적인 재물운을 보면, 중년 대운(乙酉, 甲申, 癸未)에는 운세가 용·희신 수·금운(水·金運)으로 흐르니, 명주의 기세가 드높아지므로 재물운이 좋은 편이다. 말년 대운(壬午, 辛巳. 庚辰)에는 재물운이 길흉(吉凶)상반하여 굴곡이 있다. 임오(壬午) 대운은 기신(忌神) 오화(午火)가 들어와서 겁재 자수(子水)와 충(沖)하니, 명주가 무력해지면서 월지 용신이 깨지므로 재물운이 흉(凶)하다.
- 큰 질병은 없으나, 체질을 감안한 꾸준한 건강관리가 중요하다.
- 처가 관(官)을 생하고 있으나, 재성이 기신(忌神)으로 처덕이 적다. 관성기신(官星忌神)으로 자식덕이 없다. 월희신(月喜神)으로 부모복이 있고, 형제덕도 있다(比劫喜神).

풍수지리 - 용어해설

2

태조산(太祖山)은 혈장에너지의 근원처가 되고 중조산(中組山), 소조산(小祖山)은 혈장에너지의 중간 집합처인 조정지(調整池) 역할을 한다. 한국의 태조산은 백두산이고, 국립공원이 들어선 명산은 대부분 중조산에 해당한다.

사례 12

壬일간 丑월생(음력 12월생)

대운		時	日	月	年	
		(+)	(+)	(-)	(+)	
		편인	日干	정관	편인	
戊 丁 丙 乙 甲 癸 壬 辛 庚		庚	壬	己	庚	[男命]
戌 酉 申 未 午 巳 辰 卯 寅		子	午	丑	戌	
		겁재	정재	정관	편관	
		(-)	(-)	(-)	(+)	
		(壬 癸)	(丙 己 丁)	(癸 辛 己)	(辛 丁 戊)	

위 사주는 경술년(庚戌年) 기축월(己丑月) 임오일(壬午日) 경자시(庚子時)에 출생한 남자의 사주이다.

1. 사주의 구조

(1) 대운

년간(年干)을 기준으로 양남음녀(陽南陰女)는 순행하고 음남양녀(陰男陽女)는 역행하니, 위 사주에서 대운은 순행한다. 따라서 대운은 위 사주의 좌측에 열기된 바와 같다. 대운수는 8이다.

(2) 육신과 지장간

육신을 보면, 일간이 임수(壬水)이니 년간 경금(庚金)은 편인, 년지 술토(戌土)는 편관이고 월간 기토(己土)는 정관, 월지 축토(丑土)도 정관이며, 일지 오화(午火)는 정재, 시간 경금(庚金)은 편인, 시지 자수(子水)는 겁재가 된다.

지장간을 보면, 년지 술토(戌土)의 지장간은 신·정·무(辛·丁·戊), 월지 축토(丑土)의 지장간은 계·신·기(癸·辛·己), 일지 오화(午火)의 지장간은 병·기·정(丙·己·丁), 시지 자수(子水)의 지장간은 임·계(壬·癸)이다.

(3) 합·충·형·파(合·沖·刑·破) 등

지지에 자축(子丑)육합, 오술화국(午戌火局)의 반합(준삼합), 자오충(子午沖), 축술형(丑戌刑), 축오(丑午)원진, 축오해(丑午害)가 있다.

(4) 용신 등

신약(身弱) 사주로서 금(金)이 용신, 수(水)는 희신이다. 화(火)와 토(土)는 기신, 목(木)은 한신이다.

(5) 격국

이 사주는 정관격이다. 또한 외관상으로는 현무당권격(玄武當權格)이라고도 볼 수 있으나, 지지에 형·충(刑·沖)이 많아 성격(成格)이 안된다. 현무는 북방의 수신(水神)이고 수(水)는 임계(壬癸)라, 임계일생(壬癸日生)이 권(權)인 재·관(財·官)을 감당한다는 것을 현무당권격이라 한다. 성격되면 인격이 귀(貴)하고 부귀(富貴)가 출중(出衆)하다. 형·충(刑·沖)이 있거나, 대운·세운에서 형·충(刑·沖)을 만나면 불리하다.

(6) 청탁(淸濁), 신살 등

청탁(淸濁)을 살펴보면 중등(中等)에 해당한다. 12신살 중 장성, 화개, 천살, 재살이 있다. 월지에 금여가 있으며, 년주 괴강이다.

2. 풀이

- 대운을 보면 壬辰(28세~37세), 丙申, 丁酉 대운은 중길(中吉)하고, 乙未 대운은 평범하거나 조금 나쁘며, 庚寅, 辛卯, 癸巳, 甲午, 戊戌 대운은 나쁘다.
- 한겨울 임수(壬水)일간 명국(命局)에서, 정화(丁火)불에 제련되고 임수(壬水)에 씻겨 그 기류가 청(淸)한 편인 경금(庚金)이 왕(旺)한 정관 기토(己土)를 설기하여 관인상생(官印相生)하고 있다. 관(官)과 인(印)이 득령(得令)하여 서로 유정(有情)하니 귀(貴)하며, 편인 경금(庚金)의 명예가 빛난다. 편인 경금(庚金)이 용신으로 명예를 쫓아야 하지만, 지지가 형·충(刑·沖)으로

이루어져서 운세에 따라 인생의 굴곡이 심한 명(命)이다. 운(運)에서 형·충(刑·沖)될 때 관재구설에 시달리거나, 직장문제 등 신상에 변동이 있기 쉽다. 임수(壬水)가 일지 오화(午火) 불위에 앉았으니 성격이 조급하고 까탈스럽다. 총명하고 문장력이 뛰어나며 과단성이 있다(魁罡). 융통성이 없고 고지식하여 답답하며 인색하다(正官格). 하나하나 비교하고 따져야 직성이 풀리며 매우 정확하다(年納音五行釵釧金). 대의명분을 중시하며 자존심이 강하다(正官格). 보수적이고 정직하며 신용이 있으나, 창의성이 부족하다(官多無食傷).

- 공직자(正官格), 교육자(印星用)가 어울린다. 의약, 기술계통, 교육학, 철학 등에도 적성이 있다.
- 약한 재성이 겁재에 깨지고 왕(旺)한 관살에 설기(洩氣)되니, 재물이 술술 새어 나가는 형국이다. 사주상 재물복은 크지 않다. 대운상 대체적인 재물운을 보면, 중년 대운(壬辰, 癸巳, 甲午)에는 운세가 기신(忌神) 화운(火運)으로 흐르니, 재물운이 좋지 않고 어렵다. 말년 대운(乙未, 丙申, 丁酉)에는 재물운이 좋은 편이다. 특히 병신(丙申) 대운과 정유(丁酉) 대운에는 운세가 용신 금운(金運)으로 흐르니, 명주의 기세가 높아지면서 재물이 들어온다.
- 큰 질병은 없으나, 체질을 감안한 꾸준한 건강관리가 중요하다.
- 처덕이 적고(財忌神), 처와 충돌이 잦거나 별거한다(日支沖). 자식덕이 있다(時支喜用神有氣). 그러나 자식과 뜻이 맞지 않고 별거한다(時支沖). 월기신(月忌神)으로 부모복이 없으나, 형제덕은 있다(比劫喜神).

癸 일간

甲乙丙丁戊己庚辛壬癸

사례 1

癸일간 寅월생(음력 1월생)

	(-)	(-)	(+)	(+)	
	식신	日干	정관	정인	
己 庚 辛 壬 癸 甲 乙 丙 丁	乙	癸	戊	庚	[女命]
巳 午 未 申 酉 戌 亥 子 丑	卯	亥	寅	戌	
	식신	겁재	상관	정관	
	(-)	(+)	(+)	(+)	
	(甲 乙)	(戊 甲 壬)	(戊 丙 甲)	(辛 丁 戊)	

위 사주는 경술년(庚戌年) 무인월(戊寅月) 계해일(癸亥日) 을묘시(乙卯時)에 출생한 여자의 사주이다.

1. 사주의 구조

(1) 대운

년간(年干)을 기준으로 양남음녀(陽南陰女)는 순행하고 음남양녀(陰男陽女)는 역행하니, 위 사주에서 대운은 역행한다. 따라서 대운은 위 사주의 좌측에 열기된 바와 같다. 대운수는 7이다.

(2) 육신과 지장간

육신을 보면, 일간이 계수(癸水)이니 년간 경금(庚金)은 정인, 년지 술토(戌土)는 정관이고 월간 무토(戊土)도 정관, 월지 인목(寅木)은 상관이며, 일지 해수(亥水)는 겁재, 시간 을목(乙木)은 식신, 시지 묘목(卯木)도 식신이 된다.

지장간을 보면, 년지 술토(戌土)의 지장간은 신 · 정 · 무(辛 · 丁 · 戊), 월지 인목(寅木)의 지장간은 무 · 병 · 갑(戊 · 丙 · 甲), 일지 해수(亥水)의 지장간은 무 · 갑 · 임(戊 · 甲 · 壬), 시지 묘목(卯木)의 지장간은 갑 · 을(甲 · 乙)이다.

(3) 합 · 충 · 형 · 파(合 · 沖 · 刑 · 破) 등

천간에 무계합(戊癸合)과 을경합(乙庚合)이 있으며, 지지에 해묘목국(亥卯木局)의 반합(준삼합), 인술화국(寅戌火局)의 반합(준삼합), 묘술합화(卯戌合火)가 있다.

(4) 용신 등

신약(身弱) 사주로서 금(金)이 용신, 토(土)는 희신이다. 목(木)과

화(火)는 기신, 수(水)는 한신이다.

(5) 격국

이 사주는 상관격이다.

(6) 청탁(淸濁), 신살 등

청탁(淸濁)을 살펴보면 중등(中等)에 해당한다. 12신살 중 장성, 화개, 겁살, 지살, 망신, 년살, 천살이 있다. 시지에 천을귀인이, 월지에 금여가 있다. 년주 괴강이다.

2. 풀이

- 대운을 보면 丁丑, 甲戌, 癸酉, 壬申 대운은 중길(中吉)하고, 辛未, 庚午, 己巳 대운은 평범하거나 조금 나쁘며, 丙子(17세~26세), 乙亥 대운은 나쁘다.
- 순음(純陰)의 약수(弱水)인 목왕절(木旺節) 계수(癸水)가 식상이 태왕(太旺)하여 설기(泄氣)가 심하나, 식상이 인수·관(印綬·官)과 충(沖)이 되지 않고 합(合)이 되니, 관인상생(官印相生)한다. 인성이 용신이다. 년주에 인수·관(印綬·官)의 용희신(用喜神)이 놓이니, 일생 관운(官運)이 있거나 조상대에 번영했다고 본다. 수목(水木)상관격으로 두뇌회전이 빨라 공부 잘하는 머리이고 창의력도 뛰어나지만, 자만심이 강하다. 다재다능하며 언변이 뛰어나고 약자에게 인정을 베푼다(傷官). 합다불귀(合多不貴)라, 사주가 모두 합(合)으로 이루어져 있으니 귀가 얇고 인정이 많으며, 잘 어울리고 화합하나 실속이 없어 남에게

잘 당한다. 중심이 없어 잘 흔들리며, 직장이나 직업의 이동이 많다(傷官地殺). 충돌을 피하고 원만하게 가려는 경향이 강하다. 리더십이 있어 주위사람을 잘 이끌어 준다(納音五行城頭土). 계해(癸亥) 일주에 월일지살(月日地殺)이 있으니 객지생활에 익숙해지는 바쁘고 고단한 삶이다. 자만심이 강하고 겉모양을 중시한다(旺食傷). 직관력, 영감력이 뛰어나며 꿈이 잘 맞고 종교, 역학에 인연이 깊다(年日天門星).

- 교사, 강사, 연예인, 방송인, 예술인 등의 직업이 어울린다. 관인상생(官印相生)으로 공직자도 맞다.
- 사주상 재물복은 평범하다. 대운상 대체적인 재물운을 보면, 중년 대운(乙亥, 甲戌, 癸酉)과 말년 대운(壬申, 辛未, 庚午) 모두 재물운이 좋은 편이다. 을해(乙亥) 대운은 용신 경금(庚金)이 합거(合去)되고 기신(忌神) 식상이 날뛰니, 명주가 무력(無力)하여 흉(凶)하다. 계유(癸酉) 대운과 임신(壬申) 대운은 운세가 인성 용신 금운(金運)으로 흐르니, 신약(身弱)한 명주의 기세가 살아나 재물운이 길(吉)하다. 그러나 갑술(甲戌) 대운은 희신 술토(戌土)가 들어오니, 인술(寅戌) 반합(半合)으로 재물이 생기고 인생이 풀리기 시작한다.
- 왕(旺)한 식상으로 인하여 일간의 설기(泄氣)가 심하니, 내면이 허약하고 만성두통에 시달리기 쉽다.
- 정관이 희신으로 유기(有氣)하며 일지가 일간의 근(根)이 되어 주니, 남편복이 있다. 자식두기 어렵다(身弱食傷旺印衰無子). 겉으로는 부모복이 있는 듯 하나, 실상은 부모복이 없다(月喜神, 忌神). 형제는 무해무덕하다.

사례 **2**

癸일간 卯월생(음력 2월생)

	(+)	(-)	(-)	(-)
	겁재	日干	편인	편인
壬 癸 甲 乙 丙 丁 戊 己 庚	壬	癸	辛	辛	[男命]
午 未 申 酉 戌 亥 子 丑 寅	子	未	卯	亥
	비견	편관	식신	겁재
	(-)	(-)	(-)	(+)
	(壬 癸)	(丁 乙 己)	(甲 乙)	(戊 甲 壬)

위 사주는 신해년(辛亥年) 신묘월(辛卯月) 계미일(癸未日) 임자시(壬子時)에 출생한 남자의 사주이다.

1. 사주의 구조

(1) 대운

년간(年干)을 기준으로 양남음녀(陽南陰女)는 순행하고 음남양녀(陰男陽女)는 역행하니, 위 사주에서 대운은 역행한다. 따라서 대운은 위 사주의 좌측에 열기된 바와 같다. 대운수는 2이다.

(2) 육신과 지장간

육신을 보면, 일간이 계수(癸水)이니 년간 신금(辛金)은 편인, 년지 해수(亥水)는 겁재이고 월간 신금(辛金)은 편인, 월지 묘목(卯木)은 식신이며, 일지 미토(未土)는 편관, 시간 임수(壬水)는 겁재, 시지 자수(子水)는 비견이 된다.

지장간을 보면, 년지 해수(亥水)의 지장간은 무·갑·임(戊·甲·壬), 월지 묘목(卯木)의 지장간은 갑·을(甲·乙), 일지 미토(未土)의 지장간은 정·을·기(丁·乙·己), 시지 자수(子水)의 지장간은 임·계(壬·癸)이다.

(3) 합·충·형·파(合·沖·刑·破) 등

지지에 해묘미목국(亥卯未木局)의 삼합, 자묘상형(子卯相刑), 자미(子未)원진, 자미해(子未害)가 있다.

(4) 용신 등

신강(身强) 사주로서 토(土)가 용신, 화(火)는 희신이다. 수(水)와 금(金)은 기신, 목(木)은 한신이다.

(5) 격국

이 사주는 식신격이다.

(6) 청탁(淸濁), 신살 등

청탁(淸濁)을 살펴보면 중등(中等)에 해당한다. 12신살 중 장성, 화개, 지살, 년살이 있다. 월지에 천을귀인이 있다.

2. 풀이

- 대운을 보면 丙戌(42세~51세) 대운은 대길(대吉)하고, 己丑, 癸未, 壬午 대운은 중길(中吉)하다. 庚寅, 戊子, 丁亥, 乙酉, 甲申 대운은 나쁘다.
- 목왕절(木旺節) 계수(癸水)가 신강(身强)하나 식상이 태왕(太旺)하고 재·관(財·官)이 없으니, 타고난 머리는 비상하며 공부도 했으나 뜻을 이루기가 힘들다. 비겁 수기(水氣)가 생(生)하는데다가 해묘미(亥卯未) 삼합(三合)으로 그 기세가 태왕(太旺)한 식상 목기(木氣)를 천간에서 무근(無根)의 편인 신금(辛金)이 극(剋)하고 있다. 따라서 역극(逆剋) 현상으로 명예가 깨지니, 삶이 공허할 때가 많다. 식상은 왕(旺)하나 재물담는 그릇이 없으니, 가난한 기교꾼이기 쉽다. 명주(命主)의 기세가 왕(旺)한데다 식신도 왕(旺)하니 정력이 넘쳐 호색한다. 편관이 식신과 합(合)하여 목국(木局)이 되니, 식품이나 의식주와 관계되는 직업을 가지기 쉽다. 낙천적이고 온후한 식신을 천간에서 편인이 극(剋)하니 고집이 세고 타협할 줄 모르며 결벽증이 있다(納

音五行松柏木, 桑柘木). 차갑고 냉정하며 직설적이다. 인내심이 없고 남을 믿지 못한다(偏印剋食神).

- 음식업, 주점, 물장사 사주이다(水日食傷局). 예술가, 음악가도 맞다(水木食神).
- 식신격에 편인이 동주하며, 재물을 겁탈해 가는 旺한 겁재까지 투간하니, 대체적으로 재물운이 어렵다. 대운상 대체적인 재물운을 보면, 중년 대운(戊子, 丁亥, 丙戌)에는 재물운이 길흉(吉凶)상반하여 굴곡이 있다. 그러나 병술(丙戌) 대운은 용·희신인 재·관운(財·官運)이 세게 들어와 인생이 풀린다. 말년 대운(乙酉, 甲申, 癸未)에는 재물운이 좋지 않다. 을유(乙酉) 대운과 갑신(甲申) 대운은 식상이 절각(截脚)되어 들어오면서 기신(忌神) 수·금운(水·金運)으로 겁재가 날뛰니, 흉(凶)하다.
- 토(土)의 설기가 심하여 비장이나 위장에 질환이 생기거나, 요통을 앓을 수 있다.
- 처의 내조를 얻지만, 처가 미치는 영향력은 적다(財喜神在地藏干). 자식이 효자이다(時官生食神). 그러나 왕(旺)한 식상이 관(官)을 극(剋)하니, 자식이 허약하기 쉽다. 부모복은 평범하다. 형제덕은 없고 피해를 본다(比劫生食傷, 制殺太過).

사례 3

癸일간 辰월생(음력 3월생)

대운			(+)	(-)	(+)	(-)	
			상관	日干	정재	비견	
乙 甲 癸 壬 辛 庚 己 戊 丁			甲	癸	丙	癸	[女命]
丑 子 亥 戌 酉 申 未 午 巳			寅	未	辰	丑	
			상관	편관	정관	편관	
			(+)	(-)	(+)	(-)	
			(戊丙甲)	(丁乙己)	(乙癸戊)	(癸辛己)	

위 사주는 계축년(癸丑年) 병진월(丙辰月) 계미일(癸未日) 갑인시(甲寅時)에 출생한 여자의 사주이다.

1. 사주의 구조

(1) 대운

년간(年干)을 기준으로 양남음녀(陽南陰女)는 순행하고 음남양녀(陰男陽女)는 역행하니, 위 사주에서 대운은 순행한다. 따라서 대운은 위 사주의 좌측에 열기된 바와 같다. 대운수는 1이다.

(2) 육신과 지장간

육신을 보면, 일간이 계수(癸水)이니 년간 계수(癸水)는 비견, 년지 축토(丑土)는 편관이고 월간 병화(丙火)는 정재, 월지 진토(辰土)는 정관이며, 일지 미토(未土)는 편관, 시간 갑목(甲木)은 상관, 시지 인목(寅木)도 상관이 된다.

지장간을 보면, 년지 축토(丑土)의 지장간은 계 · 신 · 기(癸 · 辛 · 己), 월지 진토(辰土)의 지장간은 을 · 계 · 무(乙 · 癸 · 戊), 일지 미토(未土)의 지장간은 정 · 을 · 기(丁 · 乙 · 己), 시지 인목(寅木)의 지장간은무 · 병 · 갑(戊 · 丙 · 甲)이다.

(3) 합 · 충 · 형 · 파(合 · 沖 · 刑 · 破) 등

지지에 축미충(丑未沖), 축진파(丑辰破)가 있다.

(4) 용신 등

신태약(身太弱) 사주로서 목(木)이 용신, 수(水)는 희신이다. 토(土)와 화(火)는 기신, 금(金)은 한신이다.

(5) 격국

이 사주는 정관격이다.

(6) 청탁(淸濁), 신살 등

청탁(淸濁)을 살펴보면 중등(中等)에 해당한다. 12신살 중 반안, 화개, 겁살, 망신, 월살, 천살이 있다. 시지에 금여가 있으며, 년주 백호살이다.

2. 풀이

- 대운을 보면 癸亥(61세~70세), 甲子 대운은 중길(中吉)하고, 丁巳 대운은 평범하거나 조금 나쁘며, 戊午, 己未, 庚申, 辛酉, 壬戌, 乙丑 대운은 나쁘다.
- 토왕절(土旺節) 계수(癸水)일간을 제화(制化)되지 않은 왕(旺)한 관살이 극(剋)하고 있으니, 초·중년의 인생이 고단하다. 제살(制殺)하고 있는 식상(자식)이 용신이다. 용신상관이 시주(時柱)에 찾아오니 말년에야 살만하다. 일간 계수(癸水)가 일지(日支) 칠살의 뜨거운 토(土)위에서 허덕이고 있으니, 성격이 조급하고 신경질적인 면이 있다. 다재다능하고 총명하며 창의력이 있다. 멋도 알고 사교성이 있으며, 약자에게 인정을 베풀 줄 안다(傷官). 자존심과 명예욕, 권위의식이 강하고, 허세를 부린다(官殺多). 직업변동이 많거나 이성관계가 많을 수 있다(官殺多). 예의바르고 용모단정하다(正官格). 한 번 고집을 부리면 쇠심줄이다(年納音五行桑柘木, 白虎). 타인을 손아귀에 움켜쥐려는 마음이 강하다(納音五行大溪水).
- 교사, 강사, 연예인, 방송인, 예술가 등 말로 먹고사는 직업이 어울린다(傷官格). 회사원, 은행원, 금융업 등도 맞다(正財)
- 천간에서 정재를 사이에 두고 비견이 양쪽에 놓여 있으니, 명주

(命主)의 재물이 새어 나간다. 재물운은 크지 않다. 대운상 대체적인 재물운을 보면, 중년 대운(己未, 庚申, 辛酉)에는 재물운이 좋지 않고 어렵다. 말년 대운(壬戌, 癸亥, 甲子)에는 재물운이 좋다. 계해(癸亥) 대운은 희신 수운(水運)으로 명주의 기세가 오르니, 제살(制殺)하는 식상 목운(木運)의 세운(歲運)에 대길(大吉)하다. 갑자(甲子) 대운도 상관 갑목(甲木)이 세게 들어오니, 길(吉)하다.

- 큰 질병은 없으나, 체질을 감안한 꾸준한 건강관리가 중요하다.
- 월령(月令) 정관을 득(得)했으니, 남편복이 있다. 그러나 남편의 기세가 왕(旺)하여 남편 · 시가(媤家)에 눌려 산다. 배우자궁에 편관이 놓였으니, 남편이 무섭다. 돈벌어 남편 생(生)하느라 고단하다. 왕(旺)한 남편의 기세를 제어하는 자식이 용신이다. 식상용신(食傷用神)으로 자식덕이 크다. 부모복은 없으나(月忌神), 형제덕은 있다(比劫喜神).

풍수지리 - 용어해설

3

소조산 :

입수(入首)하기 전 에너지가 집합된 산으로서 혈장에 미치는 영향이 가장 크다. 소조산은 혈장에 가까울수록 좋으며 주산(主山) 또는 현무(玄武)라고도 한다.

사례 4

癸일간 巳월생(음력 4월생)

丙 丁 戊 己 庚 辛 壬 癸 甲	(-)	(-)	(-)	(+)	
	비견	日干	식신	겁재	
丙 丁 戊 己 庚 辛 壬 癸 甲	癸	癸	乙	壬	[女命]
申 酉 戌 亥 子 丑 寅 卯 辰	亥	卯	巳	子	
	겁재	식신	정재	비견	
	(+)	(-)	(+)	(-)	
	(戊 甲 壬)	(甲 乙)	(戊 庚 丙)	(壬 癸)	

위 사주는 임자년(壬子年) 을사월(乙巳月) 계묘일(癸卯日) 계해시(癸亥時)에 출생한 여자의 사주이다.

1. 사주의 구조

(1) 대운

년간(年干)을 기준으로 양남음녀(陽南陰女)는 순행하고 음남양녀(陰男陽女)는 역행하니, 위 사주에서 대운은 역행한다. 따라서 대운은 위 사주의 좌측에 열기된 바와 같다. 대운수는 7이다.

(2) 육신과 지장간

육신을 보면, 일간이 계수(癸水)이니 년간 임수(壬水)는 겁재, 년지 자수(子水)는 비견이고 월간 을목(乙木)은 식신, 월지 사화(巳火)는 정재이며, 일지 묘목(卯木)은 식신, 시간 계수(癸水)는 비견, 시지 해수(亥水)는 겁재가 된다.

지장간을 보면, 년지 자수(子水)의 지장간은 임 · 계(壬 · 癸), 월지 사화(巳火)의 지장간은 무 · 경 · 병(戊 · 庚 · 丙), 일지 묘목(卯木)의 지장간은 갑 · 을(甲 · 乙), 시지 해수(亥水)의 지장간은 무 · 갑 · 임(戊 · 甲 · 壬)이다.

(3) 합 · 충 · 형 · 파(合 · 沖 · 刑 · 破) 등

지지에 해묘목국(亥卯木局)의 반합(준삼합), 사해충(巳亥沖), 자묘상형(子卯相刑)이 있다. 일지 묘(卯)는 년주공망, 월지 사(巳)는 일주공망이다.

(4) 용신 등

중화(中和) 사주로서 목(木)이 용신, 화(火)는 희신이다. 금(金)과 수(水)는 기신, 토(土)는 한신이다. 목(木)은 수(水)와 화(火) 두 오행의

사이에서 상극관계를 완화시키는 통관(通關)용신으로 유력(有力)하다.

(5) 격국

이 사주는 식신생재의 정재격이다. 또한 외관상으로는 일귀격(日貴格)으로 볼 수도 있으나, 일지공망으로 성격(成格)이 되지 않는다. 일귀격이란 일지에 천을귀인이 임한 것이니, 정유(丁酉) · 정해(丁亥) · 계사(癸巳) · 계묘일(癸卯日)이다. 合을 좋아하고 형 · 충 · 공망 · 괴강(刑 · 沖 · 空亡 · 魁罡)을 꺼린다. 천을귀인은 귀인 중 으뜸이며 사주에 천을귀인이 있으면 지혜롭고 총명하다. 또한 병에 걸려도 잘 낫게 해 주며, 재앙이 닥쳐와도 없애준다는 길신(吉神)이다.

(6) 청탁(淸濁), 신살 등

청탁(淸濁)을 살펴보면 중등(中等)에 해당한다. 12신살 중 장성, 겁살, 역마, 지살, 망신, 년살, 육해가 있다. 월지와 일지에 각 천을귀인이 있다.

2. 풀이

- 대운을 보면 甲辰, 癸卯, 壬寅, 己亥 대운은 중길(中吉)하고, 戊戌 대운은 평범하거나 조금 나쁘며, 辛丑(37세~46세), 庚子, 丁酉, 丙申 대운은 나쁘다.
- 화왕절(火旺節) 계수(癸水)는 본래 약수(弱水)이나 해 · 자(亥 · 子)에 통근(通根)하니, 임수(壬水)와 같은 강하(江河)로서 명주의 기세가 신강(身强)하다. 고집이 세서 당할 자가 없다(年納

音五行桑柘木). 근면 정직하며 안정을 추구하나(正財格), 고지식하여 융통성은 부족하다(食神). 금전문제에 인색하고, 소심박약(小心薄弱)할 수 있다(正財空亡). 타고난 두뇌가 총명하여 쉽게 재물을 모은다(食神生財). 신용이 있고 책임감이 강하며 약속을 잘 지킨다(正財). 귀티가 나며 외모가 아름답다(納音五行金箔金). 직업, 직장, 거주지 이동이 많다(食神驛馬空亡).

- 발명가, 연구직, 문인, 학자, 제조생산업, 식품사료업 등이 어울린다. 항공기 조종사, 스튜어디스 등 항공관련 직업도 맞다(寅巳驛馬地殺). 수학, 화학, 물리학, 회계학, 통계학, 경제학, 교육학 등에 적성이 맞다.
- 식신생재의 신강(身强)한 부격(富格)사주로, 재물복이 풍부하다. 목·화운(木·火運)에 큰 재물 들어온다. 대운상 대체적인 재물운을 보면, 중년 대운(壬寅, 辛丑, 庚子)에는 재물운이 대길(大吉)하다. 임인(壬寅) 대운은 신강(身强)한 명주의 기세를 설기(泄氣)하면서 재물을 생(生)하는 용신 식상 목운(木運)으로 흐르니, 재물운이 매우 좋다. 말년 대운(己亥, 戊戌, 丁酉)에도 재물운이 좋다. 기해(己亥) 대운은 을목(乙木) 식신이 편관 기토(己土)를 보니, 큰 재물이 들어온다.
- 큰 질병은 없으나, 체질을 감안한 꾸준한 건강관리가 중요하다.
- 배우자궁에 식신(食神) 밥그릇이 있어 재물을 모으는 데 남편의 도움이 크지만, 명주인생에 남편의 영향력은 크지 않다(官不在). 식상용신(食傷用神)으로 자식덕이 있으며 시지 해수(亥水)가 공망된 일지(日支) 식신을 생(生)하니, 자식이 효도한다. 부모복은 적다(月用喜神, 月支空亡), 형제덕은 평범하다.

사례 5

癸일간 午월생(음력 5월생)

		(+)	(-)	(+)	(+)	
		정관	日干	겁재	정인	
癸 甲 乙 丙 丁 戊 己 庚 辛		戊	癸	壬	庚	[女命]
酉 戌 亥 子 丑 寅 卯 辰 巳		午	卯	午	戌	
		편재	식신	편재	정관	
		(-)	(-)	(-)	(+)	
		(丙己丁)	(甲乙)	(丙己丁)	(辛丁戊)	

위 사주는 경술년(庚戌年) 임오월(壬午月) 계묘일(癸卯日) 무오시(戊午時)에 출생한 여자의 사주이다.

1. 사주의 구조

(1) 대운

년간(年干)을 기준으로 양남음녀(陽南陰女)는 순행하고 음남양녀(陰男陽女)는 역행하니, 위 사주에서 대운은 역행한다. 따라서 대운은 위 사주의 좌측에 열기된 바와 같다. 대운수는 1이다.

(2) 육신과 지장간

육신을 보면, 일간이 계수(癸水)이니 년간 경금(庚金)은 정인, 년지 술토(戌土)는 정관이고 월간 임수(壬水)는 겁재, 월지 오화(午火)는 편재이며, 일지 묘목(卯木)은 식신, 시간 무토(戊土)는 정관, 시지 오화(午火)는 편재가 된다.

지장간을 보면, 년지 술토(戌土)의 지장간은 신·정·무(辛·丁·戊), 월지 오화(午火)의 지장간은 병·기·정(丙·己·丁), 일지 묘목(卯木)의 지장간은 갑·을(甲·乙), 시지 오화(午火)의 지장간은 병·기·정(丙·己·丁)이다.

(3) 합·충·형·파(合·沖·刑·破) 등

천간에 무계합(戊癸合)이 있으며, 지지에 오술화국(午戌火局)의 반합(준삼합), 오오자형(午午子刑), 묘오파(卯午破)가 있다. 일지 묘(卯)는 년주공망이다.

(4) 용신 등

신태약(身太弱) 사주로서 화(火)가 용신, 목(木)과 토(土)는 희신이다. 수(水)와 금(金)은 기신이다.

(5) 격국

이 사주는 합화격(合化格)이다. 합화격은 화격(化格), 화기격(化氣格), 화상격(化象格), 종화격(從化格)이라고도 한다. 일간이 간합(干合)하여 나온 오행 즉 화신(化神)이 사주에 많은 경우이다. 일간이 월간 또는 시간과 합(合)이 되고 아래의 기준에 맞으면 합화격이 된다.

- 일간은 지지에 뿌리가 없어야 한다.
- 화신(化神)을 극(剋)하는 오행이 없어야 한다.
- 월령이 화신(化神)의 본계절이어야 한다.

이 명(命)은 무계화화격(戊癸化火格)으로서, 화신을 극(剋)하는 오행 임수(壬水)가 미미하나마 사주에 있으므로 순수하지 못하여 가화(假化) 이다.

(6) 청탁(淸濁), 신살 등

청탁(淸濁)을 살펴보면 중청(中淸)에 해당한다. 12신살 중 장성, 화개 년살, 천살, 육해가 있다. 일지에 천을귀인이 있으며, 년주 괴강이다.

2. 풀이

- 대운을 보면 辛巳, 庚辰, 己卯, 戊寅, 丁丑, 乙亥, 甲戌 대운은 중길(中吉)하고, 丙子(51세~60세), 癸酉 대운은 나쁘다.
- 화왕절(火旺節)의 약수(弱水)인 신태약(身太弱) 임수(壬水)일간이 무계화화(戊癸化火)하여 귀격(貴格) 종화격(從化格)을 이루었으나, 겁재 임수(壬水)가 병(病)이 되는 바, 금·수운(金·水運)에 고난이 있다. 재물에 종(從)하고 시가(媤家)에 종(從)

하는 사주다. 할 일도 많고 일복도 많다(旺偏財). 학문에는 뜻이 없고, 재물과 관련된 일에만 관심을 두는 경향이 있다(旺財剋印). 매사에 수완과 요령이 좋아서 거래나 외교에 뛰어나다(偏財). 동정심이 있으며 임기응변에 능하여 상황대처가 빠르다(偏財). 주관이 약해서 남의 말에 휘둘리기 쉽다(陰干身弱). 외모가 멋있고 귀티가 난다(納音五行金箔金).

- 공무원, 봉급생활자, 자영업, 의사, 약사, 종교인, 역술인 등이 맞다.
- 사주상 재물복은 평범하다. 대운상 대체적인 재물운을 보면, 중년 대운(己卯, 戊寅, 丁丑)에는 병(病)인 임수(壬水)를 제거하고 지지에 목·화·토(木·火·土)희신운으로 흐르니, 사주가 청(淸)하여 재물운이 좋은 편이다. 말년 대운(丙子, 乙亥, 甲戌)에는 재물운이 길흉(吉凶)상반하여 굴곡이 있다. 丙子 대운에는 병(病)인 겁재 임수(壬水)의 뿌리 자수(子水)가 들어와 왕(旺)한 편재 오화(午火)와 충(沖)하니, 재물이 크게 깨지거나 화(禍)가 있다.
- 건강체질을 유지하기 힘들고(食神空亡), 지지에 수기(水氣)가 전혀 없어 정력이 약하고 당뇨, 만성피로 증세가 있다. 신장, 방광, 자궁이 약하다.
- 남편과 합(合)이 되어 재물을 일구며 일지에 식신 밥그릇이 있으므로 남편복이 있으나(官星喜用有氣), 공망되어 남편이 허약하거나 해로하기 힘들다. 용신으로 종(從)한다. 자식덕도 있으나(食傷喜神), 자식과의 인연이 박하다(食神空亡). 부모복이 있다(月支用神). 왕(旺)한 불이 인성 경금(庚金)을 녹이므로 모친이 병약하거나 조실부모할 수 있다. 형제덕은 좋지 않다(化格, 比劫忌神).

사례 6

癸일간 未월생(음력 6월생)

庚 己 戊 丁 丙 乙 甲 癸 壬	(+) 겁재	(-) 日干	(-) 편인	(+) 상관	
	壬	癸	辛	甲	[男命]
辰 卯 寅 丑 子 亥 戌 酉 申	子	亥	未	寅	
	비견 (-)	겁재 (+)	편관 (-)	상관 (+)	
	(壬 癸)	(戊 甲 壬)	(丁 乙 己)	(戊 丙 甲)	

위 사주는 갑인년(甲寅年) 신미월(辛未月) 계해일(癸亥日) 임자시(壬子時)에 출생한 남자의 사주이다.

1. 사주의 구조

(1) 대운

년간(年干)을 기준으로 양남음녀(陽南陰女)는 순행하고 음남양녀(陰男陽女)는 역행하니, 위 사주에서 대운은 순행한다. 따라서 대운은 위 사주의 좌측에 열기된 바와 같다. 대운수는 1이다.

(2) 육신과 지장간

육신을 보면, 일간이 계수(癸水)이니 년간 갑목(甲木)은 상관, 년지 인목(寅木)도 상관이고 월간 신금(辛金)은 편인, 월지 미토(未土)는 편관이며, 일지 해수(亥水)는 겁재, 시간 임수(壬水)도 겁재, 시지 자수(子水)는 비견이 된다.

지장간을 보면, 년지 인목(寅木)의 지장간은 무·병·갑(戊·丙·甲), 월지 미토(未土)의 지장간은 정·을·기(丁·乙·己), 일지 해수(亥水)의 지장간은 무·갑·임(戊·甲·壬), 시지 자수(子水)의 지장간은 임·계(壬·癸)이다.

(3) 합·충·형·파(合·沖·刑·破) 등

지지에 해미목국(亥未木局)의 반합(준삼합), 자미(子未)원진이 있다. 시지 자(子)는 일주공망이다.

(4) 용신 등

중화(中和) 사주로서 토(土)가 용신, 화(火)는 희신이다. 수(水)와 금(金)은 기신, 목(木)은 한신이다.

(5) 격국

이 사주는 편관격이다. 논자에 따라 상관격으로 보기도 한다.

(6) 청탁(淸濁), 신살 등

청탁(淸濁)을 살펴보면 중탁(中濁)에 해당한다. 12신살 중 반안, 화개, 겁살, 지살, 망신, 년살, 재살이 있다. 년지에 금여가 있다.

2. 풀이

- 대운을 보면 甲戌(21세~30세), 丁丑 대운은 중길(中吉)하고, 丙子, 庚辰 대운은 평범하거나 조금 나쁘며, 壬申, 癸酉, 乙亥, 戊寅, 己卯 대운은 나쁘다. 월지에 뿌리를 내린 용신 정관 무토(戊土)가 순순하게 들어와 관인상생(官印相生)하니, 무운(戊運)에 대발복(大發福)한다.
- 화왕절(火旺節) 계수(癸水)는 본래 약수(弱水)이나, 해 · 자(亥 · 子)에 통근(通根)하니 임수(壬水)와 같은 강하(江河)로 본다. 명주(命主)의 기세가 신강(身强)하여 남자답고 거침이 없다. 월지 편관이 재물을 겁탈하는 겁재와 합(合)이 되어 왕(旺)한 상관 목국(木局)을 이루고 있다. 그러나 천간에서 편인 신금(辛金)이 극(剋)하고 있으니, 역극(逆剋)되어 사주가 탁(濁)하고 명예가 낮다. 신강(身强)하고 유력(有力)한 상관 갑목(甲木)이 왕(旺)하니, 재운(財運)에 큰 재물이 들어온다. 총명하고 다재다능하며 약자에게 인정을 베풀 줄 안다(傷官). 시원시원하고 호탕하지만, 타인을 손아귀에 움켜쥐려는 집착이 강하다(年納音五行大溪水). 타지에서 외롭게 떠도는 바쁘고 고된 삶이다(年

日地殺,納陰五行大海水,路倣土). 가식이 없고 솔직하다(劫財). 해외출입이나 직업이동, 이사이동이 많다(年日地殺). 말년에 명주의 氣가 쇠하니, 겉으로는 기세등등하나 외명내허(外明內虛)하다(時建祿空亡).

- 토목건축업, 장사, 도자기, 도예공방, 토기류, 시멘트업, 무대예술가 등의 직업이 맞다.
- 사주상 재물복은 평범하다. 그러나 돈 들어올 때 크게 들어온다. 대운상 대체적인 재물운을 보면, 중년 대운(甲戌, 乙亥, 丙子)과 말년 대운(丁丑, 戊寅, 己卯) 모두 굴곡이 있다.
- 큰 질병은 없으나, 금생수(金生水)하니 체액이 많아 비만이 될 수 있다.
- 배우자궁인 겁재가 나를 극(剋)하는 편관과 합살(合殺)하고 재성이 희신이니, 처의 내조를 얻는다. 그러나 편재 정화(丁火)가 지장간에 숨어 있으니, 처와의 관계가 소원할 수 있다. 관성용신(官星用神)으로 자식덕이 있다. 부모복도 있으며(月喜神), 형제는 무해무덕하다.

풍수지리 - 용어해설

4

산(山)을 용(龍)이라고 부르는 것은 크고 작고 높고 낮고 순행을 하다가 역행도 하면서 좌우로 구불구불한 그 변화무쌍한 모습이 용이 꿈틀거리는 모습을 닮았다고 보았기 때문이다.

사례 7

癸일간 申월생(음력 7월생)

	(-)	(-)	(+)	(+)	
	편재	日干	정재	정재	
乙 甲 癸 壬 辛 庚 己 戊 丁	丁	癸	丙	丙	[男命]
巳 辰 卯 寅 丑 子 亥 戌 酉	巳	巳	申	辰	
	정재	정재	정인	정관	
	(+)	(+)	(+)	(+)	
	(戊庚丙)	(戊庚丙)	(戊壬庚)	(乙癸戊)	

위 사주는 병진년(丙辰年) 병신월(丙申月) 계사일(癸巳日) 정사시(丁巳時)에 출생한 남자의 사주이다.

1. 사주의 구조

(1) 대운

년간(年干)을 기준으로 양남음녀(陽南陰女)는 순행하고 음남양녀(陰男陽女)는 역행하니, 위 사주에서 대운은 순행한다. 따라서 대운은 위 사주의 좌측에 열기된 바와 같다. 대운수는 5이다.

(2) 육신과 지장간

육신을 보면, 일간이 계수(癸水)이니 년간 병화(丙火)는 정재, 년지 진토(辰土)는 정관이고 월간 병화(丙火)는 정재, 월지 신금(申金)은 정인이며, 일지 사화(巳火)는 정재, 시간 정화(丁火)는 편재, 시지 사화(巳火)는 정재가 된다.

지장간을 보면, 년지 진토(辰土)의 지장간은 을·계·무(乙·癸·戊), 월지 신금(申金)의 지장간은 무·임·경(戊·壬·庚), 일지 사화(巳火)의 지장간은 무·경·병(戊·庚·丙), 시지 사화(巳火)의 지장간은 무·경·병(戊·庚·丙)이다.

(3) 합·충·형·파(合·沖·刑·破) 등

지지에 신진수국(申辰水局)의 반합(준삼합)이 있다.

(4) 용신 등

신약(身弱) 사주로서 수(水)가 용신, 금(金)은 희신이다. 화(火)와 목(木)은 기신, 토(土)는 한신이다.

(5) 격국

이 사주는 정인격이다.

(6) 청탁(淸濁), 신살 등

청탁(淸濁)을 살펴보면 중청(中淸)에 해당한다. 12신살 중 화개, 겁살, 지살, 망신, 천살이 있다. 일지와 시지에 각 천을귀인이 있다.

2. 풀이

- 대운을 보면 丁酉, 己亥, 庚子 대운은 중길(中吉)하고, 辛丑(45세~54세), 甲辰 대운은 평범하거나 조금 나쁘며, 戊戌, 壬寅, 癸卯, 乙巳 대운은 나쁘다.
- 초가을 약수(弱水)인 계수(癸水)일간이 천간지지에 불타오르는 재성 화기(火氣)로 인해 증발하게 생겼다. 그런데 왕(旺)한 화기(火氣)가 년지의 수고(水庫)인 진토(辰土) 정관을 생(生)하고, 진토(辰土) 정관은 또 월지의 정인 신금(申金)을 생(生)하니 관인상생(官印相生)하여 사주가 맑아졌다. 더구나 관(官)과 인(印)이 신진(申辰)반합으로 수기(水氣)까지 득(得)하여 일간에게 힘을 보태니 더욱 귀(貴)하다. 재·관·인(財·官·印) 삼기(三奇)를 갖추었고 관인쌍전(官印雙全)이 되니, 관(官)으로 인해 명예가 드높아져 힘이 생기는 형국이다. 운세가 身弱한 명주의 기세를 돕는 금·수운(金·水運)으로 흐르니 삶이 풍요로우나, 말년에 신금(申金) 정인이 충·형(沖·刑)당하니 큰 화(禍)를 당할 수 있다. 천간의 년·월·시(年·月·時)가 모두 기신(忌神) 재성으로 돈과 여자가 화근이니, 이를 멀리하고 학문에 힘써야 한다(財多身弱). 조상대에 번창했다(年財官). 인기도 많고 일복도 많다(旺財). 예의바르고 자애심이 많으며 전통을 중시하고 윗사람을 공경한다(正印格). 생각이 깊고 지혜가 있다(水淸).

해외출입이나 이사이동이 많다(地殺驛馬多).

- 의사, 약사, 경찰, 형관 등 사법종사자 등이 어울린다(日三刑). 교육자, 문인학자, 전통문화관련 직업도 맞다(正印格).
- 사주상 재물복은 평범하다. 대운상 대체적인 재물운을 보면, 중년 대운(己亥, 庚子, 辛丑)에는 운세가 용·희신으로 흐르니 재물운이 좋은 편이다. 말년 대운(壬寅, 癸卯, 甲辰)에는 재물운이 길흉(吉凶)상반하여 굴곡이 있다. 특히 임인(壬寅) 대운에는 인신충(寅申沖)으로 명예가 깨지면서 인사신(寅巳申) 삼형(三刑)이 되니, 큰 화(禍)를 당할 수 있다.
- 큰 질병은 없으나, 체질을 감안한 꾸준한 건강관리가 중요하다.
- 처와 해로하기 어렵고(財多混雜), 처와 충돌이 잦다(日支刑). 고부갈등으로 처가 어머니와 다투고 불목한다(財印相爭). 자식덕이 있다(官星通關). 부모복도 있다(月支喜神). 형제가 많고 형제덕이 있다(神弱印綬月令提綱, 比肩用神).

알아두기

1

인사신(寅巳申) 삼형(三刑)은 지세지형(地勢之刑)이라고 하여 무모하게 세력다툼을 벌이다가 실패나 좌절을 겪는 수가 많다고 하지만, 사주에 이 삼형(三刑)이 있다고 미리부터 좌절할 필요는 없다. 사주의 구성이 좋으면 형관이나 무관으로 출세할 수도 있다.

사례 8

癸일간 酉월생(음력 8월생)

	(+)	(-)	(-)	(-)	
	정인	日干	편관	편재	
庚 辛 壬 癸 甲 乙 丙 丁 戊	庚	癸	己	丁	[男命]
子 丑 寅 卯 辰 巳 午 未 申	申	酉	酉	巳	
	정인	편인	편인	정재	
	(+)	(-)	(-)	(+)	
	(戊 壬 庚)	(庚 辛)	(庚 辛)	(戊 庚 丙)	

위 사주는 정사년(丁巳年) 기유월(己酉月) 계유일(癸酉日) 경신시(庚申時)에 출생한 남자의 사주이다.

1. 사주의 구조

(1) 대운

년간(年干)을 기준으로 양남음녀(陽南陰女)는 순행하고 음남양녀(陰男陽女)는 역행하니, 위 사주에서 대운은 역행한다. 따라서 대운은 위 사주의 좌측에 열기된 바와 같다. 대운수는 7이다.

(2) 육신과 지장간

육신을 보면, 일간이 계수(癸水)이니 년간 정화(丁火)는 편재, 년지 사화(巳火)는 정재이고 월간 기토(己土)는 편관, 월지 유금(酉金)은 편인이며, 일지 유금(酉金)도 편인, 시간 경금(庚金)은 정인, 시지 신금(申金)도 정인이 된다.

지장간을 보면, 년지 사화(巳火)의 지장간은 무 · 경 · 병(戊 · 庚 · 丙), 월지 유금(酉金)의 지장간은 경 · 신(庚 · 辛), 일지 유금(酉金)의 지장간도 경 · 신(庚 · 辛), 시지 신금(申金)의 지장간은 무 · 임 · 경(戊 · 壬 · 庚)이다.

(3) 합 · 충 · 형 · 파(合 · 沖 · 刑 · 破) 등

지지에 사유금국(巳酉金局)의 반합(준삼합), 사신형합(巳申刑合), 유유자형(酉酉自刑)이 있다.

(4) 용신 등

신태왕(身太旺) 사주로서 화(火)가 용신, 목(木)은 희신이다. 수(水)와 금(金)은 기신, 토(土)는 한신이다. 화는 조후용신이기도 하다.

(5) 격국

이 사주는 편인격이다. 또한 외관상으로는 세덕부재격으로 볼

수도 있다. 그러나 재성(財星)이 극설(剋洩)되고 지지 일행(一行)이 인성 금국화(金局火) 하여 재성의 뿌리가 흔들리니, 사주가 탁(濁)하여 성격(成格)되지 않는다. 사주의 년(年)에만 재(財)가 있고 신강(身强)일 때 세덕부재격(歲德扶財格)이라 하는데, 일간(日干)과 격국의 균형이 좋으면 조상으로부터 물려받은 유산이 있어 입신양명한다고 본다.

(6) 청탁(淸濁), 신살 등

청탁(淸濁)을 살펴보면 중탁(中濁)에 해당한다. 12신살 중 장성, 지살, 망신살이 있다. 년지에 천을귀인이 있다.

2. 풀이

- 대운을 보면 丁未(17세~26세), 丙午 대운은 대길(대吉)하고, 甲辰, 癸卯, 壬寅 대운은 중길(中吉)하다. 乙巳 대운은 평범하거나 조금 나쁘며, 戊申, 辛丑, 庚子 대운은 나쁘다.
- 금왕절(金旺節) 계수(癸水)일간에 금기(金氣)가 태왕(太旺)하여 금다체수(金多滯水)하니, 물길이 막혀 잘 흐르지 못하여 사주가 맑지 못하다. 모다멸자(母多滅子)라, 할 일도, 능력도 없는 한량이 되기 쉽다. 그러나 용신 편재 정화(丁火)가 태왕(太旺)한 금기(金氣)를 제련하면서 관살 기토(己土)을 생(生)하고 있으니, 돈과 처가 용신이다. 다행히 운세가 목·화(木·火) 용·희신운으로 흐르니 인생이 풀린다. 처가 착하고 용모가 뛰어나다(財星天乙貴人). 직관력과 영적인 감각이 뛰어나다(偏印格). 눈치가 빠르며 임기응변에 능하다(旺印星). 도량은 넓으나 인색하다(旺印星). 자존심이 강하고 섬세하며 예리하다(納音五行劍

鋒金).

- 사업가, 장사 등 자영업, 문인, 학자, 교육자 등이 어울린다. 의사, 약사, 연예인 등도 맞다.
- 대운이 용·희신인 식상·재성운으로 흐르니 전반적으로 재물복이 있다. 대운상 대체적인 재물운을 보면, 중년 대운(丙午, 乙巳,甲 辰)과 말년 대운(癸卯, 壬寅, 辛丑) 모두 재물운이 좋다. 특히 초년의 정미(丁未) 대운은 관살 기토(己土)의 뿌리와 태왕(太旺)한 기신(忌神) 경금(庚金)을 제련하는 용신 편재 정화(丁火)가 들어오니, 관운·재물운이 대길(大吉)하여 초반에 인생이 풀린다. 중년의 병오(丙午) 대운은 태왕(太旺)한 기신(忌神) 인성을 제련하면서 관살을 생(生)하는 용신 화운(火運)으로 흐르니, 역시 관운·재물운이 대길(大吉)하다.
- 입맛이 까다롭고 변비가 있으며, 혈류계통에 이상이 올 수 있다(金多滯水). 또한 금다식화(金多熄火)라, 금(金)이 많아 불이 꺼지는 형국으로 숨이 차고 두통, 불면증이 있거나 심장·소장이 약하다. 불을 가까이하는 것이 좋다.
- 처덕이 크고 처의 내조를 얻는다(財用神). 사주에서 자식이 화·금(火·金) 두 오행의 상극관계를 완화시키는 통관(通關)역할을 하므로 자식덕이 있다. 부모복은 없다(月忌神). 형제는 많다(印綬月令提綱).

사례 9

癸일간 戊월생(음력 9월생)

	(-)	(-)	(+)	(+)	
	편관	日干	겁재	정관	
癸 甲 乙 丙 丁 戊 己 庚 辛	己	癸	壬	戊	[女命]
丑 寅 卯 辰 巳 午 未 申 酉	未	卯	戌	午	
	편관	식신	정관	편재	
	(-)	(-)	(+)	(-)	
	(丁 乙 己)	(甲 乙)	(辛 丁 戊)	(丙 己 丁)	

위 사주는 무오년(戊午年) 임술월(壬戌月) 계묘일(癸卯日) 기미시(己未時)에 출생한 여자의 사주이다.

1. 사주의 구조

(1) 대운

년간(年干)을 기준으로 양남음녀(陽南陰女)는 순행하고 음남양녀(陰男陽女)는 역행하니, 위 사주에서 대운은 역행한다. 따라서 대운은 위 사주의 좌측에 열기된 바와 같다. 대운수는 5이다.

(2) 육신과 지장간

육신을 보면, 일간이 계수(癸水)이니 년간 무토(戊土)는 정관, 년지 오화(午火)는 편재이고 월간 임수(壬水)는 겁재, 월지 술토(戌土)는 정관이며, 일지 묘목(卯木)은 식신, 시간 기토(己土)는 편관, 시지 미토(未土)도 편관이 된다.

지장간을 보면, 년지 오화(午火)의 지장간은 병·기·정(丙·己·丁), 월지 술토(戌土)의 지장간은 신·정·무(辛·丁·戊), 일지 묘목(卯木)의 지장간은 갑·을(甲·乙), 시지 미토(未土)의 지장간은 정·을·기(丁·乙·己)이다.

(3) 합·충·형·파(合·沖·刑·破) 등

천간에 무계합(戊癸合), 무임충(戊壬沖), 기계충(己癸沖)이 있으며, 지지에 묘미목국(卯未木局)의 반합(준삼합), 오술화국(午戌火局)의 반합(준삼합), 오미합(午未合), 묘오파(卯午破), 미술파(未戌破)가 있다.

(4) 용신 등

신태약(身太弱) 사주로서 금(金)이 용신, 수(水)와 목(木)은 희신이다. 화(火)와 토(土)는 기신이다.

(5) 격국

이 사주는 정관격이다. 또한 일귀격에도 해당한다. 일귀격(日貴格)이란 일지에 천을귀인이 임한 것이니, 丁酉·丁亥·癸巳·癸卯日이다. 합(合)을 좋아하고 형·충·공망·괴강(刑·沖·空亡·魁罡)을 꺼린다. 성품이 순수하고 인덕이 있으며 겸양하다고 본다.

(6) 청탁(淸濁), 신살 등

청탁(淸濁)을 살펴보면 중탁(中濁)에 해당한다. 12신살 중 반안, 장성, 화개, 년살, 천살, 육해가 있다. 일지에 천을귀인이 있으며, 월주에 괴강과 백호살이 있다.

2. 풀이

- 대운을 보면 辛酉, 庚申 대운은 대길(大吉)하고, 己未(25세~34세), 乙卯 대운은 중길(中吉)하다. 甲寅, 癸丑 대운은 평범하거나 조금 나쁘며, 戊午, 丁巳, 丙辰 대운은 나쁘다. 을운(乙運)에 왕(旺)한 칠살을 제살(制殺)하면서 재물이 들어오니 소발복(小發福)한다.
- 늦가을의 약수(弱水)인 계수(癸水)일간에 관살 토기(土氣)가 왕(旺)하니, 토다어수(土多於水)라 물길이 탁(濁)하여 흐를 수가 없다. 태약(太弱)한 일간을 왕(旺)한 관살이 극(剋)하고 사방에서 기운을 설기(泄氣)하니 고단하다. 왕(旺)한 관살을 제화(制化)하는 인성이 용신이다. 사주팔자가 모두 합·충(合·沖)으로

이루어져 있으니, 사주가 탁(濁)하여 인생사 굴곡이 많고 다사다난하다. 인물이 좋고 착하며 따스하고 희생적이다(納音五行天上火). 일지 식신용신으로 배우자와 속궁합이 좋다. 주관이 약해서 남의 말에 휘둘리기 쉽다(陰干身弱). 직감력 영감력이 뛰어나고 꿈이 잘 맞으며 종교·역학에 인연이 있다(月天門星).

- 공무원, 봉급생활자가 어울린다(正官). 의사, 약사, 역술인, 종교인 등도 맞다.
- 사주상 재물복은 평범하다. 대운상 대체적인 재물운을 보면, 중년 대운(己未, 戊午, 丁巳)에는 재물운이 좋지 않고 어렵다. 기신(忌神) 화·토(火·土)운이 들어와 신태약(身太弱)한 명주를 극(剋)하니, 고단한 형국이다. 말년 대운(丙辰, 乙卯, 甲寅)에는 재물운이 좋은 편이다. 특히 을묘(乙卯) 대운에 칠살을 제압하면서 식신운(밥그릇)이 세게 들어오니, 재물이 들어온다.
- 약한 수(水)가 극설(剋洩)되어 정력이 약하고 당뇨가 올 수 있으며, 신장·방광·생식기관에 질환이 생길 수 있다. 짠맛 음식, 검은색, 물을 가까이하는 것이 좋다.
- 배우자궁에 식신이 있으니 남편의 외조가 크나, 관살이 왕(旺)하여 남편 때문에 골병들기 쉽고, 남편과 해로하기 어렵다(官多混雜). 자식두기 어렵다(身弱殺旺無制化無子). 만약 자식두면 부부해로 못하거나 본인 단명하다. 겉으로는 부모복이 있는 듯하나, 실상은 부모복이 없다(月喜神, 忌神). 형제덕이 적다. 거관유살(去官留殺)하는 겁재 형제가 용신이나, 태약(太弱)하여 형제덕이 적다

사례 **10**

癸일간 亥월생(음력 10월생)

	(-)	(-)	(-)	(-)	
	편인	日干	식신	편관	
丙 丁 戊 己 庚 辛 壬 癸 甲	辛	癸	乙	己	[男命]
寅 卯 辰 巳 午 未 申 酉 戌	酉	巳	亥	未	
	편인	정재	겁재	편관	
	(-)	(+)	(+)	(-)	
	(庚 辛)	(戊 庚 丙)	(戊 甲 壬)	(丁 乙 己)	

위 사주는 기미년(己未年) 을해월(乙亥月) 계사일(癸巳日) 신유시(辛酉時)에 출생한 남자의 사주이다.

1. 사주의 구조

(1) 대운

년간(年干)을 기준으로 양남음녀(陽南陰女)는 순행하고 음남양녀(陰男陽女)는 역행하니, 위 사주에서 대운은 역행한다. 따라서 대운은 위 사주의 좌측에 열기된 바와 같다. 대운수는 10이다.

(2) 육신과 지장간

육신을 보면, 일간이 계수(癸水)이니 년간 기토(己土)는 편관, 년지 미토(未土)도 편관이고 월간 을목(乙木)은 식신, 월지 해수(亥水)는 겁재이며, 일지 사화(巳火)는 정재, 시간 신금(辛金)은 편인, 시지 유금(酉金)도 편인이 된다.

지장간을 보면, 년지 미토(未土)의 지장간은 정·을·기(丁·乙·己), 월지 해수(亥水)의 지장간은 무·갑·임(戊·甲·壬), 일지 사화(巳火)의 지장간은 무·경·병(戊·庚·丙), 시지 유금(酉金)의 지장간은 경·신(庚·辛)이다.

(3) 합·충·형·파(合·沖·刑·破) 등

천간에 을신충(乙辛沖), 을기충(乙己沖)이 있으며, 지지에 해미목국(亥未木局)의 반합(준삼합), 사유금국(巳酉金局)의 반합(준삼합), 사해충(巳亥沖)이 있다. 년지 미(未)는 일주공망이다.

(4) 용신 등

신왕(身旺) 사주로서 토(土)가 용신, 화(火)는 희신이다. 수(水)와 금(金)은 기신, 목(木)은 한신이다.

(5) 격국

이 사주는 식신격이다. 또한 일귀격에도 해당한다. 일귀격(日貴格)이란 일지에 천을귀인이 임한 것이니, 정유(丁酉)·정해(丁亥)·계사(癸巳)·계묘일(癸卯日)이다. 합(合)을 좋아하고 형·충·공망·괴강(刑·沖·空亡·魁罡)을 꺼린다. 성품이 순수하고 인덕이 있으며 겸양하다고 본다. 외관상으로는 현무당권격이나 세덕부살격이라 볼 수도 있으나, 관(官)의 기세가 약하고 뿌리가 공망되어 성격(成格)이 안된다.

(6) 청탁(淸濁), 신살 등

청탁(淸濁)을 살펴보면 중탁(中濁)에 해당한다. 12신살 중 장성, 화개, 역마, 지살, 월살, 재살이 있다. 일지에 천을귀인이 있다.

2. 풀이

- 대운을 보면 甲戌, 辛未, 庚午, 戊辰 대운은 중길(中吉)하고, 己巳(60세~69세), 丁卯, 丙寅 대운은 평범하거나 조금 나쁘며, 癸酉, 壬申 대운은 나쁘다. 제살(制殺)을 막고 있는 기신(忌神) 신금(辛金) 편인을 제압하므로 편재 정운(丁運)에 대발복(大發福)한다.
- 수왕절(水旺節) 계수(癸水)가 득령하고 인성이 가세하니, 그 기세가 왕(旺)하여 약수(弱水)라 할 수 없다. 관살이 년주에서 공망되니 관운(官運)이 박약하여 직업이동, 이사이동이 많다

(地殺驛馬多). 시간(時干) 편인 신금(辛金)이 월간(月干) 식신 을목(乙木)을 충(沖)하여 도식(倒食)함으로 초년운이 불리하다. 40대 중년이 되어서야 삶이 풀려나간다. 여성적이고 섬세하며 가정적이다(納音五行天上火). 사리분별이 정확하며 공사가 분명하다. 앞서서 나가거나 나대는 성격은 아니지만, 까칠하고 독선적인 면도 있다(納音五行石榴木). 경쟁자와의 투쟁이 끊이지 않으며 경쟁에서 불리하다(月支忌神劫財). 가식이 없고 솔직하다(劫財). 초년에 공부안하고 말년에 공부한다(時印星).

- 교사, 강사, 연예인, 방송인, 예술가 등의 직업이 어울린다. 조종사 등 항공 관련 직업과 사법공직자도 맞다(寅巳驛馬地殺, 偏官).
- 초년에 기신(忌神) 금·수운(金·水運)으로 고난을 겪다가, 중년 이후에 재물운이 들어온다. 특히 신미(辛未) 대운에는 공망이 해소되어 관(官)의 근(根)이 생기고 살인상생(殺印相生)하니, 인생이 풀려나간다.
- 큰 질병은 없으나, 체질을 감안한 꾸준한 건강관리가 중요하다.
- 일지에 재성이 천을귀인으로 처가 착하고 용모가 아름다우며 처의 덕을 보지만, 재(財)가 관(官)을 생(生)하지 않고 기신(忌神)과 합(合)이 되니, 처덕이 적다. 관성용신(官星用神)으로 자식덕이 있다. 그러나 관살공망(官殺空亡)이니 자식과 인연이 박하다고 본다. 부모복은 없으며(月支忌神), 형제덕은 평범하다.

사례 11

癸일간 子월생(음력 11월생)

大運	(+)	(-)	(+)	(-)	
	정재	日干	정관	식신	
己 庚 辛 壬 癸 甲 乙 丙 丁	丙	癸	戊	乙	[男命]
卯 辰 巳 午 未 申 酉 戌 亥	辰	未	子	卯	
	정관	편관	비견	식신	
	(+)	(-)	(-)	(-)	
	(乙 癸 戊)	(丁 乙 己)	(壬 癸)	(甲 乙)	

위 사주는 을묘년(乙卯年) 무자월(戊子月) 계미일(癸未日) 병진시(丙辰時)에 출생한 남자의 사주이다.

1. 사주의 구조

(1) 대운

년간(年干)을 기준으로 양남음녀(陽南陰女)는 순행하고 음남양녀(陰男陽女)는 역행하니, 위 사주에서 대운은 역행한다. 따라서 대운은 위 사주의 좌측에 열기된 바와 같다. 대운수는 4이다.

(2) 육신과 지장간

육신을 보면, 일간이 계수(癸水)이니 년간 을목(乙木)은 식신, 년지 묘목(卯木)도 식신이고 월간 무토(戊土)는 정관, 월지 자수(子水)는 비견이며, 일지 미토(未土)는 편관, 시간 병화(丙火)는 정재, 시지 진토(辰土)는 정관이 된다.

지장간을 보면, 년지 묘목(卯木)의 지장간은 갑 · 을(甲 · 乙), 월지 자수(子水)의 지장간은 임 · 계(壬 · 癸), 일지 미토(未土)의 지장간은 정 · 을 · 기(丁 · 乙 · 己), 시지 진토(辰土)의 지장간은 을 · 계 · 무(乙 · 癸 · 戊)이다.

(3) 합 · 충 · 형 · 파(合 · 沖 · 刑 · 破) 등

천간에 무계합(戊癸合)이 있으며, 지지에 묘미목국(卯未木局)의 반합(준삼합), 자진수국(子辰水局)의 반합(준삼합), 자묘상형(子卯相刑), 자미(子未)원진, 자미해(子未害)가 있다.

(4) 용신 등

신약(身弱) 사주로서 금(金)이 용신, 수(水)는 희신이다. 화(火)와

토(土)는 기신, 목(木)은 한신이다.

(5) 격국

이 사주는 건록격이다.

(6) 청탁(淸濁), 신살 등

청탁(淸濁)을 살펴보면 중등(中等)에 해당한다. 12신살 중 반안, 장성, 화개, 년살이 있다. 년지에 천을귀인이 있다.

2. 풀이

- 대운을 보면 丁亥, 乙酉, 甲申, 庚辰 대운은 중길(中吉)하고, 辛巳 대운은 평범하거나 조금 나쁘며, 丙戌(14세~23세), 癸未, 壬午, 己卯 대운은 나쁘다.
- 수왕절(水旺節) 계수(癸水)일간이 자월(子月)에 득령하고 재·관(財·官)이 튼튼하나, 유력(有力)한 식신이 옆에서 정관을 극(剋)하고 있으니 관록이 어렵다. 추운겨울 깊은 산속의 대계수(大溪水)로 인생의 굴곡이 많고 집착이 강하며 외롭다(年納音五行大癸水). 타고난 두뇌가 총명하며 명랑하고 남에게 베풀 줄도 알지만, 융통성이 부족하다(食神). 인물이 훤하고(建祿桃花) 온후하며 정직하지만(正官), 한 번 성질나면 불같이 무섭다(納音五行霹靂火). 명예와 감투욕이 강하고, 체면을 중시한다(正官). 편관보다 정관이 왕(旺)하므로 무관보다는 문관쪽에 인연이 많다. 성격이 급하고 승부근성이 있다(偏官). 신중하고 속마음을 잘 내보이지 않는다(癸水).

- 의식주관련 제조업이나 장사 등이 맞다(食神).
- 사주상 재물복은 평범하다. 대운상 대체적인 재물운을 보면, 중년 대운(乙酉, 甲申, 癸未)에는 운세가 용신 금운(金運)으로 흐르니, 재물운이 좋은 편이다. 말년 대운(壬午, 辛巳, 庚辰)에는 재물운이 길흉(吉凶)상반하여 굴곡이 있다.
- 큰 질병은 없으나, 체질을 감안한 꾸준한 건강관리가 중요하다.
- 처덕이 적다(財忌神). 처가 관(官)을 생(生)하고 있어 처덕은 있으나, 일지 편관 기신(忌神)으로 처의 바가지가 심하다. 자식덕이 없다(官星忌神). 부모복은 있다(月支喜神). 형제덕도 있다(比劫喜神).

풍수지리 – 용어해설

5

용맥(龍脈) :

용을 몸체로 하여 산의 에너지가 흐르는 통로를 말하며, 보통 산줄기나 산맥이 용맥이 된다. 용맥은 내룡(來龍)이라고도 하며 생기를 품고 혈(穴)로 내려오는 산줄기로서 전선에 비유된다. 다시 말해 입수(入首)가 있기 전까지의 산줄기가 용맥 또는 내룡이다.

사례 12

癸일간 丑월생(음력 12월생)

		(-)	(-)	(-)	(+)	
		비견	日干	편관	정인	
戊 丁 丙 乙 甲 癸 壬 辛 庚		癸	癸	己	庚	[男命]
戌 酉 申 未 午 巳 辰 卯 寅		丑	未	丑	戌	
		편관	편관	편관	정관	
		(-)	(-)	(-)	(+)	
		(癸辛己)	(丁乙己)	(癸辛己)	(辛丁戊)	

위 사주는 경술년(庚戌年) 기축월(己丑月) 계미일(癸未日) 계축시(癸丑時)에 출생한 남자의 사주이다.

1. 사주의 구조

(1) 대운

년간(年干)을 기준으로 양남음녀(陽南陰女)는 순행하고 음남양녀(陰男陽女)는 역행하니, 위 사주에서 대운은 순행한다. 따라서 대운은 위 사주의 좌측에 열기된 바와 같다. 대운수는 7이다.

(2) 육신과 지장간

육신을 보면, 일간이 계수(癸水)이니 년간 경금(庚金)은 정인, 년지 술토(戌土)는 정관이고 월간 기토(己土)는 편관, 월지 축토(丑土)도 편관이며, 일지 미토(未土)도 편관, 시간 계수(癸水)는 비견, 시지 축토(丑土)는 편관이 된다.

지장간을 보면, 년지 술토(戌土)의 지장간은 신·정·무(辛·丁·戊), 월지 축토(丑土)의 지장간은 계·신·기(癸·辛·己), 일지 미토(未土)의 지장간은 정·을·기(丁·乙·己), 시지 축토(丑土)의 지장간은 계·신·기(癸·辛·己)이다.

(3) 합·충·형·파(合·沖·刑·破) 등

지지에 축미충(丑未沖), 축술미 삼형(丑戌未 三刑), 미술파(未戌破)가 있다.

(4) 용신 등

신약(身弱) 사주로서 금(金)이 용신, 수(水)는 희신이다. 화(火)와 토(土)는 기신, 목(木)은 한신이다.

(5) 격국

이 사주는 편관격이다. 또한 외관상으로는 현무당권격(玄武當權格)이라고도 볼 수 있으나, 관살이 형 · 충(刑 · 沖)되니 성격(成格)이 안된다.

(6) 청탁(淸濁), 신살 등

청탁(淸濁)을 살펴보면 중등(中等)에 해당한다. 12신살 중 반안, 화개, 월살, 천살이 있다. 년주 괴강, 시주 백호살이다.

2. 풀이

- 대운을 보면 丙申, 丁酉 대운은 중길(中吉)하고, 壬辰(27세~36세), 乙未 대운은 평범하거나 조금 나쁘며, 庚寅, 辛卯, 癸巳, 甲午, 戊戌 대운은 나쁘다.
- 수왕절(水旺節) 약수(弱水)인 계수(癸水)가 지지 일행(一行)의 태왕(太旺)한 관살 토기(土氣)에 맞아 죽게 생겼는데, 살중용인(殺重用印)하여 화살(化殺)함으로써 살인상생(殺印相生)하니, 인수 경금(庚金)이 통관(通關)용신으로 귀하다. 그러나 지지에서 괴강 · 백호의 관살전국(官殺全局)이 형 · 충(刑 · 沖)하니, 사주가 맑지 못하여 인생사에 험로가 많다. 학문에 힘써야 하고 절대적으로 명예를 쫓아야 한다. 의지할 곳 없는 타향객지에서 고통과 장애를 헤쳐나가는 고단한 삶이다. 의협심이 있고 투쟁심도 강하지만 주위가 외롭다. 명예와 감투욕이 강하고 권위의식이 있다. 문관보다는 무관쪽 성향이다(旺偏官). 신병이 있거

나 수술수가 있고, 관재구설 또는 직장이나 직업문제 등 신상에 변동이 많다(官殺刑沖). 성격이 급하고 신경질적이며, 승부근성으로 다툼이 많다(偏官多, 納音五行霹靂火). 매우 치밀하고 정확하며 언행이 분명하고 자존심이 강하다(偏官, 魁罡). 직관력, 영감력이 뛰어나며 종교·역학에 인연이 많다(年天門星).

- 사법관련 공직자 사주이면서(偏官三刑), 교육자 사주이다(印星用). 기술자(수도, 배관 등)도 어울린다(水主土殺).
- 관살이 태왕(太旺)하니 재성을 설기(泄氣)하여 재물이 새어나가는 형국으로, 재물복은 크지 않다. 대운상 대체적인 재물운을 보면, 중년 대운(壬辰, 癸巳, 甲午)에는 운세가 기신(忌神)인 재·살운(財·殺運)으로 흐르니 재물운이 좋지 않고 어렵다. 말년 대운(乙未, 丙申, 丁酉)에는 용신 금운(金運)으로 흐르니, 재물운이 좋다.
- 토다어수(土多於水)라, 수기(水氣)가 왕(旺)한 토기(土氣)에 충·극(沖·剋)되어 요도, 방광, 전립선 질환 등을 앓을 수 있다(陰氣虛弱受剋).
- 처가 두뇌가 총명하여 내조는 하나 시부모에게 불경하고 남편을 이긴다(殺多無財). 처의 바가지가 매우 심하여 충돌이 잦고, 별거하거나 해로하기 어렵다(日支偏官刑沖). 자식덕이 없다(偏官忌神), 시지형충(時支刑沖)으로 자식과 뜻이 맞지 않고 별거한다. 부모복은 없으며(月忌神), 부모을 떠나 타향살이하거거나 부모와 불화한다(月日沖). 형제덕은 적다(比劫喜神受剋).

저자

박 영 태

경상남도 산청 출생.
단성초등학교 졸업.
진주중학교 졸업.
경동고등학교 졸업.
서울대학교 법과대학 법학과 졸업.
공무원 등 다수 경력.
저 서 : 사주학 입문
실전 사주학

실전 사주학

인 쇄 2021년 2월 18일
발 행 2021년 2월 20일

저 자 박영태
발행자 김종호
발행처 도서출판 지샘
서울시 노원구 광운로 3길 5
전화 02-461-5858
팩스 02-461-4700
출판등록 제4-339호
ISBN 89-94534-22-0
정 가 35,000원